謎

鳥居 民

草思社文庫

日米開戦の謎◉目次

はじめに

日本がアメリカに戦いを挑んだときから、すでに五十年の歳月がたつ。

この半世紀のあいだ、われわれはさまざまな機会に、なぜ日本はアメリカと戦うことになったのかと考えつづけてきた。

若き海軍士官の「遺書」を読んだ人は、花と散った若人の死にどのような意味があったのだろうかと思い、なぜこの戦いが起きたのかと考えたはずだ。「リメンバー・パールハーバー」「汚い騙し討ちをしたジャップ!」とアメリカが言っているのを聞いた人は、それは本当のことだろうかと考えたはずだ。他国民に与えた大きな惨禍を忘れてはならないと説く新聞の社説を読んだ人は、なぜ日本はそのようなことをしたのであろうかと考えることになったはずだ。

この戦争はどうして起きたのか。ほかに選択の道はなかったのだ、やむを得なかったのだ。戦いが終わったあと、多くの人がそう語ってきている。当時の歴史を担った人びとのなかには、そう発言する人は多い。そして歴史研究者、評論家のなかにも、そう主張する人は多い。

これまで語られた言葉のなかで、もっとも納得させる言葉のひとつは、日本はアメリカに追い詰められ、戦うことになったのだという主張であろう。日本が経済大国となり、アメリカとのあいだに経済摩擦が起き、アメリカの日本にたいする圧力がつづくようになって、この言葉は、だれの耳にも入りやすい所説となっている。

だが、日本がアメリカに追い詰められたとしても、闘牛士の赤い布に挑発される牛ではないのだから、戦いに勝てないと思ったのなら、戦いに踏み切ったりはしなかったはずである。

戦いを決意するに先だち、軍の幹部は戦って負けはしないと思っていたのだ。研究者や評論家はそう説いている。ほんとうにそうだったのか。太平洋の戦いでは、アメリカはやがて戦いに倦むことになろうし、ヨーロッパの戦いでは、ドイツが勝つであろうとかれらは予測していた。そこで日本は戦いを決意したというのだ。

実際の順序は逆であった。ドイツは英本土を攻略するだろう、そしてアメリカは戦意を喪失するだろうと軍の幹部たちが考えたのは、実はかれらが戦うしかないと腹を固めてからのことであった。

振り返ってみるなら、日本の過去のすべてを断罪し、なにもかも日本が悪かったのだといった主張はいつしか消えてしまい、予言体系としてのマルクス主義のアプローチに頼った解釈も、かぼそい声となってしまっている。ところが、戦うしかない、やむを得なかったのだという認識だけは、戦争開始の前からいまにいたるまでの半世紀のあいだ、消え去ることはない。

やむを得なかったのか。追い詰められたのか。目に見えない定められた道に沿って進んだのか。私がここで検討したいのは、当然避けねばならなかった戦いを避けることができなかったのはどうしてかということである。

言うまでもないことだが、歴史をつくったすべての過程、出来事を分析することはできないから、歴史の記述は選択とならざるを得ない。私もごく限られた幾つかの事実を取り上げることになる。総理大臣だった近衛文麿、軍令部総長だった永野修身、内大臣だった木戸幸一を取り上げる。かれらがいずれもアメリカとの戦いに反対であったにもかかわらず、どうして戦いに踏み出したのかを解明したい。そしてもうひとり、政治家でも、軍人でもなかったが、アメリカと戦うべしと主張した人物を取り上げたい。

もちろん、歴史の本には、かれらについての叙述が数行、あるいは数ページにわたって書かれている。かれらについての伝記もあれば、たくさんの研究論文もある。だが、私はここでかれらについて、だれも指摘しなかったこと、考察しなかったことを取り上げたい。

そして次のことをつけ加えておきたい。石田幹之助、あるいはＥ・Ｈ・カーといった歴史家が強調したように、歴史を書くにあたっては想像力が必要であり、人の心を想像力を働かせて理解するように努めなければならない。五十年前、どうしてアメリカとの戦いを避けることができなかったかを考えるにあたっても、もちろん、想像力は必要だということである。

断章――㈠

昭和十五年七月、近衛文麿が内閣総理大臣となり、第二次近衛内閣が発足した。多くの人びとがこの新内閣に大きな期待を寄せ、新時代の幕開きと信じた。希望に満ちたムードが日本中の町から村に広がった。アメリカとの戦争がまもなく起こると考える者などひとりもいなかった。

それなら、首相の近衛がアメリカとの戦いになると不吉な予感を抱くようになったのは、いつからのことだったのか。

近衛内閣が発足して二カ月あと、昭和十五年九月下旬、日本は日独伊三国同盟を締結した。このときすでに英国はドイツ、イタリアと戦っており、その当の相手と同盟を結ぶことは、英国、そして事実上その同盟国であるアメリカを敵にまわすことにほかならなかった。一国の宰相ならだれでも不安感に襲われるはずだった。しかし、近衛はこの時点では不安を感じなかった。大構想があったからである。かれがこれは大変だと思い、どうにかしなければならないと考えるようになったのは、十一月中旬になってのことだった。

なぜなのか。このときドイツは三国同盟にソ連を加えて四国同盟にする交渉をソ連とおこなっていたのだが、十一月半ば、その交渉が不首尾に終わったという報せがドイツ政府から入ったのである。じつを言えば、近衛は日独伊ソの四国同盟ができると信じていたからこそ、三国同盟を結んだのだった。先に三国同盟を締結し、そのあとモスクワ条約を結び、ソ連が加わるという手順になっていた。

長続きする同盟とは思われなかったが、スエズからインド、マレーを支配する英国に止めを刺す同盟となるはずだった。このとき英国の首相だったチャーチルは、のちに「なによりも恐れていたのは四国同盟の出現だった」と語っている。

近衛は、地球を半周するユーラシア大陸のすべての強国が参加する巨大な同盟ができれば、アメリカがドイツに戦争を仕掛けることはまずあり得ないと思ったのだし、重慶政府も戦いをやめざるを得なくなると見ていた。

そしてもちろん、近衛はそれだけを考えていたのではなかった。構築されるはずの四国同盟に、このとき始まろうとしていた新体制運動を連動させようと思っていたのである。政治、経済をはじめ各分野にまたがる新体制運動は、四国同盟ができてこそ、果敢に推進できると近衛は考えていたのである。

新体制運動に参加したのは、自由主義経済体制を否定し、企業の広範な国有化と福祉政策の拡充を求めるグループ、米英による世界支配を打ち崩し、新秩序建設を説く人びとだった。さらにこれに反議会主義者、ソ連に憧憬の念を抱くマルクス主義者が加わった。そしてかれらはいずれも四国同盟ができるのを心ひそかに待ち望んでいた。

四国同盟を成立させようというドイツとソ連の交渉は、十一月十二日と十三日、ベルリンにおいて、ドイツ首脳とソ連外相モロトフとのあいだでおこなわれた。モロトフは少しでも手に入るものがあればよいという態度で交渉にのぞみ、ルーマニアからフィンランド、ブルガリアをソ連の勢力圏に入れたいと望んだ。ヒトラーはこのモロトフの強欲さに怒り、ただちに同盟案を捨ててしまった。それでなくともヒトラーはもともと、ソ連なんか武力で片づければよいと考えており、外相リッベントロップが描いた四国同盟案にそれほどの関心を持っていなかったのである。

近衛の構想はたちまち行き詰まった。しかも日本の安全にはなんの役にも立たず、危険きわまりない厄介な代物の三国同盟が残るだけとなった。重慶政府はこれでアメリカのいっそうの支援が期待できると小躍りし、支那事変解決の見込みは遠ざかってしまった。そしてアメリカは、日本にたいする不信と敵意の度を増すことになった。紀元二千六百年を祝った十一月十日と十一日のあの華やかだったお祭りムードは、もはやかけらも残っていなかった。

近衛はどうしたらよいかと考えた。かれは百八十度の転換をするしかないと決意をした。三国同盟には実際には同盟国が戦いを始めた場合の参戦義務はない。だから、たとえアメリカがヨーロッパの戦いに参戦したとしても、日本は中立を維持することができる。

そこで三国同盟を形骸化してしまい、アメリカとの協調政策に日本を方向転換させる。近衛はそれをやろうとした。同時に、革新勢力を見捨て、新体制運動を見離し、大政翼賛会も見限ることにした。

昭和十五年十二月二十一日、近衛ははっきり宣言しないまでも、内外政策の大転換を告げるシグナルを出した。かれは、革新勢力の閣内の代表である司法大臣の風見章《かざみあきら》にやめてもらい、これまた革新派であり、近衛とは学生時代からの友人である内務大臣の安井英二《えいじ》にもやめてもらった。かわりに現状維持勢力を代表する平沼騏一郎《きいちろう》と柳川平助《やながわへいすけ》をそれぞれ、内務大臣、司法大臣とした。

そして代理大使を置くだけだったアメリカに新大使を派遣することにした。このとき、アメリカとの外交関係は事実上停止していたのである。新大使は退役した海軍大将の野村吉三郎《きちさぶろう》だった。野村はアメリカ人に知己が多く、昭和十四年に四カ月足らずの短い期間であったが、外務大臣をやったことがあった。

昭和十六年一月二十一日、アメリカ大統領のローズベルトは駐日アメリカ大使のグルーに次のような書簡を送った。

「根本的な命題は、欧州、アフリカ、および東洋における戦争が、すべて単一の世界闘争の一部分であると認めることだと私は信じる。従ってわれわれは米国の権利が欧州でも極東でも脅かされているものと認めねばならぬ」（ジョセフ・グルー『滞日十年』毎日新聞社、昭和二十三年、九八頁）

一月二十三日、野村吉三郎は鎌倉丸に乗船し、横浜を出発した。

第一章　だれが戦いをあおったのか

司馬遼太郎の著作『この国のかたち　一』のなかに、「〝雑貨屋〟の帝国主義」といった章がある。

司馬が山に登る。浅茅《あさじ》ヶ《が》原《はら》にでる。そこで「巨大な青みどろの不定形なモノ」に会ったという話である。

それが生物だと知って、司馬が「君はなにかね」と聞くと、その異物は「日本の近代だ」と答え、「おれを四十年とよんでくれ」と言う。そして、四十年とは、明治三十八年から昭和二十年までのことだ、とその怪物ははっきり語ったのだという。

このとき司馬は、この怪物は参謀本部だったのかもしれないと思ったというのである。

私は目を閉じた。薄《すすき》の葉並みが陽《ひ》に光って揺れる草原に立った。しばらく歩いた。司馬遼太郎が語った異物を見つけることはできなかった。霧が流れてきた。山と草原を照らしていた太陽は陰り、消えた。そのとき私は霧のあいだに何ものかを見た。私は大声で尋ねた。あなたはだれですか。私は歴史家だ。新聞記者だったこともある。その何ものかは答えた。

私は名前を聞こうとして、一、二歩前へ進み出た。このとき、またも霧が流れてきてすべてを包み隠した。なにも見えなくなった。混沌とした海原のなかに、私はひとり取り残されたような気がした。

私はしばらく考えた。「日本の近代だ」「四十年とよんでくれ」と司馬に語った異物が答えたのであろうか。

私にはそれが人間のように見えた。するとその名も見当がついた。間違いなかろう。蘇《そ》峰《ほう》徳富猪一郎である。

かれこそ、四十年のあいだ、いや、四十年はともかく、日米戦争までの十数年のあいだ、日本の進路を定めるのにもっとも大きな役割を果たした人物だった。

多くの人がかれのことを徳富とは言わず、蘇峰と呼んでいるから、ここでも蘇峰と呼ぶことにしよう。蘇峰はもちろん政治家ではなかった。かれ自身、一新聞記者だと言ったことがある。実際、かれは四十年にわたって新聞社の社長だった。新聞社の経営をやめたあとでも、かれは新聞のコラムの掲載をつづけたから、一新聞記者であったことに間違いない。

かれは自分のことを歴史家だと語ったこともある。事実、二十数年にわたって、『近世日本国民史』を書きつづけた。そして「昭和の頼山陽《らいさんよう》」と讃えられたが、かれは不満の表情を見せて、山陽の『日本外史』よりも、自分の『近世日本国民史』のほうが優れていると自信たっぷりに語ったのだった。

蘇峰はまた自分のことを、立言家と語ったこともある。立言とは意見を発表するとか、その言を後世に伝えるといった意味がある。だが、私はかれのことを立言家と呼ぶより、教育者、それよりも世論形成家と呼ぶのが適切と思う。

さて、世論形成家としての蘇峰だが、二十代はじめの蘇峰は、社会の不正義に激しく反応し、ユートピアを渇望する青年だった。英国の自由貿易主義者、コブデンの演説集の要点を抜粋し、さらに「軍事型社会」から「産業型社会」に進化すると説くスペンサーの著作、トクヴィルの『アメリカのデモクラシー』を読んでノートをつくり、これを一つの論文にまとめあげた。

これが明治十八年に刊行され、かれの出世作となる『将来の日本』である。全国の同世代の読者から賞賛の言葉が送られてきた。一躍有名になった蘇峰は週刊誌を出し、さらに「国民新聞」を刊行して、自分の主張を述べる場をつくったばかりか、経営者としての才能を発揮することにもなった。かれは政府の富国強兵策を非難し、在野の自由民権論者が唱える対外強硬論を厳しく批判しつづけた。だが、やがてその態度は変わった。

年若く、野心に燃える理想主義者が年とともに自分の主張を変えていくのは、珍しいことでもなんでもないが、蘇峰の場合は、十年足らずのうちに、富国強兵論を唱え、対外強硬論を説くようになった。このように変化した蘇峰は、政府高官や高級軍人に受け入れられ、かれらに信頼される人物となった。

明治二十七年に日清戦争が始まったときには、蘇峰は部下の記者たちを引き連れ、大本営が置かれた広島に行ったが、そこで参謀次長の川上操六に気に入られた。参謀総長の有栖川宮熾仁親王《ありすがわのみやたるひと》は次長に戦いを任せっきりだった。蘇峰は川上の相談相手となり、政治、外交と関連のある問題について知恵をだし、問題の決定を求めて、政治家を説いてまわった。

のちのことになるが、蘇峰は自分が平和主義を捨ててしまった理由を説明して、戦争が終わった直後に、ロシア、ドイツ、フランスの三国から加えられた日本にたいする圧力のせいだと語った。

「道理があっても、力がなければ駄目だよ。ごまめの歯ぎしりにすぎない」

「ロシアの皇帝も、ドイツの皇帝も、わが輩を改宗せしめた恩人である」

「この遼東《りようとう》還付が、予の殆ど一生における運命を支配したといっても差し支えあるまい。このことを聞いて以来、予は精神的に殆ど別人となった。而して、これと言うのも、畢竟《ひつきよう》すれば、力が足らぬ故である。力が足らなければ、如何なる正義、公道も、半分の価値もないと確信するに至った」

そして屈辱をそそぐときがきた。三国干渉から十年あとに日露戦争が始まったときには、蘇峰は首相の桂太郎に協力した。その時期には情報局といった役所はなかったが、四十になったばかりの蘇峰は事実上の情報局総裁となって、世論工作をおこなった。

そして戦争が終わったときにも、かれは政府に協力した。ほとんどすべての新聞と野党がこれから結ばれようとする講和条約にたいして強硬態度をとったとき、蘇峰の国民新聞だけが現実的な慎重論を説いた。

新聞と野党は五十億円の賠償を要求せよと説き、樺太全島と沿海州の割譲をせまれと大声をあげた。蘇峰はこれを偏狭な態度だと指摘し、夢想的だとする論説を国民新聞に掲げ、全国の市町村役場に国民新聞を無料で配布することをつづけた。

講和条約は、賠償金を取ることなく、樺太北部をロシアの所有に残すことで結ばれることになった。野党と新聞は講和反対、講和条約破棄を主張し、国民大会を開いて政府を攻撃し、三国干渉以来の屈辱だといきまいた。大会解散後の興奮した群衆は交番を襲い、内務大臣官舎を焼き、現在の銀座西八丁目にあった国民新聞社を襲撃した。蘇峰は負けていなかった。国民新聞は好戦的な世論と正面きって対決し、押し寄せた群衆を「暴徒」と呼んだのだった。

徹底的な対外強硬論者が後にも先にもただの一度だけとった慎重な態度であり、蘇峰は力の自制を説いたのだった。

蘇峰が嫌ったのは大正時代だった。のちにかれは大正を「萎廃不振の時代」と批判した。大正八年のベルサイユ会議に、「日本は敗れたのだ」と蘇峰は言い、大正十年のワシントン会議にも「敗れたのだ」と説いた。

じつを言えば、大正時代は、蘇峰自身にとっても、挫折と失意の時代だった。大正元年に首相となった桂太郎に協力し、蘇峰は新党の創設に全力をそそいだ。ところが、桂は政敵と世論の集中攻撃を受けた。批判派を懐柔することも、反対勢力を出し抜くこともできず、桂は五十日余で総辞職せざるを得なくなった。「桂公新政党組織の本部」と蘇峰自身が述べた国民新聞は再び焼き打ちにあった。そして桂は他界した。

蘇峰はこのとき直接政治活動をした十年を振り返ってみて、このさき政界にとどまっても、「世の中を予の是なりと思う方に導かんとする」ことはできず、二流の名士になるだけだと気づいたのであろう。かれは政界から足を洗うことにした。(『日本人の自伝5』徳富猪一郎、平凡社、昭和五十七年、一四四頁)

蘇峰は執筆活動に戻った。ところが、大正十二年の関東大震災で、国民新聞社は社屋と工場を焼失し、このために経営が悪化し、昭和二年、かれは社長をやめ、国民新聞社を去ることになった。

蘇峰を知る者は、その四十年にわたる新聞歴もとうとう終わったかと思い、蘇峰を次のように見た。

あまりにも若いときに名声を獲得してしまい、そのあとも、その名声を維持しようとしたが、かれの思うようにはいかなかった。「変節漢」だ、「藩閥政府への降伏者」だ、と非難されたのが始まりで、かれが勅選参事官となっていた松方内閣が総辞職したときには、反対派の新聞に、闇にまぎれて千両箱を担いで逃げる蘇峰の漫画が掲げられ、金に汚いとの非難を浴びるようにもなった。

自分の才能を過信したかれは、政治家としても、経営者としても行き詰まり、失敗してしまったのだ。

そして、蘇峰の慰労会に集まった五百人の人びとは、老いがあらわれ、衰えが見られる蘇峰を見て、人生のたそがれを迎えたかれが、このさき筆をとるにしても、随筆のたぐいだろうと思ったのである。

しかし、こうした予測はすべて外れた。世論形成家として蘇峰は全力を揮《ふる》うようになった。かれは、「世界ノ大勢ニ著眼《ちやくがん》シ、日独伊防共協定ヲ必須トシ之ヲ一転シテ其ノ同盟結成ニ努力シ」、「遂ニ国論ヲ喚起シテ大東亜戦ヲ見ルニ至ラシメ」ることになった。

じつを言えば、これは蘇峰が自刃した中野正剛《せいごう》のために書いた頌詞である。アメリカの写真偵察機が東京のはるか上空を飛ぶようになる数日前、昭和十九年の十月末、中野の一周忌の法要があって、その翌日、多磨霊園で建碑式がおこなわれた。頌詞はその碑面に刻まれたものである。このあと「君筆ヲトレハ　忽チ輿論《よろん》ヲ振作シ　口ヲ開ケハ直

チニ　大衆ノ心ヲ攫《つか》ム」とつづくのだが、中野の功績をたたえる頌詞というよりもむしろ、蘇峰のための頌述そのものであった。

蘇峰の復活は昭和四年、大阪毎日新聞の社賓になることで始まった。かれは大阪毎日新聞の社長と契約を交わすにあたって、三人の長老政治家を立会い人に選んだ。元首相の清浦奎吾《けいご》、元内務大臣の後藤新平、牧野伸顕《しんけん》といった顔ぶれであり、いずれも伯爵だった。

牧野は内大臣の職にあったから出席しなかったのだが、蘇峰はこれを早々に発表した。現在生き残っている、かれより年長の、押しも押されもしない三人の政治家に立会い人になってもらうことによって、他の新聞社の軍門に下ったのではないことを世間に見せようとしたのであろう。いかにも蘇峰らしい、芝居がかった演出だった。

ところで、蘇峰より年長の政治家がまだひとりいた。西園寺公望《さいおんじきんもち》である。蘇峰は西園寺を直接攻撃することは避けたが、こののちずっとかれの第一の政敵だった。

蘇峰が毎日新聞社に入社した年の翌昭和五年、日本はロンドン軍縮条約を結んだ。蘇峰はこれに反対した。「大正の萎廃不振の状態を相続した」ものだと、のちにかれは語っている。

その大正の停滞に終止符を打つことになったと蘇峰が褒めたたえたのは、昭和六年に起きた満洲事変だった。つづいて昭和八年には、日本は国際連盟を脱退した。かねてから連盟を脱退せよと主張していた蘇峰は、事態が自分の思いどおりになって、これを諸手をあげて歓迎した。

こうして絶叫と怒号の時代に入って、蘇峰は大正時代には手にすることのなかった大きな力を持つようになった。かれが昭和二年に国民新聞社を去る前、国民新聞の販売部数は五万部にすぎず、東京で発行されている五つの新聞のなかでは最低の部数であり、一地方紙に転落していた。ところが、蘇峰が大阪毎日新聞の社賓となった昭和四年の発行部数は大阪毎日と東京日日を合わせて二百四十万部にものぼっていた。なお、この二つの新聞が題字をひとつにして、毎日新聞となるのは昭和十八年のことである。

国民新聞についても触れておけば、昭和十七年に都新聞と合同して、東京新聞となる。

蘇峰は大阪毎日と東京日日の双方の新聞に署名入りの論文を発表した。しかも、「近世日本国民史」をも連載し、かれの読者は一挙に激増した。

新聞への執筆のほかに、かれは多くの本を執筆し、それとはべつに、教育者、世論形成家の面目を発揮して、一般国民向けの啓蒙的、包括的な読本を数年おきに出していたが、昭和八年に発表した『増補国民小訓』は、かれの新聞の読者が増えていたこともあって、たちまちのうちに二百万部を売り切った。

蘇峰の文章は緻密なところはなく、大げさで感傷的であったが、なによりも平易であり、生の声で語っているという魅力があって、不思議な説得力を持っていた。かれは、世界の複雑な力関係を「空腹国」と「満腹国」の争いだと説明した。日本の偉大な使命は「白閥打破」「世界大水平運動」をおこなうことだと語った。

かれは、半ば本能的な、半ば計算された文章をつづり、読者の心の起伏に訴えた。そしてかれはつねに読者に緊張感を強いた。われわれに退路はない、ほかに選択の道はないと繰り返し説いた。

たとえば、蘇峰は『増補国民小訓』のなかで次のように主張した。

「好むにせよ、好まざるにせよ、日本国民は、大なる運動を打開した。それは昭和六年九月十八日、奉天柳条溝《りゅうじょうこう》に於ける満洲事件の開始だ。これは単に満洲事件の開始ではない。多年雌伏したる日本帝国が、世界に向って、日本の立場を、青天白日、正々堂々、表白したるものだ。即ち日本は何時迄《まで》も、欧米の据膳を喰うものではない。日本には日本の独自一己あり、其の独自一己は、敢て亜細亜《アジア》諸民族の魁《さきがけ》を作して、東亜恢復の責に膺《あた》る事を、世界に通告したるものだ。而して其の必然の結果が、則ち昭和八年三月二十七日に於ける国際聯盟の脱退だ。国際聯盟は、飽迄現状固執だ。日本は飽迄現状打破だ。固執は現在の不平等の為めに、打破は将来の平等の為めに」

そして蘇峰は、日本がおこなう大運動は「欧米人の東亜をして、東亜人の東亜たらしむることだ」「世界に向っての水平運動だ」と述べ、次のように説いた。

「日本は決して、日本一己の為めに、此の大問題を提起し、此の大運動を開始したのではない。日本は之を以て、東亜の同胞に対する天職と心得て、敢て自から其の重責に任じたのだ。若《も》し万一此の目的を達する事が出来なかったならば、日本は自業自滅となるも、已むを得ない。されど若し此の目的を達成せん乎、日本は東亜の盟主と云わざる迄も、東亜の中心力とならぬ訳には参るまい。されば日本帝国の安危存亡、盛衰興廃は、一に繫りて此の大運動の成否如何《いかん》に在ると云わねばならぬ。我等は今更らの如く、斯《かか》る大運動を開始したるに、自から驚嘆する」

　昭和八年に『増補国民小訓』を発刊してから、六年のちの昭和十四年二月、かれは『昭和国民読本』を刊行した。

　この本は三カ月で五十万部が売れ、年末までに百万部売れたが、そのなかで蘇峰は次のように述べた。

「防共協定の日、独、伊三国の提携は、決して一時的仮設工事ではない。苟《いやし》くも防共の目的を達するまでは、必らず東京、伯林《ベルリン》、羅馬《ローマ》の三枢軸は、互いに常山《じょうざん》の蛇の如く、首尾相《あ》い聯絡して、共同の動作に出づ可《べ》きや明《あきら》けし。独、伊の両国の首長は、決して浮気漢《おとこ》では無い。彼等は言《げん》必らず信《しん》、行《おこない》必らず果《か》。苟くもこれ無ければ、彼等の存在の理由が無い。

　されば我等には決して、防共協定の前途に就て、半点だも疑惑を挿《さしはさ》む可き余地が無い。我は彼等に向って、其の責任を尽さんことを要請せんよりも、寧《むし》ろ自から省みて、我が義務を遂行するに於て違算無からんことを期せねばならぬ。而して更らに百尺竿頭《ひゃくしゃくかんとう》一歩を進めて、之を強化し、之を強調するの道を講ぜねばならぬ」

　そして日本の進むべき道は定まっているのだ、運命づけられているのだというお決まりの主張をかれは繰り返した。

「日本は自から何事を做《な》しつつあるかを知らねばならぬ。何事を做さねばならぬかを知らねばならぬ。我等は今や風と潮とに誘われて、大洋の真中に乗り出している。この上は後へ引き返すべき術は無い。只《た》だ直前、勇進、以て彼岸に達す可きのみだ」

　そしてかれは次のように説いた。

「日本人は固《もと》より他人の畑に犂《すき》を入れんとするものでは無い。他人の池に網を投ぜんとするものでは無い。されど世界は広く、空地《くうち》や、空洋《くうよう》は無限である。如何《いか》に高札を建てたる者ありとも、それが為めに、世界を我物顔に壟断《ろうだん》す可き道理は無い。我等日本人は他を排して進まんとする者ではない。但《た》だ他の敢て顧みざる、他の自から放棄したる乾《けん》坤《こん》に、其の立脚の地を求めんとするに過ぎない。

　元来世界を横領して、日本人に閉め出しを喰わしむるは、天地の公道に違反するものだ。我が国民は斯る不条理の許《もと》に、叩頭する者では無い。イザとなれば、自から起《た》って、其の不条理の鉄条網を排去するを以て、天地生々《せいせい》の道に遵《したが》う所以と信じている。而して今や実に其の事業に著手中である」（徳富猪一郎『昭和国民読本』東京日日新聞社、昭和十

四年、二六八頁）

　蘇峰はこのように数年に一度、一大ベストセラーを出したばかりでなく、全国紙に署名入りの論説を発表し、国家的論争になっている問題に明快な判断をくだし、百万を超す読者に日本の進路をはっきり指し示すことになった。それだけではなく、かれは日本各地をまわり、講演をおこない始めた。仙台のホールも、金沢の講堂も、かれの話を聞こうとする人でいっぱいになった。大正二年のかれの著書『時務一家言』以来の愛読者だという市長をはじめ、大先輩に挨拶したいと願うその土地の新聞社の社長、かれの初期の著作である二十四冊にのぼる国民叢書を書棚に並べているのが自慢の地方銀行の頭取がかれを出迎えた。

　国木田独歩を敬愛する小学校の校長は、独歩の才能を見出した蘇峰をぜひともこの目で見たいと思った。晩年の勝海舟先生が心を許したという人物の話を聞きたいと願う僧侶がいた。そして、世界の動きについて、日本はどうしたらいいのかについて、かれの口から直接聞きたいとだれもが望んだ。

　かれらの期待に蘇峰は充分に応えた。かれは人を惹きつけるスターとしての特性を持っていた。かれの容貌はかれのスター性の大きな部分を形成していた。

　容貌の重要性については、かれ自身がよく知っていた。昭和の初めのことになるが、かれが木戸孝允《たかよし》について講演したとき、松菊《しょうぎく》先生は好男子だったと語り、「人間の一生にはその容貌が種々関係があったようであります」とつづけ、「まずい顔に生まれた者はよほど損であります」と話したことがあった。

蘇峰の講演会を聞きに行った人びとは、まずはかれの立派な顔だちに感銘を受けた。若く、ハンサムだったこの人物が、二十代の前半で論壇に登場し、民友社をつくり、明治前半にすでに燦然と輝く存在だったのだ。

そして、多くの優秀な青年たちに感動を与え、かれらを歴史家、政治家、新聞記者に育てたのはこの巨人なのだ。西郷、木戸、大久保の維新の三傑亡きあとの明治の指導者たちを批判し、ときに協力を惜しまなかったのは、三十代だったときのこの超一流の人物なのだ。そしてなによりも、蘇峰先生は皇室中心主義者であり、両親を心から敬愛してきた偉人である。

壇上の蘇峰が、一語一語ゆっくりと間《ま》をとり、やさしい微笑を浮かべ、説得力のある身振りをしているあいまに、こうしたことを思い浮かべた人びとは、いつかかれのカリスマの虜《とりこ》となった。

蘇峰の講演が終わったあと、蘇峰会の会員となる人たちがいた。蘇峰が講演をおこなった都市には、どこにも蘇峰会ができた。蘇峰は東京の蘇峰会の例会や幹事会に出たし、御殿場の別荘にいるときには、その地域の蘇峰会の総会に出席した。

蘇峰会の集まりでは、かれの映画が上映されることもあった。映画には、朝早くかれが机に向かい、『近世日本国民史』を執筆しているところが映った。起き抜けに、その原稿を書くのは、かれの長年の習慣であり、これは旅行中も変わりがなかった。映画には次に蘇峰がバルコニーに出て、朝日に映える富士山を拝むところが映る。つづいて夫人の静子と朝食をとる姿が画面に現れ、それから新聞を読み、雑誌と新刊書の山に取り組み、その一冊一冊を手にとり、素早く目を通す情景が出てくる。そして新聞に載せる原稿をたちまちのうちに仕上げるところを見せた。実際に、十五分以上かかることはなかったのである。午後になって、多くの来客を精力的にこなす蘇峰が映し出される。だれもが新聞写真で見覚えのある海軍の提督が訪ね、政治家が挨拶に来、年若い陸軍軍人がかれの前でかしこまる。面会時間はいずれも十五分から三十分のあいだであり、話しているのはほとんど蘇峰だった。蘇峰の熱心なファン、かれの信者たちを十二分に満足させる映画だった。

毎年の夏には、全国蘇峰会の大会が山中湖畔で開かれ、数十人、ときには数百人の代表が集まり、かれの話を聞いた。この大会の模様もフィルムに収められ、各地の蘇峰会で上映された。

こうして蘇峰会の会員を中心に、かれの講演会に出席したことのある人、かれの著書に共鳴した人、そして新聞に載る蘇峰の論説の読者と、かれを信望する人びとの輪は幾重にも重なり、かれらのうちの少なからぬ人びとが、かれのラジオ講演のある日には、それを中心に一日の予定を組むようになった。

驚くべきことだった。熊本生まれの青年が『将来の日本』を世に問い、「国民之友」第一号を刊行し、たちまち「天下の四大記者」のひとりと賞賛されるようになったのは、明治二十年代の前半だった。それから半世紀のちに、八十歳近くになりながら、言論界の中央に座を占め、さらに自分の主張を電波にのせ、大新聞の論説委員、外交官出身の評論家、陸海軍の報道部長、右翼の指導者、衆議院と大学の論客、かれらのすべてを合わせたよりも大きな力を持つ世論形成家となり、その影響力を四方八方へ投射するようになったのである。

いよいよ昭和十六年に入る。

一月五日のことだった。蘇峰はラジオを通して語りかけた。前年の十一月に、三日間にわたって、「紀元二千六百年の教訓」と題するラジオ講演をおこなったのにつづく放送だった。

講演は午後六時二十五分に始まった。「紀元二千六百一年の展望」という題だった。おそらく百万人以上の人びとがラジオに耳を傾けたにちがいない。かれは、次のように切り出した。

「私の天気予報は、当たるか当たらないか、その時になってみなければ分かりませんが、私の信ずるところによれば、本年の天気予報は、荒れ模様、風雨強かるべしという赤信号を掲げるべきであります。……

　昭和十六年は、たとい飛行機がわれらの上空をかすめて飛ばなくとも、たとい爆弾がわれらの足もとに落ちなくとも、わたくしどもはきわめて戦争気分の濃厚なるうちに、呼吸し、生息している者である。ことに太平洋方面は穏やかでない。頼山陽がかつて『筑海ノ颶《ぐ》風《ふう》天ニ連ナリテ黒シ』と申した通りの暗澹たる情景であります。……

　日本が東亜新秩序建設途上に横たわる一大障害はアングロサクソンである。これに勝てば、もはや英国に依存する東洋民族はなくなるのみならず、われらもまた英国の桎梏《しっこく》から解放される。米国は日本が積極的に進んでいけば、無論衝突する。しかしぼんやりしていても、米国とは衝突する。

　世の中には、日米衝突は百害あって一利なしと申す者がいる。しかしその百害あって一利なきことを知っても、これをおこなうことがあり、またおこなわねばならぬことがある。日米衝突もまたそのひとつだ。これに道理を説いて、平和に解決しようとすると、かえって、日本の腰が抜けて七重の膝を八重に折ると考え、いまが攻めどきだと考えて、やってくるかも知れぬ。故に早く覚悟をきめて、断然たる処置をとるがよい」

　そして蘇峰は「私どもは日本の運命を信じて、一大躍進を遂げねばなりませぬ」と結び、三十分の講演を終えた。（『最近の蘇峰先生』蘇峰会、昭和十七年、一一〇―一一二頁）

ラジオの前に坐っていた人びとは腕を組み、日米戦争がほんとうに今年中に起こるのだろうかと考え、言いがたい重苦しい気分に襲われた。首相の近衛文麿もこの放送を聞いたのであろう。聞かなかったとしても、秘書官からその講演内容の要約を受け取ったはずである。近衛は蘇峰が反撃を始めたのかと顔をしかめ、面倒なことにならなければよいがと思ったにちがいなかった。

たしかに蘇峰のその講演は、首相の近衛を批判したものだった。百万人以上がラジオの前に坐ったのではないかと前に述べたが、あらかたの聴取者には分からなかったが、蘇峰は近衛が政治姿勢を変えたことを許しがたいと思い、近衛が対外路線を変えようとしていることに警告を発していたのである。

それはこういうことだった。

首相の近衛はアメリカとの戦いに反対だった。もっとも昭和十五年七月に首相になったときには、かれはアメリカと外交交渉を慌てておこなうつもりはなかった。ドイツ、イタリアと同盟を結び、次にソ連も加えて、四国同盟を締結するつもりだった。その同盟ができさえすれば、アメリカにたいする絶対の戦争抑止力になると思ったのである。

ところが、前に述べたとおり、ヒトラーは四国同盟構想を放りだしてソ連攻撃を決めてしまい、一方、なにも知らないスターリンは四国同盟の締結を求めて、ドイツとの交渉をつづけようと考えていた。近衛は近衛で、四国同盟ができないなら、ドイツとの同盟をひそかに解消しようと考えるようになった。そしてこれも前に記したことだが、近衛は内閣改造をおこなうことによって、政策の転換を明らかにしようとした。

蘇峰の昭和十六年一月五日の放送講演は、それから二週間あとのことだった。

蘇峰は口には出さないながら、次のような予測を立てていたのである。半年先の六月か、七月には、ドイツ軍はドーバー海峡を押し渡り、英本土を攻略することになるにちがいない。アメリカは英国の亡命政権とオランダの亡命政権を支え、香港からマレー、東インド諸島、ビルマ、インドの、英国とオランダの植民地の維持を図ろうとすることになろう。日本がそれに反対すれば、日本とアメリカの関係は悪化せざるを得ない。蘇峰ばかりでなく、ラジオを聞いていたおおかたの人たちも、そんな具合に考えていた。

ところで、蘇峰はさらに次のように考えていたのであろう。アメリカがイギリス、オランダの植民地支配の後見人役を買ってでて、日米関係が悪化するなかで、陸海軍はインドシナ南部へ派兵すべきだと主張するようになるにちがいない。ところが、首相の近衛にはアメリカとの対決を恐れている気配がうかがえた。

蘇峰は、近衛の内閣改造の狙いが、外交政策の転換をめざし、アメリカにたいして宥和策をとろうとしてのことだと分かっていた。そこでかれはその放送のなかで、「道理を説いて、平和に解決しようとすると、かえって、日本の腰が抜けて七重の膝を八重に折る」ことになると警告したのだった。

蘇峰は、近衛が軍部大臣の主張についていくことができず、とどのつまりは、内閣不統一ということになって、総辞職せざるを得なくなると予測していたのである。

蘇峰が後継首相にと考えていたのは、外務大臣の松岡洋右《ようすけ》だった。蘇峰は松岡が二十五歳で上海領事官補だったときから、かれを知っていた。昭和七年にジュネーブの国際連盟総会から全権大使の松岡が退場したときには、引き揚げよ、国際連盟から脱退せよと説いてきた蘇峰は、よくぞやったと歓迎した。蘇峰は、大きな野心を持ち、人並はずれた自信家の松岡を高く買い、おおいに期待していた。あるいは、松岡が参謀総長に向かって、シンガポールを攻撃せよと説いていることを知っていて、さらに気に入ったのかもしれない。

松岡の擁立を考えていた者は、蘇峰のほかにもいた。近衛が革新勢力を見捨てたことを怒る政治家と高級官吏たちが、松岡をかつごうとしていた。近衛が早くもふらつく有り様に幻滅した人びとが松岡を首相にと言うようになった。そして松岡自身、この未曾有の国際危機に立ち向かうことができるのは、日本には自分しかいないと考えるようになった。

昭和十六年三月から四月にかけて、松岡は六週間のヨーロッパの旅に出た。

ヒトラー、ムッソリーニ、ローマ法王と会談し、スターリンと日ソ中立条約を締結した。かれは各地で大歓迎を受け、意気揚々と帰国した。それから四日目の四月二十六日、松岡は日比谷公会堂で演説した。大政翼賛会と東京都の共同主催の帰国報告会であり、全国に放送された。

松岡はヒトラーを褒め、スターリンを賞賛し、「私はスターリンさんとたった十二、三分で日ソ間に横たわる大問題を解決してしまった」と威張ったあと、一転して、政府の弾劾を始めた。すると、会場にあふれていた熱気は殺気だった空気に激変した。松岡は、三月に大政翼賛会から革新派の幹部すべてが追放されてしまったことを取り上げ、改組され、官僚機構と化した大政翼賛会を非難した。そして、内閣の現状維持路線を指揮するようになった平沼騏一郎を罵倒し、内閣の対外政策は微温的だと言って、近衛をも批判した。だれもが内閣の一員による内閣攻撃に息をのんだ。

公会堂に詰めかけた人びと、ラジオの前に坐る人びとは知らなかったが、松岡は、近衛がかれの留守中に始めた二人のアメリカ人宣教師の橋渡しによる日米外交交渉をひどく不快に思っていたのである。

ところで、蘇峰はどうしていたのか。かれは三叉神経を患い、三月下旬に入院し、五月末に退院したが、再び痛みに悩まされ、そのあとも病床にいた。

そして昭和十六年六月に入った。ヒトラーは駐独大使の大島浩に、ドイツが近くソ連を攻撃することを示唆した。この大島からの報告を政府と陸海軍の幹部がまだ信じかねていた六月二十二日、ドイツ軍はソ連との国境を越えた。

だれもが驚いたが、松岡の場合は驚きだけではすまなかった。心に残る大きな傷となった。昭和十五年十一月に四国同盟の構築が不可能と分かってから、首相の近衛は三国同盟を有名無実なものにしてしまうしかないと考え、対米関係の是正を望んだ。これにたいして、外務大臣の松岡洋右は、なおも四国同盟に執着し、自分の腕でそれをつくってみせるつもりでいたのである。

ところが、独ソ戦争が松岡の望みを断ってしまった。というよりは、かれが犯した失敗を白日のもとにさらけ出してしまったのである。松岡は四国同盟をつくろうとしてヨーロッパに行った。にもかかわらず、四国同盟をつくろうとヒトラーを説得できなかった。ヒトラーのソ連にたいする敵意ははっきりしており、松岡は四国同盟のことを言いだすことすらできなかった。それでいてなお、かれはヒトラーの真意をつかむことができず、なおも四国同盟に未練を残した。ベルリンからの帰途、かれはスターリンに簡単にだまされ、ソ連のための条約を結んでしまったのである。

ところが、独ソ戦が始まると、松岡はてのひらを返し、ソ連と戦わねばならないと説くようになった。そして、私が首相になってもいいと語ったりしたのだが、威勢がよいように見えるのは見せかけで、ほんとうはかれ自身ひどく混乱しており、だれをも納得させる新しい外交路線をつくることができないでいたのである。

昭和十六年七月十六日、第二次近衛内閣は総辞職した。近衛は再び首相になったが、松岡洋右を留任させることなく、豊田貞次郎《とよだていじろう》を外務大臣に起用した。

新たに外務大臣になった豊田貞次郎はアメリカとの関係を正常化したいと望んでいた。近衛は、豊田が海軍出身だから、海軍首脳と協調することもできると考えた。そしてこの時期、海軍の幹部のなかには、かつての加藤寛治《ひろはる》のような強硬派はいなかった。

加藤寛治の名前を挙げたから、かれについて触れておこう。加藤を高く買っていたのが蘇峰だった。日米戦争は必ず起こると説き、「米英連合艦隊一時に来襲するも、あえて恐るるに足らず」と述べた加藤の信念を、蘇峰は自分の考えとしていた。加藤は連合艦隊司令長官、軍令部長をやったことがあり、ワシントン会議を「姿のない元寇《げんこう》」だと非難し、もちろんロンドン会議にも激しく反対し、海軍内に一大勢力を築き、海軍の外でも、対外強硬勢力の偶像となった。だが、かれは昭和十年に現役を去り、昭和十四年に他界してしまっていた。

第三次近衛内閣が発足した七月半ば、海軍の幹部たちのなかにアメリカと戦うことを望んだ者はいなかった。そして首相の近衛と外務大臣の豊田がアメリカとの戦いに反対であるのなら、太平洋の戦いが起こることはあり得ず、日米関係の改善のために、実現可能な目標を立てることができるはずであった。

ところが昭和十六年七月末、日本はインドシナ南部へ派兵した。それにたいして、アメリカは日本にたいして経済封鎖をおこない、蘇峰の一月五日の予言「筑海ノ颶風《ぐふう》天ニ連ナリテ黒シ」はたちまち現実のものとなってしまった。

いったい、だれが南部仏印への派兵を主張したのか。それはなぜだったのか。それらのことについては、第二章で述べる。

もう少し説明するなら、第二章につづいて第三章、さらにその先で私が述べようとするのは、昭和十六年六月から十一月初めまでのあいだに、参謀総長、軍令部総長、外務大臣、内大臣、そして天皇が、どうしてアメリカと戦おうと決意してしまったのか、その謎を解くことであり、日米戦争がどうして起きたのかを解明することなのである。

ところで、参謀総長、軍令部総長、陸軍大臣、海軍大臣が戦いを決意したとき、蘇峰は病床にいたのだし、かれが望みを託した松岡洋右は失脚してしまい、たとえ蘇峰の病気が全快したとしても、このときはすでに厳しい言論統制が始まっていて身動きすることができず、だれにも影響を与えることができなかった。第二章、第三章で、蘇峰について語ることはなにもないから、蘇峰が昭和十六年十一月までにやったことをここで述べてしまうことにしよう。

アメリカが日本にたいして経済封鎖をしたあと、第三次近衛内閣は新聞や放送がアメリカを批判することをさらに厳しく規制した。アメリカはけしからん、アメリカと戦えといった主張を新聞、雑誌に載せることを禁止した。新聞、雑誌の文章からすべての挑戦的な字句が削られた。蘇峰は神経痛のために、原稿はすべて口述に頼っていたが、かれの論説も切り刻まれた。

近衛内閣の言論統制は徹底していた。情報局は英国首相チャーチルの放送演説を八月二十六日の新聞第一面に載せさせた。チャーチルはここで「日本軍は中国の戦場でその行くところに殺戮《さつりく》と廃墟と荒廃を残し」と日本を非難し、「あわれなヴィシー・フランスからインドシナをもぎとった」と攻撃し、日米戦争が起きたら、イギリスはアメリカの同盟国として行動すると日本を脅迫していた。

ところが、情報局はそれにわずかなコメントを加え、「恫喝《どうかつ》放送」「ことさらに歪曲」と述べただけで、反駁の文章を掲載させなかったのである。

八月三十日には、情報局は首相がアメリカ大統領に親書を送ったことを明らかにした。アメリカの新聞がそれを伝えてしまって、もはや秘密にすることができなくなったからであり、情報局第二部長は、首脳会談の開催を求めたという事実を隠しながらも、「太平洋をめぐる日米のデリケートな情勢に関して、どこに癌があるのかを検討しているのである」と述べた。そして政府は、近衛親書にたいする批判をいっさい禁じた。

近衛と外務大臣と海軍はアメリカとの関係改善を望み、アメリカにたいする批判、非難を禁じていたのだが、陸軍は国民を暗闇のなかに放り出しておくのはけしからんと怒った。陸軍報道部長の馬淵逸雄が、その言論統制を破った。九月一日にかれは講演し、アメリカを激しく弾劾した。アメリカによる経済封鎖をはじめて攻撃し、「対日包囲陣」「対日経済圧迫」「経済宣戦」だと非難した。そして放送中継されたその演説の内容を翌日の新聞に載せさせてしまった。

これは陸軍軍務局長がすべてを仕組み、報道部長を扇動して、そのような演説をさせ、情報局に出向している陸軍軍人が馬淵の講演を新聞に載せさせるということをやって、政府の鼻を明かしたのだが、責任を負わされたのは馬淵ただひとりだった。かれは報道部長を解任されることになった。

蘇峰の論説は相変わらず削られ、原形をとどめなかった。かれは訪ねてくる人びとに向かって、政府を批判した。第三次近衛内閣が松岡洋右を除外して発足したとき、閣員のひとりが、「同志内閣」だと言ったことを蘇峰は取り上げ、「英米同志内閣」のざまだと皮肉り、近衛を優柔不断だと非難し、「熟慮不決断」と笑った。

蘇峰は九月上旬に健康を回復し、『近世日本国民史』を書き始めていたが、十月十五日に第八十六巻を書き終えた。「征韓論前篇」だった。西郷隆盛の征韓論は強い反対に囲まれていた。蘇峰はその巻の最後を次のように結んだ。

「再び繰り返す。好事魔多し。世の中の事は、実に思う通りには運ばぬものだ」

しかし、「思う通りには運ばぬ」と嘆息したのは、蘇峰ではなく、じつは首相の近衛のほうだった。翌十月十六日、第三次近衛内閣は総辞職した。

十月二十一日、蘇峰は新著『皇国日本の大道』を刊行した。新聞広告は次のように述べた。「将《まさ》に歴史の大転換が予見せらるる現下非常の秋《とき》に当り、一億同胞の決意と信念とを磐石の如《ごと》からしめんとするものである」

じつはその新著の原稿は三月にできていた。昭和十四年二月の『昭和国民読本』、昭和十五年二月の『満洲建国読本』につづいて、国民のための新しい教科書となるものだった。だが、検閲が厳しく、出版できる見込みがなかった。しかし、そろそろ刊行できるだろうと思い、九月に印刷を始めたのだが、それがちょうどよいタイミングとなった。

蘇峰はいつもの語り口で、読者をあおった。

「今日の日本にも、相変らず小日本論者はある。自ら小日本論者とは銘打たざるも、事実はその通りである。彼等は今尚お平和日本を夢見ている。安息日本を期待している。丁抹《デンマーク》の如く、瑞西《スイス》の如く、白耳義《ベルギー》の如く、和蘭《オランダ》の如く、所謂《いわゆ》る小ぢんまりとして、国家そのものの個人主義を実行しつつある国を、理想国であるかの如く憧憬する者もある。要するにマンチェスター派の空想的夢は、未だ覚めずにいる。

併し今日の日本は、斯る中間の余地あるを許さない。道は二つはない。唯《た》だ一つである。即ち大日本か、小日本かではない。大日本か無日本かである。即ち日本が国家として立ち、日本人が民族として立つには、大日本としてより外に存在の途はない。小日本としては存在を許されない。小日本として存在せんとせば、勢い他の強隣に血も脂も吸取られて、自滅するの外はない。現在の欧州の情態は、その実物教訓である」

「如何なる場合にも、臆病者には適当なる口実が、大概用意されている。北守南進論にせよ、南守北進論にせよ、悉《ことごと》く皆とは云わぬが、動《やや》もすれば、小日本論者の片割れとも云う可き輩に利用せられ、若しくは濫用せられた。併しながら、これは二つながら間違いである。日本そのものの歴史を、根本的に考察する者は、日本は北守南進でも、南守北進でもなく、北進又《ま》た南進、南進又た北進であらねばならぬことを知っている」

蘇峰が本格的な活動を開始したのは十一月三日である。かれは全国向けの放送で講演した。日米戦争を予言した一月五日の放送以来のことだった。おそらく新首相の東条英機がじきじき指名したことであったにちがいない。蘇峰は知らなかったが、その前日の十一月二日に、政府と統帥部はアメリカと戦うことを事実上決めてしまっていた。

蘇峰の放送は「明治維新に学ぶ」と題する五十分の講演だった。かれは文久三年生まれの老人ながら、なかなか力量感のある声を持っていた。

「明治維新には、主義があり、目的があり、手段がありましたが、そのことを断行するに至りましては、必ずしも十二分の成算を見越してこれを断行したのではありませぬ。いやしくもこれを断行するのが正理であり、断行するのが必要であり、断行せざるべからざる勢いに国運が差し迫ったる場合には、成敗利鈍を無視して、その危険を進んで冒したのであります」

そして十一月八日の午後には、蘇峰は首相官邸で東条と会談した。東条は五日前の講演に感激したと言い、蘇峰は仏光禅師が北条時宗に提示したという「妄想スル莫《なか》レ」の言葉を東条に示し、その意味を説明したのであろう。

二日あとの十一月十日には蘇峰は日比谷公会堂で講演した。毎日新聞社主催の時局講演会であり、講演者はかれひとりだった。「太平洋を眺めて」と題し、詰めかけた人びとの熱気があふれ返るなか、二時間半にわたって熱弁をふるった。

「弘安四年に北条時宗の如き日本男児がでて、蒙古の兵を斥けたというならば、昭和の今日においては、決して一人や二人の時宗ではない。一億の皇民みな時宗である」と蘇峰が声を張り上げたとき、座席の人びとは一斉に立ち上がり、「蘇峰先生万歳」と叫んだのである。

そして十一月二十九日の東京日日と大阪毎日に、蘇峰は「道一筋」と題する論説を発表し、次のように説いた。

「所謂る米国の原則なるものは、我等は耳にたこの出来たほど聞き古したる文句だ。それは東亜の情勢を、満洲事変以前に復旧せよと言うのだ。ワシントン会議の大陰謀によりて、英米合作の九国条約なるものに準由《じゅんゆう》せよと言うのだ。これでは日本は缶詰となるのみだ。彼等がシカゴの屠殺場に於て、牛肉や豚肉の缶詰を作る如く、日本の缶詰を製造せんとするは、余りにも大胆であり、余りにも無法である。日本は国家として其の生存権と、其の成長権を行使するの運命を持っている」

蘇峰は得意の筆をふるい、われわれはぎりぎりの忍耐をつづけてきたが、もはや我慢できないところまできているのだと説き、かれの広大な読者に戦いを決意させようとしたのである。

ところで、私は最初に、政府と軍部の幹部たちがそれぞれアメリカとの戦いを決意するにあたって、蘇峰はなんの影響も与えなかったと述べた。だが、ほんとうのことを言えば、それは事実ではない。

昭和十六年八月、九月、十月、政策決定の中枢にいる人びとのだれもが、眠ろうとしても眠れない夜があった。昼のあいだはなにも支障のなかったはずの問題が、夜になると、眠ろうとする者の目の前に居坐った。昼間はおくびにも出さなかった心配が、寝床に入った者の胸を圧する不安となった。戦って大丈夫なのかという不吉な声がしつこく枕元で聞こえた。そうしたときに、人びとが思い浮かべたのは、蘇峰の顔ではなかったか。かれの言葉を口に出してみたのではなかったか。

どうしてかれらは蘇峰を思い浮かべたのか。蘇峰は日本の命運を賭けた二つの戦争の推進者であり、それらの戦いに少なからぬ役割を果たした。

生きている人のなかで、そんな人物は蘇峰のほかにはいなかった。

参謀総長の杉山元《はじめ》や、軍令部総長の永野修身《おさみ》は、日清戦争が始まったときには、中学の三年生だった。のちのちまでかれらが覚えていたのは、黄海の海戦の大勝利と旅順占領のニュースに胸を躍らせた思い出だった。蘇峰の国民新聞を読み、清国北洋艦隊の撃滅を報じた「愛弟通信」と題する特派員報告に感激した記憶もあったかもしれない。杉山や永野の部下たちの日清戦争の思い出は、小学校の運動場で、「討てや懲せや清国」を合唱したことであり、「踊らんか、えらい奴ちゃ、日本勝った日本勝った」と歌いながら踊る大人たちの人の輪であり、錦絵やメンコに描かれた玄武門で奮戦する原田重吉の勇ましい姿だった。

日清戦争に参加した者は、退役将軍や退役提督のあいだにしかいなかった。たとえば、元侍従長の鈴木貫太郎や元総理の岡田啓介、元陸軍大臣の宇垣一成《うがきかずしげ》がそうだった。だが、かれらがいかに優秀だったからといって、三十歳前の軍人の任務はたかが知れていた。鈴木貫太郎は海軍大尉であり、水雷艇の艇長だった。岡田啓介も海軍大尉、巡洋艦浪速《なにわ》の副砲の指揮をとっていた。宇垣一成はそのとき陸軍中尉であり、広島に置かれた大本営の衛兵長だった。

日清戦争から十年のちの日露戦争のときには、鈴木は中佐となっていた。駆逐戦隊の司令となり、豪勇ぶりを発揮した。岡田も中佐だった。巡洋艦春日《かすが》の副長だった。春日は日本海海戦に参加し、敵の砲弾三発を食らい、岡田は大忙しだった。副長は、戦闘のときには、被害箇所の応急修理の指揮をとることになっていたからである。宇垣一成は少佐となり、第一軍の参謀として奉天の会戦に加わった。

昭和十六年に陸海軍の重要なポストにいた者たちは、日露戦争のときになにをしていたのか。最年長の杉山がやっと出征したところだった。かれは本渓湖《ほんけいこ》の戦いで負傷し、そのあと中尉となった。海軍大臣の及川古志郎《おいかわこしろう》は海軍兵学校を卒業したのが明治三十六年の末だった。かれは巡洋艦千代田に乗り組み、戦いに加わった。関東軍司令官の梅津《うめづ》美治郎《よしじろう》も陸軍士官学校の卒業は明治三十六年の末だった。連隊付きの少尉として出征した。

日露戦争に出征した陸海軍将校は、海軍が兵学校三十一期生、陸軍は士官学校十五期生がもっとも若く、かれらは明治十五年か、十六年の生まれだった。

明治十七年に生まれた東条英機は陸軍士官学校の繰り上げ卒業組であり、明治三十八年に少尉に任官したが、戦いに出る機会はなかった。

文官はどうであったか。昭和十六年に五十一歳だった木戸幸一と四十九歳だった近衛文麿は、日露戦争のときには、学習院中等科の生徒だった。かれらが覚えていたのは、来る日も来る日も、一進一退の死闘がつづく旅順の戦いのニュースだった。そして海軍の大勝利を祝う山車《だし》の太鼓のリズムが呼ぶ興奮だった。幸一や文麿に経験があったかどうか、同じ年頃の少年たちは、夜遅く号外の鈴音が聞こえてきて、戸外にとびだし、買ってきた号外をランプの下で家族に向かい、敵艦十三隻を撃沈し、六隻を捕獲し、その六隻のなかには、最新最大の戦闘艦アリヨールも入っていると声高に読み上げたのだった。

昭和十六年には外務大臣が三人代わったが、七月までの松岡洋右は日露戦争が始まったときに外務省に入省し、上海の領事官補になった。七月から十月まで外務大臣だった豊田貞次郎は海軍出身だった。明治十八年生まれのかれは、海軍兵学校を卒業したのが明治三十八年末だったので、日露戦争に出征することはなかった。豊田のあとを継ぎ、十月に外務大臣になった東郷茂徳《しげのり》は、まだ東京帝国大学の学生だった。

昭和十六年にすでに引退していた政治家はなにをしていたか。昭和の初めから昭和九年まで首相を務めた者で生き残っていたのは若槻礼次郎《わかつきれいじろう》ただひとりだった。ほかに首相は四人いたが、すべて死んでいた。元治元年生まれの田中義一《ぎいち》は病死だったが、蘇峰より年上の安政二年生まれの犬養毅《いぬかいつよし》、安政五年生まれの斎藤実《まこと》、明治三年生まれの浜口雄幸《おさち》は、いずれも外国に強硬態度をとるのが正しいと信じるテロリストに襲われ、殺されたのだった。

若槻礼次郎は慶応三年の生まれだった。日清戦争のときに、かれは愛媛県の収税長だった。十年あとの日露戦争のときには、大蔵省の主税局長に出世していた。昭和十四年に首相になった平沼騏一郎が若槻と同じ慶応三年の生まれだった。日清戦争のときに、かれは横浜裁判所の部長であり、日露戦争のときには司法省の検事だった。

蘇峰と同い年か、一つ、二つ上の文久の生まれ、蘇峰より三つ、四つ下の慶応の生まれ、さらにその下の明治初年の生まれの老人で占められていたのは枢密院だが、そこにはたとえば、文久元年生まれの真野文二がいた。かれは九州帝国大学の総長をしたことがある。日清戦争のときには帝国大学工科大学の教授だった。石井菊次郎は慶応二年の生まれだった。かれは大正の初めに外務大臣だったことがある。日清戦争のときにはパリにいて、交際官試補であり、日露戦争のときには外務省の通商局長であり、電信課長を兼務していた。明治二年生まれの南弘と伊沢多喜男はともに前に台湾総督だったことがあるが、日清戦争のときには、東京帝国大学の学生だった。日露戦争のときには、南弘は内閣書記官、伊沢多喜男は滋賀県の内務部長だった。

これ以上挙げてもしようがないだろう。蘇峰と比べることのできる人物がいるはずがない。蘇峰は日清戦争の立役者である川上操六を「親友」と呼び、日露戦争のときの首相の桂太郎を「清友」と言っているのだ。

日清戦争のときに小学生や中学生だった者は、学校の先生や父親から、いちばん偉い将軍は川上大将だと聞かされたことを覚えていた。もしも、川上操六が日露戦争のときまで生きていたら、もちろん、かれが全作戦計画を立案し、戦いの総指揮をとり、戦いのあとには元帥になったであろうことは、だれもが想像したことだった。

蘇峰はその川上将軍の「親友」だった。蘇峰は清国と戦うべきだと主張し、戦いが始まってからは、川上と毎日会い、ときには一日のうちに何度も会い、台湾を占領することを決め、それを政府首脳に提案させようとし、政府に説得力をもつ政治家に働きかけることもした。こちらは成功しなかったが、大本営を遼東半島に前進させよと主張したのも、蘇峰だった。

つづいて十年あと、蘇峰はロシアと戦えと説いた。そして戦争が始まってからは、かれは首相桂の事実上の政治顧問となり、右腕となった。のちにかれは「事皆な機密に属して、口外すべき限りのものでは無い」ともったいをつけ、思い出多き愉快は、「三十八年の役《えき》に於て、聊《いささ》か奉公の誠を効《いた》した効果を眼前に見た一事」と記したのだった。

昭和十六年に生きている人のなかで、清国と戦えと説き、ロシアと戦えと主張し、その二つの戦いを指導する中枢に参画し、戦いの展開に積極的な役割を果たした者は、蘇峰がただひとり残るだけだった。夜の闇のなかで、寝返りをうつ者の耳に、戦いを始めてしまって、二年先の戦いはどうなるのかという声が聞こえてきたとき、思い浮かべるのは蘇峰の顔だったのである。普通鋼の生産が年間四百数十万トンだけで、六千万トン、七千万トンを生産するアメリカを相手に戦いつづけることができるかという囁きが聞こえてきたとき、蘇峰の主張を思い出したのである。

清国と戦うべきだと主張し、ロシアと戦うべきだと説いた蘇峰先生がアメリカと戦わねばならないと述べているのだ。かれを信じることだ。昭和十六年八月、九月、十月、アメリカとの戦いを決意した人びとに、蘇峰は間違いなく大きな影響を与えたのである。

断章──(二)

駐米大使となった野村吉三郎が、アメリカ国務長官のコーデル・ハルと最初の会談をおこなったのは、昭和十六年三月初めのことであった。

じつはそれより前、日本政府の幹部にアメリカとの交渉をおこなうようにと勧めたアメリカ人がいた。日米両国の和解、そして経済提携を説く二人の宣教師だった。前に大蔵省の役人だった井川忠雄と陸軍省の前軍事課長の岩畔豪雄《いわくろひでお》がその主張に共鳴し、アメリカへ行った。二人の宣教師と岩畔、井川は、日米双方が受け入れ可能と信じた了解案をつくりあげた。

四月十六日、ハルは野村に向かって、その了解案を出発点として、会談を開くことにしようと言った。野村はおおいに喜んだ。ところで、ハルはそのとき同時に、日米間で守らなければならない「四つの原則」を記した書きものを野村に手渡した。それには、あらゆる領土と主権の尊重、内政の不干渉といった抽象的な原則が記してあった。野村はそれを重要視せず、東京に報告することもしなかった。しかし、そこにハルの別の意図が隠されていることに気づくべきであった。じつは、日本のやってきたことは、これらの原則に抵触することは明らかだったから、アメリカ側はこの原則を持ち出しさえすれば、いつでもその了解案の項目のひとつひとつに異議を唱えることができるということだった。

二人の宣教師を背後で操った人びと、そのトップには、ローズベルトとハルもいたのだが、かれらの狙いは、太平洋で時間を稼ぐことにあった。ローズベルトは、チャーチルとともに、三国同盟を結んだ日本がすぐにでもシンガポールを攻撃するのではないかと恐れていた。ところが、英国は英本土の防衛と北アフリカの戦いで手いっぱいだった。アメリカは英国を助けることで、これまた手いっぱいだった。

昭和十六年三月十一日にアメリカは武器貸与法を成立させ、政府は同盟国に軍需品を貸与することができるようになった。もちろん、これは英国を助けるためだった。すでに英国はアメリカから大量の航空機エンジンと鉄鋼、船舶を買っていたから、昭和十五年末には、手持ちの金もドルも枯渇してしまっていた。しかし、この貸与法の成立によって英国はひきつづき軍需品を入手できるようになったのである。

つづいてアメリカは、英国への軍需品の海上輸送をドイツの潜水艦の攻撃から守るために、英国海軍の海上護衛の仕事の肩代わりをすることになった。アメリカはデンマーク領のグリーンランドと英国領のバーミューダ諸島に空軍基地をつくり、ドイツ潜水艦にたいする哨戒を始め、アメリカが責任をもって哨戒する水域を拡張した。

そしてまた、アメリカの八つの海軍工廠は、民間の造船所とともに、英国の軍艦と輸送船に高角砲、水中聴音器を据え付け、爆雷を搭載することで、大わらわだった。武器貸与法に基づき、英国の軍艦と輸送船の建造も始まっていた。航空機製造工場は設備の増設を開始し、全産業の巨大な遊休設備が動き始め、多くの労働者を雇い入れるようになった。

しかしだからといって、アメリカは大西洋と太平洋の両方でいますぐ戦いを始めるわけにはいかなかった。

こうして、ローズベルトと陸海軍の幹部にとって、太平洋における時間稼ぎは是が非でも必要となり、二人の宣教師を利用したのだが、その戦術は大成功だった。

井川や岩畔、そして野村は、ローズベルトがその了解案に賛成しているものと思い込み、首相の近衛や三宅坂の陸軍幹部は、それをアメリカ政府案と思い違いをしたのである。その了解案は、日本軍の中国からの撤兵については、日中両国間で結ぶ協定に基づくとしており、満洲国の承認、蔣・汪政権の合同などという文句が並んでいたから、人びとのあいだに安堵の気持ちがひろがった。

つづく二カ月のあいだ、日本側はその案に振りまわされることになった。しかも、外務大臣の松岡洋右が三月にはヨーロッパへ行き、ヒトラーと会談し、スターリンと日ソ中立条約を結んで、四月下旬に日本に帰ってきた。かれは日米了解案に沿って交渉がすすめられていることを知ると、ばかな連中が勝手につまらないことをやってけしからんとかんかんになって怒った。こうしたことがあいだに挟まり、ばかばかしいばかりの混迷がつづいた。おそらく、ローズベルトとその部下たちは笑いが止まらなかったにちがいない。

さて、五月、そして六月に入って、ハルは小出しに原則論を持ち出し、日本の主張に反対をつづけていたのが、六月二十一日、はっきりとすべての要求を掲げる文書を示すことになった。四月十六日にこれを出発点にしようといったいわゆる日米了解案を全面的に否定する内容だった。この文書は、中国からの撤兵、三国同盟の死文化を求め、武力南進の否定を求めていた。

アメリカが日本にたいする基本要求をはっきりと示すことにしたのは、その翌日に独ソ戦争が始まることを、ローズベルトとハルはもちろんのこと、アメリカ政府の幹部のだれもが知っていたからだった。かれらはこれで一息つけると思ったのである。

このとき日本側は、なにを考え、なにをしたのか。

第二章　どうしてサイゴンに派兵したのか

第一章で触れたとおり、ここでは、どうして日本がインドシナ南部に派兵したのかを検討しなければならない。

昭和十六年七月の下旬、日本はサイゴンとカムラン湾へ軍隊を送り込んだ。これはのちに歴史書が取り上げ、「南部仏印進駐が日米戦争を誘発」、「運命の南部仏印進駐」、あるいは、「南部仏印進駐が日米交渉の致命傷となる」といった見出しを掲げるようになる重大な軍事行動だった。

歴史書がなぜこんなふうに書くようになったかと言えば、この軍事行動にたいし、アメリカが全面禁輸を打ってでて、次に日本は自存自衛のためだと主張し、アメリカとの戦いに踏み出すことになったからである。しかし、この時点では、だれにもそうなると予測できなかったのであろうか。サイゴンに派兵すれば、アメリカは報復にでて、経済封鎖をすると、政府首脳と軍幹部は考えなかったのであろうか。これはだれもが抱く疑問であろう。

もういちど振り返ってみよう。

昭和十六年七月二十五日、フランスを脅したりすかしたりの交渉がまとまり、四日あとの七月二十九日に共同防衛議定書に調印することが決まった。そこで同じ七月二十五日、海南島の最南端にある牙竜湾に集結した輸送船と護衛の駆逐艦の一隊が出港した。

七月二十六日、アメリカでは七月二十五日だったが、ワシントンはアメリカ国内の日本資産の凍結を指示した。事実上の経済断交である。そしてそのあとを追い、英国、カナダ、蘭領東インドも日本の資産を凍結した。

七月二十八日、日本軍はカムラン湾に上陸した。つづいて七月二十九日、ドンナイ川河口にあるサンジャックに到着した部隊は川を遡り、サイゴン市に入った。

八月一日、アメリカは屋上屋を架すということをやった。第二次の石油と石油製品の輸出禁止である。英帝国諸国と蘭領東インドも同じ措置をとった。

石油の供給が完全に停止される危険を冒してまで、日本がサイゴン、カムラン湾に派兵したのは、なぜだったのか。

これより一年前の昭和十五年九月、日本はフランスと協定を結んだ。そしてハノイの飛行場を中心にインドシナ北部に軍隊を駐屯させた。日本が次にインドシナ南部にも兵力を進めたいと望んだのは、いわば自然のなりゆきだった。インドシナ全域を支配することになれば、周辺のタイ、マレー、蘭領東インドにたいして睨みをきかせることができると考えたのである。

ところで、日本がインドシナ北部に派兵したことは、蘭領東インドやマレーの植民地政府を警戒させ、日本に敵対的態度をとらせるようになった。それがまた日本側を怒らせることになった。日本は蘭領東インドと経済交渉をつづけていたが、蘭領東インドの総督とスマトラ、ボルネオにあるオランダ系、英国系石油会社の首脳はアメリカに協力し、日本が望む量の石油、ゴム、錫《すず》を供給しようとしなかった。

政府と陸海軍はオランダが英国とアメリカの武力を頼みにして、日本を甘く見ていると憤激し、次のように考えた。

半年にわたる蘭印との外交交渉がこのような有り様では、やがてタイも英米側に抱き込まれてしまう。一日も早くフランスとインドシナの共同防衛に関する協定を結び、サイゴンとその周辺に海空軍を送り込み、英国のアジア最大の軍事基地であるシンガポールに睨みをきかす。そうすれば、蘭領東インドの石油会社はおとなしくなり、日本へ輸出する石油の量を増やすことになろう。そして頃合いを見て、タイとも共同防衛協定を結ぶ。タイ領内に航空基地をつくり、断固たる態度を示せば、マレーとビルマの植民地政府も頭を下げるだろう。さらにビルマからの重慶政府への補給路の閉鎖を迫ることもできる。

たしかにいくつかの利点があるようだった。だが、サイゴンへの派兵に対抗して、アメリカが英国、蘭領東インドを誘い、日本にたいして経済封鎖にでたらどうするのか。少しずつ食いちぎっていくといった日本側の戦術は吹っ飛んでしまい、それどころか、アメリカとの戦争を覚悟しなければならない事態となる。

じつはアメリカからのはっきりした警告があった。日本がフランスと外交交渉を開始してまもなく、アメリカは日本に脅しをかけてきた。ウェルズ国務次官代理が日本大使に向かい、脅迫や軍事力を使っての侵略行動をおこなえば、アメリカは黙っていないと告げたのである。そしてアメリカの各新聞にその全文を載せさせもした。ところが、政府と陸海軍の首脳はその警告になんの注意も払わないようであった。

平成二年に亡くなった政治学者の岡義武に『近衛文麿』という著書がある。岡はそのなかで次のように書いている。

「アメリカのこの石油禁輸の措置は、わが国にとって実に深刻な事態の現出を意味したのである。

南部仏印進駐がアメリカ側の以上のような烈しい報復措置を誘発することは、しかし、近衛も、さらにまた軍部も全く予想していなかった。幣原喜重郎《しではらきじゅうろう》は、戦後以下のように記している。『昭和一六年夏近衛公から面会を求められて会ったところ、近衛公は南部仏印に出兵することになり、一昨日船は出港したといわれた。そこで、自分は、それならば未だ先方に着いていないのだから、船を台湾かどこかへ引戻して待機させることはできないか、といったところ、近衛公は答えて、この出兵はすでに御前会議で議を尽して決定したことなので、それをいまさら覆すことはできない、といった。自分はそこで、それならば断言するが、これは大きな戦争になる、といった。それをきいた近衛公は驚愕した。……』

幣原喜重郎は戦後に総理大臣となったから、だれもが知っていよう。かれは外務省の出身だった。外務大臣をやったこともあったが、英米追随外交と非難され、引退してすでに十年がたち、貴族院に議席を持っていたが、昭和十六年には過去の人だった。そのとき六十七歳だった。

幣原が述べたところによれば、インドシナ南部に派兵しても、アメリカからの報復はないと近衛はたかを括っていたのだという。

近衛は、外務大臣から、派兵はやめたほうがいい、アメリカが経済封鎖にでる公算が高いと告げられなかったのか。じつは近衛はサイゴンに派兵する二週間前に、外務大臣を代えたばかりだった。

これについては前に述べた。外務大臣は豊田貞次郎だった。豊田はその前は商工大臣だった。昭和十六年四月に近衛は海軍次官をやめたばかりの豊田を商工大臣とし、つづいて外務大臣としたのだった。そのとき豊田は五十五歳だった。

なお近衛は、豊田のあとの商工大臣には左近司《さこんじ》政三《せいぞう》をもってきた。六十二歳だった。左近司もまた海軍出身だった。海軍内で加藤寛治《ひろはる》と末次信正《のぶまさ》の強硬派が力を得るようになった昭和八年から九年、強硬派はロンドン条約の締結を支持した海軍幹部をすべて現役から逐《お》ってしまったが、左近司はその犠牲者のひとりだった。

豊田貞次郎は昭和十六年に自分の意思で海軍をやめたのだが、じつはかれもまた同じ犠牲者だった。軍務局長のときのことだったが、軍令部総長の伏見宮を加藤寛治のロボットと批判したことが告げ口されて、海軍内の噂となってしまった。かれは軍務局長を辞任した。有能な豊田は回り道をしながらも次官にまで昇進したのだが、終身の元帥である伏見宮が目を光らせているかぎり、海軍大臣になることはできないと諦め、近衛の勧めに応じ、次官で軍服を脱ぎ、商工大臣になったのだった。

前にも述べたように、豊田は対米戦争には反対だった。もっとも、この時点ではもはやそれをはっきりと言うことができず、アメリカにたいして武力行使のときではない、と持ってまわった言い方をしていた。そして左近司もまたアメリカとの戦争には反対だった。

首相近衛が望んだのは、対米戦に反対の海軍ＯＢである外務大臣と商工大臣が、海軍大臣の及川古志郎を助けることによって、オール海軍の協力を得ることで、陸軍を抑え、アメリカとの戦いを回避することだった。

ところが、外務大臣となった豊田貞次郎は南部仏印への派兵に反対しなかった。豊田は、サイゴンへ派兵すれば、日米関係は一挙に悪化すると考えなかったのか。あるいは、かれが外務大臣になったときには、南部仏印進駐案はすでに本決まりとなっていたから、いまさら反対することはできないと思ったのであろうか。

だが前に述べたように、豊田は外務大臣になる前は商工大臣だった。そのときもし、自分の縄張りの外の問題に口出しすることができなかったのだとしても、海軍大臣の及川に向かい、派兵はやめにしたほうがいいと助言してもよいはずだった。しかも、商工大臣になるまで、豊田は次官として及川に仕えたのだから、遠慮はないはずだった。

では、海軍大臣の及川古志郎はどう考えていたのか。サイゴンに航空基地を置けば、アメリカは黙っていまいとの危惧を抱いていたのなら、かれはそれに反対して当然なはずであった。

しかし、及川はそうしたことを言わなかった。閣議や統帥部との連絡会議で、かれはなにも言わなかった。南部仏印進駐を延期したらどうかと言ったことはあったが、それも、南部仏印進駐よりも対ソ戦を望む外務大臣の松岡洋右の尻馬にのって、ちょっぴり口にしただけのことであった。しかも、そのとき一回だけのことだった。それは当然のことだった。南部仏印進駐のお膳立てをしたのは、かれの部下たちだったからである。それなら、軍令部総長の永野修身はどうだったのか。かれはだれよりも派兵に熱心だった。

奇妙な話だった。永野、及川、豊田、左近司は一年前に起きた出来事を忘れてしまっているはずがなかった。昭和十五年七月、第二次近衛内閣が発足して数日あと、アメリカは石油と石油製品の輸出を許可制にし、ただちに八十七オクタン価以上の航空揮発油の日本向け輸出を禁止した。それがなにに原因していたのかも、もちろん、かれらは承知していた。

それはこういうことだった。

昭和十五年五月、ドイツ軍は電撃戦を開始し、オランダ、ベルギーを席巻し、フランスへ攻め入り、ダンケルクに英仏軍を追い詰めてしまった。日本はいまこそフランスに圧力をかけるチャンスだと見た。フランス政府と交渉し、ハノイから重慶政府向けの軍需品の輸送を禁止させた。パリの陥落が六月十五日だったが、その二日あとのことだった。

それから一週間のちに、フランスはドイツに降伏した。陸軍は再度チャンスと睨んだ。使節をハノイに送り、インドシナ総督に向かって、インドシナ北部への進駐を認めるようにと迫った。

フランス側はインドシナ北部への日本軍の駐兵を認めたのだが、そのための正式会談をおこなおうとした矢先、前に述べたとおり、アメリカは八十七オクタン価以上の航空揮発油の対日輸出を禁止したのである。

八十七オクタン価以上というよりは、八十七オクタン価の航空揮発油がいかに重要であったかを簡単に語っておこう。

高オクタン価の航空揮発油を生産するには、巨額な資金を必要とする大規模な装置と高度の技術が不可欠だった。アメリカの第一線機はいずれも百オクタン価の航空揮発油を使っていた。日本では、陸軍はつくれなかったが、海軍は百オクタン価の航空揮発油を製造することに成功していた。

もっとも、日本のような非産油国で、製造が面倒な百オクタン価の航空揮発油を使うことを前提にして、発動機を設計製造するのは誤りだった。ドイツでは八十五オクタン価の航空揮発油を使うことにして、それを発動機の設計基準としていた。

はたして戦争が始まって、日本軍は百オクタン価の航空揮発油を使うことができなくなった。最初は第一線機が使う航空揮発油は九十オクタン価、つづいて八十七オクタン価と下げざるを得なくなった。発動機の具合は悪くなり、故障は増え、操縦士の負担は増した。ところが、そのうちに八十七オクタン価を使うことも難しくなり、巡航の場合には、八十オクタン価、七十オクタン価と切り下げることになった。

これらの事実からおおよその見当がつくように、八十七オクタン価以上の航空揮発油の供給を止められたことは、陸海軍、とりわけ陸軍にとって大きな打撃だったのである。

昭和十五年九月二十二日、ハノイでの交渉がまとまり、いよいよハノイへ軍隊を送ることになった。九月二十四日、アメリカは今度は日本への屑鉄と鉄鋼の輸出を禁止し、経済的締めつけの輪をせばめた。それでもアメリカは八十七オクタン価以下の低品質の航空揮発油の日本向けの輸出を認めていたから、航空揮発油の備蓄に懸命な陸軍と海軍はいよいよ血眼になった。

ところがタンカーが足りなかった。アメリカは自国のタンカーの利用を禁じた。そしてアメリカは、ノルウェー、デンマーク、ギリシアのタンカーが日本のために石油や航空揮発油を運ばせないようにした。ヨーロッパの戦いのために自国へ戻ることができなくなっていたそれらのタンカーの弱みにつけ込み、日本の仕事をしたらぶち込むぞと船長を脅した。

海軍に比べて、利用できるタンカーの数がはるかに少なかった陸軍は、航空揮発油をドラム缶入りで買い、貨物船で運ぶようにしていた。するとアメリカ側は昭和十六年二月に、油と液体を入れるドラム缶と鉄製の容器の日本向けの輸出を禁止した。木製の樽を探せと商社員が駆けずりまわることになった。

猫が鼠をいたぶるように、アメリカがじりじりと経済封鎖の輪をせばめていることは、陸海軍、商工省、企画院から商社、船会社のすべての人びとがひしひしと感じていることだった。そこでサイゴンに陸軍部隊を駐屯させ、周辺の飛行場に海軍と陸軍の航空隊を送り込んだら、なにが起こるかはだれにもはっきり見当がついていた。アメリカは八十七オクタン価以下の航空揮発油の輸出も止めてしまうのではないか。それだけでなく、重油の供給も断ち切ってしまうのではないか。

いや、日本との戦争を覚悟しなければ、そんなことはできはしない、そんな無茶なことはやるまいとだれもが思おうとした。しかしまたどうどう巡りして、どう考えても、アメリカがなにもしないでいるはずがないと思い、結局、ままよどうにでもなれと、考えることをやめるしかなかったのである。

では、軍令部総長の永野修身は重油の供給が断たれることはないと信じて、南部仏印への派兵に積極的だったのか。海軍大臣の及川古志郎が口を開かなかったのは、アメリカがまちがいなく報復にでると思っていたからだったのか。もし及川がアメリカの報復を恐れていたのなら、なぜ永野に向かってやめた方がいいのではないかと言わなかったのか。部下に向かって、南部仏印進駐の作業はやめよ、陸軍とその問題で協議するな、とどうして言わなかったのか。

このような疑問の解明は、書棚にある本の頁を繰っても無理であろう。昭和十六年の海軍省の公式文書、報告、そのとき海軍次官だった人物の日誌を調べても、永野が南部仏印進駐に賛成したほんとうの理由を記してはいない。軍令部第一課長の業務日誌、海軍省軍務局員のメモを読んでも、軍令部総長がなにを考えて派兵を説いたのかの記述はない。戦後になって永野修身や及川古志郎が語ったこと、あるいは、かれらの部下たちの回想録に書かれていることを引き合いにだし、それを確実な証拠と考えるのは、愚かなことでしかない。

永野修身が南部仏印へ軍隊を派遣せよと説いたのは、アメリカが全面禁輸に踏み出すことはあるまいと判断してのことではなかった。その逆だった。アメリカは経済封鎖をするだろうと予測してのことだった。

永野がこのように考えるに至ったのは、じつは、独ソ戦争に原因があったのである。独ソ戦争について述べよう。

昭和十六年の四月から五月、政府はドイツがソ連攻撃の準備をしているといった情報を入手するようになった。日本政府だけではなかった。英国政府も、アメリカ政府も、ドイツが対ソ攻撃の計画を立てているとの情報を得ていた。敵の敵は味方であるという定理にしたがって、英米政府はそれをそっとソ連に教えていた。

ソ連の諜報員リヒアルト・ゾルゲも、東京のドイツ大使館から入手した詳細な情報をソ連へつぎつぎと送信していた。ところが、スターリンとかれの部下たちは、これら再三再四の警告を鼻でせせら笑った。これはソ連をドイツと戦わせようとする英国の謀略だ、愚劣なつくりごとだと、この重要な情報を斥けたのである。

じつを言えば、日本でも、これらの情報に接している人のなかに、この報告を信じようとしない者がいた。松岡洋右もそれを疑ったひとりだった。だからこそソ連と中立条約を結んだのである。松岡はドイツがソ連と外交交渉をおこなうために戦争準備の噂をわざと流しているのだと見ていた。ヒトラーはスターリンに心理的圧力をかけ、大きな譲歩を強要するつもりなのだと考えていたのである。

ところが、六月に入って、噂は噂でなくなった。六月三日、ヒトラーはムッソリーニを招き、ソ連との戦いは不可避だと告げた。翌六月四日には、ヒトラーと外務大臣のリッベントロップは駐独大使の大島浩に同じことを言い、対ソ戦を始めても、二カ月で戦いを終結できると語った。

陸軍省と参謀本部の幹部たちは大島の電報に驚愕した。それでも、ドイツがソ連を攻撃することはあるまいという主張が相変わらずつづいた。たとえば、陸軍軍務局長の武藤章《あきら》がそんなことを言って、ヒトラーの話は英本土上陸作戦を隠蔽するための策略であろうと語り、ヒトラーが大島をだますことなど訳もないことだと言った。

ほんとうなら、もはや疑う余地はなくなったと武藤は言って当たり前だった。日本にとって千載一遇の好機だ、いまこそ宿願の北方問題を解決するときがきたという声が三宅坂に谺《こだま》して当然なはずであった。そして、急げ、早くしろという叫び声が参謀本部と陸軍省のあいだを錯綜しなければならなかった。

北方の寒冷地帯では、戦うことができるのは短い夏のあいだだけだった。なによりも時間が貴重だった。ドイツがソ連攻撃を開始する日に、ただちに動員令を下達できるようにしなければならず、そのX日までにすべての準備を整えておかなければならなかった。早急に作戦計画を立て、それをテストするための兵棋《へいぎ》演習を開始しなければならないはずであった。

ところが、そんな声はどこからも出なかった。なにをするかについての作文づくりは始まったが、本格的な準備に取り組もうとはしなかった。なぜだったのか。日ソ中立条約を締結して七週間がたつだけだった。結んだばかりの条約を反故《ほご》にするのをとがめる気持ちがあったからなのか。

陸軍幹部がためらいを見せ、なにもしようとせず、ヒトラーは嘘をついているのだろうと語ったほんとうの理由は、また別にあった。

二年前のノモンハンの無残な戦いが、かれらの心の奥底に深い傷となって残っていたのである。そのとき、ノモンハンで戦った第二十三師団は、十日足らずのあいだに全滅に近い損失をこうむった。三宅坂ではだれもが青くなり、ドイツに和平の仲介を頼もうという声すらでる有り様だった。

かれらがずっと抱きつづけてきた必勝の信念は大きく揺らぐことになった。かれらが唱えつづけてきた迅速性と奇襲に頼る速戦即決の原則は、相手にお株を奪われてしまった。そして口にこそださなかったが、かれらは、ソ連軍の戦車と重火器、航空機、その兵站能力、要するにソ連の戦力のすべてを恐れるようになり、自己の力量に関する自信を失ってしまっていた。

参謀総長の杉山元、陸軍大臣の東条英機、そしてかれらの部下たちが、ただちに対ソ戦の準備にとりかかろうとせず、ヒトラーはほんとうのことを語っているのではあるまいと言い、ドイツが実際にソ連を攻撃するまで待とうと語って、落ち着き払っているように見せかけたのは、これこそ対ソ恐怖症の歴然たる徴候だった。

海軍幹部は大島大使の電報をどう見ていたのか。大島の第一電につづいて、駐独海軍武官からの電報を受け取り、海軍大臣の及川古志郎と軍令部総長の永野修身、そしてかれの部下たちは顔色を変えた。かれらは陸軍幹部とちがって、ヒトラーの言葉をそのまま信じた。独ソ戦争は不可避だと思った。しかしかれらは、陸軍が心の底で対ソ戦に不安を抱いて、愚図愚図していることを知らなかった。海軍幹部は次のように考え、語り合ったのであろう。北方問題の解決は陸軍の不動の目標だ。陸軍がノモンハンの仇を討とうとするのは間違いない。復讐の念に燃えた陸軍は天皇の裁可を得て、ただちに動員を発令しよう。

　準備が進んだら、攻撃開始の日を定めようとするだろう。海軍が反対しても、戦いを阻止することはできない。ソ連軍が先に戦いを仕掛けてきたのだと嘘をつくからだ。八月中、遅くとも九月上旬には戦いを開始しよう。

　海軍幹部たちはつづけて次のように考えたにちがいない。ドイツのリッベントロップ外相は、二カ月から三カ月でソ連との戦争を終わりにできると語ったのだという。ドイツが六月中旬に開戦するなら、八月か、九月には戦争は終わることになる。イタリアはドイツがパリに入城する四日前に参戦したが、同じように、日本はソ連が降伏する直前に参戦することになる。

　だが、海軍の幹部たちは、ドイツはほんとうに戦いを二カ月か三カ月で終わらせることができるのかと疑問を抱いたにちがいなかった。もしもソ連軍が撤退作戦をおこなったら、ドイツ軍は決定的な勝利を達成することができず、戦いをこの夏のあいだに終わらせることができなくなる。ドイツとソ連の戦いが終わらなければ、極東ソ連における陸軍の戦いも終わることはない。またかりに、ドイツとソ連との戦いが終わっても、第一次大戦のときのように、極東ソ連ではなおも戦いがつづく可能性だってある。

　そうなれば、アメリカは、重慶政府へ援助をつづけてきたように、ソ連へ軍需品を供給することになり、日ソ戦争は第二の支那事変となってしまう恐れがある。陸軍は針葉樹の森林地域とツンドラの原野で戦いをつづけることになり、日本のなけなしの資源のすべてはその戦いに消費されるようになってしまい、日本の工業生産は縮小を迫られ、経済計画の策定も難しくなる。

そこで海軍省と軍令部の幹部が恐れたのは、目下精力的にすすめつつある海軍航空隊の増強計画を中断しなければならなくなり、さらに、戦艦や空母の建造計画も打ち切るほかはなくなるということだった。横須賀や呉のドックで建造中の戦艦や空母の完成は、いつのことになるか分からなくなる。そればかりか、燃料も節約を迫られ、連合艦隊と航空隊の訓練も減らさなければならなくなり、戦力の水準は大きく低下することになる。

それにひきかえ、アメリカ海軍の大建艦計画は、中断することも、遅れることもないだろう。アメリカはこのとき、十隻を超す戦艦を建造中だった。さらに、昭和十五年の七月から九月にかけて、一挙に正規空母八隻を発注し、そのうちの何隻かは、すでに竜骨を造船台に据えていた。

これら新鋭戦艦と空母が就役する昭和十八年から昭和十九年初めには、日米間の海軍戦力比はかけ離れ、その差は絶望的なものになる。それだけではない。アメリカ陸軍はB17爆撃機の増産を優先順位の先頭に置いている。その「空の要塞」がフィリピン、ミッドウェー、アラスカに配備されれば、これまた海軍にとって重大な脅威となる。

そして海軍大臣の及川古志郎と軍令部総長の永野修身の恐れていたことが、もうひとつあったはずだ。陸軍がソ連と戦い始めたとき、アメリカが日本にたいして全面禁輸に打ってでるのではないかということだった。陸軍が黒竜江を渡河し、ハバロフスクを攻撃しているさなか、アメリカに経済封鎖されることになったら、日本は進退きわまる。海軍は現状の戦力を維持できなくなるばかりか、命の綱の貯蔵燃料油がやがて枯渇してしまうことを覚悟しなければならなくなる。

陸軍に絶対、対ソ戦をやらせてはならない。永野、及川とかれらの部下たちは、それには、陸軍の関心を南方にもっていくしかないと考えた。じつを言えば、ドイツがソ連を攻撃するらしいとの情報がつぎつぎと入るようになって、陸軍と海軍の実務者間で南部仏印への派兵案を検討していたのだが、海軍首脳はそれを実行に移そうと言いだしたのである。

陸軍幹部はどう考えたのか。かれらは独ソ戦争が近く始まるというとてつもない情報を得ていながら、落ち着き払っているような素振りを見せつつ、そのじつ、いまこそ北方問題を解決しようと決断することができないでいた。そしてこのことで、だれもが多かれ少なかれ自己嫌悪に陥っていた。ちょうどこのとき、海軍がやろうと言ったのである。かれらは一も二もなかった。

もちろん陸軍幹部も、すでに何回となく論議したこの問題を、いまこのときになって実施しようと言ってきた海軍側の意図がどこにあるのかは承知していた。だが、南部仏印への派兵なら、たとえ武力の行使になっても、一個師団ですみ、使う船舶もわずかだから、対ソ戦をやらせまいとする海軍の意図はとんだ的はずれだと思ったのである。陸軍は対ソ戦の準備は始めてはいなかったが、独ソ戦争が始まり、ドイツの勝利がはっきりすれば、参戦するつもりでいたのは言うまでもないことだった。

海軍幹部はどう考えていたのか。南部仏印に派兵するぐらいのことで、対ソ戦を阻止できないことは、かれらにも分かっていた。だが、かれらは陸軍よりももうひとつ先を読んでいた。海軍の及川古志郎、軍令部総長の永野修身、そして次長、次官らは、互いに一言二言語り合っただけにちがいないが、陸軍に対ソ戦を断念させることができるとうなずき合ったのである。

南部仏印に派兵すれば、アメリカは日本にたいして必ずや経済封鎖の措置をとると、かれらは読んでいた。

そのとき陸軍はどのような反応を示すだろうか。アメリカがドラム缶の輸出を禁止するまで、航空揮発油をドラム缶で運んでいたのは、もっぱら陸軍だった。ドラム缶は尾道の沖にある因島《いんのしま》や向島《むかいしま》に陸揚げされていた。岩城島《いわぎじま》だけでも、その島に建ち並んだ小屋に詰め込まれたドラム缶入りの航空揮発油は二十五万本にのぼっていた。素人目には壮観であったが、実際にはとるに足りない量だった。

これだけの備蓄があれば充分だ、ソ連と戦うことができる、と陸軍首脳は主張するだろうか。そんな無茶なことは言わないだろう。そして対ソ戦を思いとどまることになる。だが、杉山、塚田、田中のトリオはスマトラとボルネオの油田を占領しなければならぬと言いだすだろう。とんだ藪蛇《やぶへび》だ。へたをすればソ連と戦う代わりに、アメリカと戦う羽目になってしまう。

それでも永野と及川は南部仏印への進駐が正しい選択の道だと考えたのであろう。サイゴンへ派兵して、経済封鎖をされたのなら、まだまだ打つ手がある。アメリカとの外交交渉をおこない、相手側の要求を受け入れることができる。宮廷は英米と戦うことには絶対反対であろうから、いよいよとなれば、陸軍に譲歩を迫ることにもなろう。だが、ソ連と戦いを始めて、経済封鎖をされたらどうにもならない。中国から撤兵する、そしてソ連との戦いをやめると言わねば、アメリカは経済封鎖を解除することはあるまい。そのときそんな譲歩をだれができるか。

海軍大臣、軍令部総長、次長、軍務局長らは、こんな具合に考えたのである。だが、前にも触れたように、かれらはこの重大な問題を慎重に検討しようとはせず、南部仏印進駐案を軍務局長あたりがしごくあっさりと語り、アメリカが仕掛けてくるであろう経済封鎖は読み込みずみだと言い、陸軍が対ソ戦を開始するのを潰すためだといった肝心な目的についてはなにも触れず、皆は目配せをして了解しあい、それでいくしかないと軍令部総長も言い、南部仏印派兵を決めたのだと私は思っている。

こうして陸海軍は、それぞれの考え、思惑、本心を隠して、インドシナ南部へ派兵することを決めた。それが、ヒトラーがソ連と戦うと日本に告げてきてから三日あと、昭和十六年六月七日のことだった。そして六月十二日には、政府と統帥部との連絡会議で、南部仏印への派兵が正式に決まった。それから十日あとの六月二十二日、ドイツの装甲軍団は一斉に国境を突破し、ソ連領内奥深く進撃を始めた。

やっぱりやったのかと陸海軍幹部と政府首脳は身震いする思いで、そのニュースを聞いた。この戦争ははたして日本をどこへ引っ張っていくことになるのだろうかという思いが、人びとの胸中を稲妻のように走った。そしてアメリカ国務長官のハルが、武力南進、三国同盟、中国駐兵に反対を表明する文書を突きつけてきた。日米了解案をアメリカ政府案と信じ込んでいた人びとは、アメリカが独ソ戦争の開始を見込んで、態度を豹変させたのだと思い、憤激した。

だがそれよりも、独ソ戦争にどのような態度をとるかを決めるのが先だった。陸軍内部、海軍内部、そして陸海軍のあいだで、さらに外務省幹部をまじえて、連日にわたって会議を開き、独ソ戦争への対応策を検討し、「情勢ノ推移ニ伴ウ帝国国策要綱」をつくることになった。

会議で、外務大臣の松岡洋右はただちにソ連と戦えと説いた。これまで叫んできたシンガポールを攻略せよという主張などどこへやら、南部仏印へ派兵すれば、英米との戦いになるぞと脅かすようになった。

それならばということになり、松岡の反対を封じるために、だれひとり本気でそう考えた訳ではなかったが、「仏印及ビ泰ニ対スル諸方策ヲ完遂シ　以テ南方進出ノ態勢ヲ強化ス」と定めたあとに、「本号目的達成ノ為　対英米戦モ辞セズ」とつけ加えることになった。

つづいて、ソ連にたいしていつ参戦するのかといった重要課題についての審議となった。独ソ戦争が起こる以前には、戦争が始まるのを待つと言っていた杉山元や東条英機は、ここに至っても相変わらず慎重だった。五十日から六十日待たねばならぬ、戦いの経過を見なければならぬと言いだした。そこで要綱案は、「暫ク之ニ介入スルコトナク密カニ対ソ武力的準備ヲ整エ　自主的ニ対処ス」とした。そして、「独ソ戦争ノ推移極メテ有利ニ進展セバ　武力ヲ行使シテ北辺ノ安定ヲ確保ス」と定めたが、松岡がそんな弱腰でどうすると怒り、「極メテ」を削れと言い、「独ソ戦争ノ推移帝国ノ為有利ニ進展セバ」と直すことになった。

海軍幹部は要綱案がそんな具合にすべてが決まって、まずはよかったと思ったはずだ。フランスと外交交渉をおこない、協定を結び、サイゴンに派兵するまでに、満洲国境における戦いが起こることはあるまいと考えたからである。

それなら陸軍幹部はどう考えたのか。ドイツの勝利の目安がついてから参戦すると決めたのは、前に述べたとおり、かれらがソ連軍に恐怖心を抱くようになっていたからだった。もちろん、陸軍幹部のなかに強気の者がいなかったわけではない。なにを愚図愚図しているのだと大声をあげる者がいた。参謀本部の中枢、第一部の部長、田中新一がその筆頭だった。ただちに動員をおこなえと陸軍省の軍事課長に要求した。

七月二日に御前会議が開かれた。六月三十日に決まっていた国策要綱案を正式に採択するための儀式であった。だが、この日は儀式では終わらなかった。海軍首脳を不安に陥れ、陸軍幹部を慌てさせる出来事が起きた。

御前会議には、大本営と政府の首脳のほかに、枢密院議長が出席するのが慣例になっていた。通常、天皇はなにも問うことなく、代わりに議長が質問するのがしきたりとなっていた。議長の述べることは、天皇の考えを代弁するものとだれもが理解していた。

このときの枢密院議長は原嘉道《よしみち》だった。かれは慶応三年の生まれで、弁護士であり、司法大臣をやったことがあり、中央大学の総長を務めたこともあった。多弁ではなかったが、曖昧なことは言わず、つねにはっきりと喋った。かれは敗戦をまたずに他界した。

原は要綱案に「対英米戦ヲ辞セズ」とあるのを取り上げ、インドシナ南部への進駐はアメリカとの戦いになる恐れがあるのかと繰り返し尋ねた。平和的に慎重にやりたいという参謀総長の答えを引き出した原は、アメリカとの戦いは避けるようにしてもらいたいと念を押した。
居並ぶ者たちを緊張させ、驚かせたのは、そのあとの原の発言だった。かれは、独ソ戦争に関して、「暫ク之ニ介入スルコトナク」の文言を取り上げ、一日も早くソ連を討つよう軍部と政府に希望すると言い、どうか開戦の時期を速やかにするように準備を急いでもらいたいと語り、方針を立てると同時に実行することを期待していると言ったのだった。（参謀本部編『杉山メモ 上』原書房、昭和四十二年、二五八頁）
枢密院議長のその熱っぽい訴えは、作戦部長田中新一の主張の強力な味方となり、陸軍の対ソ戦の準備に拍車をかけることになった。御前会議から三日あとの七月五日には、陸軍と参謀本部とのあいだの協議がまとまり、五十一万人を新たに動員することになった。そして七月七日には天皇がその動員計画を裁可した。
ただちに命令を下達し、陸軍省と参謀本部の各部局から地方の各師団、連隊区司令部、そして村役場の兵事係までがてんてこ舞いの忙しさとなった。動員をおこない、部隊を編成し、軍隊と軍需品を満洲へ送らねばならなかった。夏休みのあいだの臨時列車は取り止めとした。列車は三本に一本を軍用列車とすることにした。船舶を徴用し、車両、馬匹の徴用も始まった。各地の陸軍兵器廠はいずれも設備の拡張をしていたが、すべて停止し、増産一本にしぼることになった。陸軍の各機関は、食糧、石炭、すべての物資の取得に懸命となった。

町で、村で、家々に薄い赤紙に印刷された召集令状が届き始めた。半分以上の者が二回目の応召だった。第一回目の召集が解除になり、中国の戦線から帰郷して結婚し、子供が生まれたばかりという者が多かった。妻はもちろんのこと、二親《ふたおや》、そして当人が啞然とし、悲嘆にくれているさなか、七月十六日に近衛内閣が総辞職した。十八日に再び近衛が総理大臣となり、第三次近衛内閣が発足した。政変の理由は明らかにされず、政府部内でなにが起きているのか、大多数の国民には分かりかねた。だが、近衛内閣の中心的存在であり、花形大臣の松岡洋右が退陣したと知って、かれを追放するための総辞職だったのだと合点した。

しかし、人びとは、松岡がソ連を討てと参謀総長の杉山の尻を叩き、そんなへっぴり腰でどうするとはっぱをかけていたとは夢にも思わなかった。松岡についてだれもが記憶していたのは、モスクワ駅頭でかれを抱擁し、背中を叩いているスターリンの写真であったから、松岡を除外してできた新内閣は親英米姿勢をとり、ソ連と戦うつもりにちがいないと思った。

政府は大動員を隠そうとして、応召者の歓送を禁止した。だから、駅にはわずかな人数の見送り人の輪ができただけだった。しかし、なんといっても応召者の数が多かったから、その輪がいくつもできた。出征兵士を送る幟《のぼり》もなく、歌声も、万歳を叫ぶ大きな声も聞こえてこない駅前広場は、重苦しい緊張に包まれていた。今度はロシア軍と戦うことになるのだ、はたしていつ帰れるのだろうかと思い、見送る人と応召者のあいだからは、吐息がもれ、涙声が聞こえた。

ソ連との戦いが起こるのではないかと不安感を強めていたのは、霞が関の海軍幹部も同じだった。艦政本部長の豊田副武《そえむ》や航空本部長の井上成美《しげよし》は、陸軍の動員はあまりにも大きすぎる、海軍管理工場の従業員が陸軍に召集されてしまい、生産の低下が起きていると怒り、陸軍が物資を遮二無二集めていると非難し、これは不法だ、略奪だと憤慨した。そして海軍大臣、軍令部総長、次長、次官らは次のような心配をしたにちがいない。もしもフランス政府が日本側の提案をただちに受諾せず、政府が枢密院議長の勧告に従い、英米の介入を避けようとして、実力による進駐を思いとどまり、南部仏印への派兵が遅れることになったら、大変なことになる。陸軍は満洲国境で戦いを始めてしまう。かれらの不安はまだあった。予定期日の今月末にサイゴンに派兵できたとしても、もしもアメリカが対抗措置を講じることなく、日本にたいして石油の輸出を禁止しなかったら、陸軍は八月二十日前後には戦いを開始してしまうのではないか。どうしたらよいか。軍令部総長の永野修身は南方地域への武力進出をすべきだとはっきり主張するしかないと考えた。

七月二十一日の午後、第三次近衛内閣の主要メンバーと統帥部指導者との最初の連絡会議で、永野は次のように語った。

アメリカにたいして、いまなら戦勝の算はあるが、時を追ってその公算は少なくなる。明年後半以降はもはや歯が立たなくなる。戦わずにすめばそれに越したことはないが、とうてい衝突は避くべからずとするなら、時を経るとともに不利となることを承知してもらいたい（参謀本部編『杉山メモ 上』原書房、昭和四十二年、二七四頁）。永野はこのように語って、日本はソ連と戦う余裕はないと説いた。

フランス政府との交渉はなにも面倒なことはなく、七月二十二日に妥結した。七月二十五日、各国大使にフランスとのあいだで仏領インドシナに関しての共同防衛協定を結ぶと内報した。そして前に述べたとおり、同じ七月二十五日、アメリカは日本資産を凍結した。日米間の貿易はただちに止まってしまった。

軍令部総長、海軍大臣、次長、次官、軍務局長らは互いに顔を見合わせ、ほっと一息ついたのであろう。これで陸軍の戦争を九分九厘、阻止できると思ったはずだった。だが、だれも喜ぶどころではなかった。石油の供給を止められても、陸軍に対ソ戦をやられるよりずっとましだとかれらは考えていたのだが、いよいよそれが現実の問題となって、大変なことになったと思ったのである。南部仏印から撤退しなければ、アメリカは資産の凍結を解除することはないだろう。もちろんアメリカは中国からの撤兵をも要求してこよう。だが、陸軍がそんな譲歩に簡単にうんと言うはずがなかった。

海軍省と軍令部の幹部たちが百も承知していたことであり、南部仏印派兵を決める前に、かれらが内々で協議しなければならないことであったにもかかわらず、だれひとり口にしなかったことが、いまやかれらの前に立ちはだかる壁となった。中国から撤兵しようと陸軍に向かって説くことが、かれらにはできないということだった。このさき説明しなければならないが、口が裂けても、かれらにはこれが言えなかった。そしてかれらが予測したとおり、参謀本部と陸軍省の幹部たちがアメリカと戦わねばならぬと言いだした。

さて、外交交渉に期待ができないなら、どうしたらよいのか。海軍内の考えはひとつにまとまっていなかった。

軍令部次長の近藤信竹《のぶたけ》は戦うしかないと思うようになった。フィリピンのアメリカ空軍がこのさき増強されていけば、この島を制圧することは難しくなる。そうなればスマトラ、ボルネオの油田を押さえることができなくなる。クラークフィールドの米空軍機が少ないうちに、そして貯蔵燃料がまだ充分あるうちに、戦いを始めるしかない。かれはこんな具合に考えた。

海軍次官の沢本頼雄《よりお》は戦ってはならぬと説いた。戦いは持久戦となり、日本に勝ち目はないと考えた。石油を入手する方法を探し、観望姿勢でいくほかはないと思った。

軍令部次長の意見を聞き、海軍次官の主張を耳にして、軍令部総長の永野修身はどう考えたのか。南部仏印への進駐を真っ先に説いたのは、かれだった。大本営政府連絡会議で、南方地域を攻略すべきだと最初に主張したのも、かれだった。いまになって、そんなことを言ったのは、陸軍に対ソ戦争をさせないための苦肉の策だった、本心ではなかったと弁解することはできなかった。だが、どうにかしなければならなかった。のろのろしていると身動きできなくなる。アメリカとの戦いをやってはならないと一日も早く言わなければならない。永野は思い詰めた。

ここで永野修身について述べよう。

永野の伝記はないし、かれについての研究もない。永野について人びとが記憶しているのは、山本五十六の伝記や高木惣吉の回想のなかにでてくる「定見が乏しい」とか、「衝動的断行肌」といったかれへの批評であろう。あるいは、戦前の朝日新聞のベルリン特派員だった沢田常二良が語った挿話を思い浮かべる人がいるかもしれない。昭和十年末のことであったが、永野がロンドンへ向かう途中、ベルリンのデパートの店員と争うのを見て、これで海軍会議の首席全権が務まるのだろうかと心配したという話だった。

かれらが永野を褒めていないのは、永野が主戦派であり、開戦の責任者であったことから、かれにたいする批判的な感情が先にあり、かれがしたことを歪めて述べることになったからであろう。

そこで永野が主戦派だったということについてだが、たいていの歴史書や研究書にそのような記載があることだし、開戦時の軍令部総長であったことはまぎれもない事実だから、だれもがそれを信じている。海軍大将だった小林躋造《せいぞう》の戦争中の覚書にも、そんな記述があるではないか、永野はまがうかたなき主戦派だったではないかと語る人もいるかもしれない。

小林の覚書きには、昭和十六年半ば、アメリカとの戦いを避けようとして、軍令部総長の永野修身をやめさせようとしたことについての叙述がある。

小林躋造はそのとき六十三歳だった。かれは連合艦隊司令長官をやったことがあり、その才能はひろく認められ、やがては海軍大臣になるものとだれからも思われていたのだが、強硬派から敬遠され、昭和十一年に予備役となった。二・二六の反乱のあと、陸軍の七人の大将が責任をとって現役を退いた。事件には関係なかったが、海軍側も陸軍とのバランスをとり、何人かの大将が現役を引くことになった。小林はそのひとりに選ばれたのである。そのあとかれは台湾総督となった。そして昭和十九年七月から昭和二十年四月まで小磯内閣の国務大臣だった。

さて、昭和十六年八月に小林がやったことだが、海軍ＯＢの外務大臣・豊田貞次郎、商工大臣・左近司政三、元首相の米内《よない》光政、岡田啓介らに働きかけ、永野を辞任させようと試みたが、すべては中途半端に終わったのだった。（『海軍大将小林躋造覚書』山川出版社、昭和五十六年、九五―一〇二頁）

永野が他界したのは昭和二十二年一月である。六十六歳だった。かれについての研究も、伝記もないといったが、かれ自身なにも残さなかった。昭和二十六年の講和条約の締結のあとまで生きていたら、かれは回想録を出したであろうか。

永野が軍令部総長だったのは、昭和十六年四月から昭和十九年二月までだったが、ほぼ同じ期間、昭和十六年十月から昭和十九年七月まで海軍大臣だったのが、嶋田《しまだ》繁太郎《しげたろう》だった。

人びとが嶋田に抱くイメージもあまりよくない。永野と同様、開戦を決意したという責任がかれにもあるからだ。さらに人びとがかれに悪い印象を持っているのは、海軍省の嶋田の部下たちが、戦争中にかれのことを東条の腰巾着とか、男妾と悪口を言ったというような話を読んだことがあるからだろう。

嶋田は戦争が終わって三十年のあいだ健在だった。だが、かれは過去のことを語らなかった。内心の葛藤はあったにちがいないが、開戦前のこと、戦争中のことについて、かれはなにひとつ弁解しようとしなかった。かりに永野が長生きしたとしても、嶋田と同じように、サイレント・ネービーの伝統を守り、なにも言わなかったかもしれない。

もっとも、嶋田繁太郎の場合、かつてのかれの部下の中沢佑《たすく》がかれを弁護する文章を書いた。中沢は軍令畑を歩き、昭和二十年には台湾高雄《たかお》警備府の参謀長だった。ずっと海軍が存続していたら、すでにひときわ輝く存在だったかれは、連合艦隊司令長官、軍令部総長になったことは間違いなかったであろう。その中沢が嶋田は名将だったと書いたのだから、その文章を読んだ人のなかには、嶋田にたいする考え方を少しは変えた人もいるにちがいない。

永野修身が気の毒だったのは、かれが中沢佑のような弁護者を持たなかったことであろう。ほんとうはかれの名誉を回復したいと望んだ者がいたのかもしれない。もし、そうした人物がいたとすれば、永野が主戦派だといった主張は軽率な見方であり、かれが開戦を主唱したのだといった叙述は事実の半面しか伝えていないと書こうとしたにちがいない。そしてまた、永野の弁護をしようとした人は、小林躋造の覚書きを取り上げ、永野をやめさせようとする試みが尻切れとんぼで終わってしまったのはなぜだったのかを説明し、その理由として、永野をやめさせたからといって戦争を回避できないと、小林も、岡田も、米内も気づいたからにほかならないと述べようとしたのではなかったか。

ところが、永野のために弁明しようとした人は、かれを庇えば、ほかの人を傷つけることになるのに気づき、おそらくそれは永野の望むところではないだろうと思い、かれの弁護を断念したのではなかったか。もちろん、そんな人物がいたとしても、その人もまたすでに鬼籍に入っていよう。

さて、前に述べたとおり、昭和十六年七月二十五日にアメリカが国内の日本資産を凍結したのにつづいて、英国、オランダが、日本にたいして同じ措置をとった。

日本の各新聞はそれを伝え、これらの国とのすべての貿易が断絶したことを報道したが、政府の指示があって、その扱いは控え目であり、米英両国を非難するものではなかった。そして日本資産の凍結がそのまま全面禁輸となってしまうのかどうか、まだだれにも見当がつかなかった。

とはいっても、国民の不安は強まるばかりだった。依然として召集はつづいていた。早くアメリカをやっつけろという威勢のいいことを言う者もいたが、この夏が終わらないうちにソ連と戦うことになるにちがいないと多くの人びとは思い、ソ連ばかりか、アメリカや英国とも戦うことになるのだろうかと考え、胸が締めつけられる思いとなった。そして新聞は報道しなかったが、東北六県は六月から七月の低温のために大凶作となる気配が濃厚であり、この地域の応召者と歓送する人たちは八月に気温が上昇することをただひたすら願っていた。

七月二十九日、軍令部総長の永野は行動にでた。かれは部下のだれとも相談することなく、侍従武官長の蓮沼蕃《はすぬましげる》を訪ねた。明日、陛下に言上したいことがあると述べ、その内容を説明し、次のように語った。

三国同盟があるかぎり、日米交渉はまとまりません。石油の供給は止まったままで、その備蓄はじりじりと減少していきますから、いまただちに戦うしかありません。戦ってどうなるか。作戦計画書には勝つと書いてありますが、先のことになれば話はべつです。こういうことを申し上げるつもりです。

蓮沼蕃はびっくりした。永野の説いたことはまことに重大だった。もちろん、蓮沼は、ただちにそれを陸軍に通報しようと考えたりはしなかった。五十八歳になる蓮沼は、陸軍の将官であったが、以前、侍従武官を五年にわたってやり、侍従武官長となって二年がたち、いまはれっきとした宮廷の一員だった。かれは内大臣の木戸と相談した。

木戸も驚いたのであろう。いったい永野はなにを言上しようというのか。ただちに開戦したいと申し述べる所存なのか。それとも三国同盟を破棄するとアメリカに約束しなければ、アメリカとの関係は改善できないと主張するつもりなのか。だれであれ、成算のない戦いをしたいはずがない。永野が望み、お上の支持を勝ち取りたいと思っているのは、三国同盟条約を反故とすることなのであろう。

木戸はつづけて考えたのであろう。軍令部総長が望んでいるのは、三国同盟の死文化だけなのか。この条約には同盟国のひとつが戦いを始めた場合、他の一国がこれを援護して自動的に参戦する義務はない。であるから、日本がこの条約を反故にすることはたいして難しいことではない。しかし、ドイツとの同盟を反故にするとアメリカに約束しただけで、アメリカが日本に石油を供給するだろうか。日米通商航海条約を再締結すると言うだろうか。アメリカがそんなことを言いはしないことは、永野が百も承知しているはずだ。

支那事変が始まった昭和十二年から、アメリカは中国からの日本軍の撤退を望み、日本側にそれを求めてきた。中国から全面的に撤退するとアメリカに約束しなければ、経済封鎖を解除すまい。であるなら、中国から撤兵すべきだと言上したいのが永野の本心であろう。ところがかれにはそれが言えない。

なぜ、永野にはそれが言えないのか。

木戸はその理由も承知していた。陸軍が中国からの撤兵に反対だからだ。永野は敗北主義者の汚名を着せられるのがいやなのだ。

木戸には、永野がこんな具合に考えているのが分かっていたはずである。

ところが、木戸は永野の真意に気づかないふりをした。かれは武官長に向かって、助言をした。明日の軍令部総長の上奏のあと、及川海軍大臣を招き、軍令部総長と同じ考えであるのかどうか確かめることを第一にやるべきだと語ったのである。

翌七月三十日、軍令部総長の永野が奏上した。天皇は永野が説く話の大筋を蓮沼から聞いていたのだが、それでも驚いた。おおいに不快だった。勝ち目はないと語りながら、明日にでも戦わねばならないと永野は言った。天皇は侍従武官長を呼び、永野は捨て鉢な戦いをしようと考えていると語り、内大臣の意見を聞いてくるようにと命じた。木戸の助言を聞いて、天皇はただちに海軍大臣の及川を呼ぶことにした。

及川古志郎は、永野修身から上奏の内容を聞き、侍従武官長からも説明を聞いたのであろう。

及川はどう考えたのか。もちろん、かれもアメリカとの戦いには反対だった。だが、永野が三国同盟に反対だと奏上しながら、中国撤兵問題についてなにも口にしなかったと知って、それではなんにもならないと思ったにちがいない。

では、自分が永野に代わり、天皇に向かって、中国からの撤兵ができないなら、アメリカとの外交交渉をつづけても所詮無駄ですと言上することにするか。及川の脳裏にこんな考えが浮かんだのかもしれない。だが、それはたちまち消えたのであろう。

では、べつの方法はあるか。ひとつあった。天皇は永野に向かって、「伏見宮前軍令部総長は英米と戦争をするのを避けるように言っていたが、永野、お前は変わったのか」と詰問したのだという。それなら、成算のない戦い、捨て鉢な戦いをすると言上した軍令部総長を退任させますと天皇に申し上げることだ。

天皇は驚かれるだろう。内大臣、侍従武官長も愕然としよう。永野大将を自分の後任に推した伏見宮もびっくりしよう。だが、宮廷に与えるこの衝撃こそが、勝ち目のない戦いをするか、中国から撤兵するか、ほかに選ぶ道がないことを天皇と内大臣に悟らせるきっかけとなる。

しかし、及川古志郎にはそれもできなかった。そしてもっとも無難な方法をとった。

言葉を換えれば最悪の方法を選んだ。

及川は天皇に向かって、対英米戦の決意は永野総長個人の考えを奏上したものにすぎません、海軍全体はそのように考えてはいないのです、と言った（防衛庁防衛研修所『大本営陸軍部大東亜戦争開戦経緯 4』朝雲新聞社、昭和四十九年、四六八頁）。かれはさらにつけ加え、永野はお上の前に出て、硬くなり、考えていることをうまく言えなかったのです、永野は話べたなのです、とその場限りのごまかしを並べ立てた。

そして翌七月三十一日、木戸は、路線の全面的変更を求めた永野の希望に引導を渡した。木戸は天皇に向かって、永野の意見は単純にすぎます、と述べた。そしてかれはアメリカに譲歩することに反対した。アメリカは国際条約をきわめて尊重する国柄だから、今日、三国同盟条約を日本が破棄することが、はたしてアメリカの信頼を深める道であるとは思いませんと言い、逆に軽蔑をかうことになるのではないでしょうか、と述べた（『木戸幸一日記 下巻』東京大学出版会、昭和四十一年、八九六頁）。木戸は、蔑《さげす》まれれば、次には戦いを仕掛けられることにもなりますと仄めかしたのであろう。それこそ一月五日に蘇峰が放送講演で説いたことにほかならない。

木戸はさらに話をつづけて、日米間の国交調整については、まだ幾段階もの方法があります、粘り強く、建設的に熟考する必要がありますと述べて、及川と同様、これまた思いつきを並べた。

海軍大臣と内大臣がなにも問題がないように装ったあと、侍従武官長がすべてを丸く収めるための手を打った。及川、木戸と同様、蓮沼もまた最悪のことをやった。

蓮沼蕃は参謀総長の杉山元に向かって、軍令部総長の奏上について、真実を手加減した巧妙な説明をし、次のように述べた。軍令部総長は天皇に向かって、このままでは大変なことになりますと言上し、一日も早く開戦しなければなりませんと主張した。ところが、陛下はひどく心配されて、海軍大臣を呼ばれた。海軍大臣は主戦論が永野総長ひとりの考えにすぎませんと取りつくろった。陸軍出身の侍従武官長はこんな話を杉山にして、陸軍の努力はどこへ向けねばならないかを啓示した。天皇の考えを対米戦争反対から賛成へと変えるのがいちばん必要なことだと示唆したのである。

参謀総長の杉山は三宅坂に戻り、戦争指導班長の有末精三《ありすえせいぞう》に蓮沼の話を語った。有末は日誌に次のように記した。

「右の如きをもって対英米武力戦の決意は、国家としては未だ此の域に達すること遠きを思わざるべからず」

作戦部長の田中新一は少し遅れてこの話を聞いた。最強硬の対ソ戦論者はすでに考えを変え、対ソ作戦は昭和十七年夏に遅らせていい、それより前に南方地域を攻略すべきだと大声をあげ始めていた。田中は日誌に書いた。

「数日前永野が米を早くたたくことを申上げたらしい。非常に御心配、海軍大臣は永野個人の意見、従来の海軍の考えは変わりあらずと申上げたり。激烈なる言葉より素直に這入《はい》る様にすること」（防衛庁防衛研修所『大本営陸軍部大東亜戦争開戦経緯 4』朝雲新聞社、昭和四十九年、五六五頁）

こうして永野修身の上奏に隠されていた中国から撤兵すべきだという主張は、気づかないふりをされるか、ほんとうに気づかれないまま、葬り去られてしまい、永野が主戦派とされただけで終わってしまった。

ここで、だれもが抱く疑問があろう。永野は天皇に向かって、重慶政府にたいする講和条件を緩和し、中国から全面的に撤兵しなければならないとはっきり述べなかったのは、どうしてなのか。なぜ、及川は中国占領地のすべてから撤兵すべきだと天皇に言上しなかったのか。閣議や大本営政府連絡会議で、及川と永野はどうして中国から軍隊を引き揚げるべきだと主張しなかったのか。

及川は総理の近衛と協議し、近衛からもそれを説いてもらうべきだった。どうして軍令部総長と海軍大臣は当然やるべきことをなにひとつしなかったのか。

陸軍が中国撤兵に反対するからだ、及川と永野は敗北主義者の汚名を着せられるのを嫌ったのだとは前にも述べた説明である。だが、これだけでは説明にはならない。もっと深刻で複雑な理由があった。

中国から撤兵したらどうかと海軍大臣の及川が言っても、あるいは、総理大臣の近衛が主張しても、陸軍大臣の東条ががんとして受け付けなければ、それでおしまいだ。念のために言っておけば、これは統帥権に手出しができないといったことでは決してない。閣僚のひとりが反対すればどうにもならないという憲法上の問題である。

明治憲法の五十五条の規定は、大臣はひとりひとり個別に天皇を輔弼《ほひつ》し、すべての大臣は平等という建て前になっていた。したがって、閣議の取り決めは必ず全員の一致を必要とした。国務いっさいの問題は多数決で決めることができないようになっていた。

陸軍大臣をうんと言わせ、中国からの撤兵に賛成させる方法はただひとつしかなかった。それは、閣議で及川がアメリカとの戦いに勝ち目はないとはっきり述べることだった。

もちろん、そんなことは及川にとって、あるいはまた永野にとって、知るも知らぬもない当たり前の話だった。だが、アメリカとの戦いに自信がないといって、それでアメリカとの戦争が回避でき、めでたしめでたしで終わらないことも、かれらはよく知っていたのである。

中国からの撤兵が始まったところで、陸軍大臣は必ずや次のように言いだすだろう。支那事変の四年のあいだに陸軍の損耗は四割に達したが、海軍の損耗は一割である。そして未曾有の国難に直面しながら、海軍は自己の責任を果たそうとせず、力をだすことをしなかった。いまこそ、明治以来の日本の国防計画を根本的に改めなければならない。この先、統帥は陸主海従を原則とし、予算も、資材も、原料も、パリティにするのをやめ、陸軍が二、海軍一の割合で配分することにしよう。

もちろん、海軍大臣はこのような陸軍の要求を拒否せざるを得ない。アメリカとの戦争を回避できたとしても、海軍が太平洋の戦争抑止力であることには変わりはないからだ。

それならばと陸軍はお決まりの汚い手を使うことになるだろう。昭和十四年に海軍が三国同盟に反対したときに、陸軍は右翼を使って、海軍大臣や次官を脅迫し、海軍に罵《ば》詈《り》讒謗《ざんぼう》を浴びせたが、今度はそれと同じことをもっと大々的にやるだろう。陸軍は右翼だけではなく、国会議員を味方に引き入れ、言論機関に手をまわし、海軍にたいする攻撃を始める。

二十万人の若者の血を流した支那事変を無名の師としてしまったのは、海軍である。海軍は国民の血税を浪費し、法螺《ほら》を吹きつづけてきた。そして、いざというときには、戦おうとせず、逃げ出した。連合艦隊は家鴨《あひる》の艦隊なのだ。陸軍はこのような非難を海軍に浴びせ、政府と国民を味方につけることによって、陸主海従の原則を打ち立てようとするだろう。

これこそ海軍幹部のだれもが抱いていた夢魔だった。永野修身はこのような事態になるのを恐れたからこそ、中国からの撤兵を望んでおりますと天皇に述べることができなかったのだし、及川古志郎にしても、中国から撤兵したいと閣議で言いだすことができなかったのである。

及川、永野だけではなかった。小林躋造が、永野修身をやめさせれば、アメリカとの戦争を回避できると考えて、豊田貞次郎、左近司政三、米内光政、岡田啓介といった海軍OBと長老に協力を求めながら、それをいつしか断念してしまったのも、中国撤兵の問題が海軍幹部を金縛りにさせていることに気づいたからにほかならない。

近衛文麿にしても同じだった。七月十八日に松岡洋右から豊田貞次郎に外務大臣を代え、左近司政三を商工大臣にもってきて、オール海軍の「同志内閣」によって陸軍を抑えようとしたものの、その期待もたちまち消え、かれらの力で対米戦争を阻止できないことを、近衛も知ったのである。

そして、これも言っておかなければならないことであろうが、総理大臣はなんの力も持っていなかった。各大臣は平等だと前に述べたが、総理大臣もほかの大臣と平等だった。総理大臣は閣内の統一をはかる職責を持っていたが、他の大臣を指揮命令する法的権限を持っていなかった。

陸軍大臣が中国からの撤兵に反対だと言えば、総理大臣はどうにもならなかった。重ねて陸軍大臣を説得し、反対意見を翻させようと努める。それでも中国駐兵をつづけると頑張るなら、それではやめてくれと言うしかなかった。だが、陸軍大臣がやめないと言えば、それでおしまいだった。かりに陸軍大臣が辞任したとしても、かれの後任が中国撤兵に賛成だと言うはずがなかった。結局、首相は閣内不統一の責任を負い、辞任することになり、内閣総辞職となるだけだった。

ここでもう一度、軍令部総長の天皇への奏上を振り返ってみよう。三国同盟があるかぎり、日米間の国交調整は不可能だと永野修身は天皇に述べた。そして石油の貯蔵量は二年分しかないのだから、いまただちに戦うしかないと主張した。だが、永野は、アメリカと戦って日本海海戦のような大勝利はおろか、勝ち得ることも覚束ないと天皇にはっきりと説いた。

永野修身が望んだことは、天皇がかれの主張を検討して、三国同盟の死文化はいうに及ばず、中国から撤兵しなければだめだと考えるようになってもらうことだった。そして、天皇が陸軍参謀総長の杉山に向かって、戦いをやめる潮時ではないかと言い、華北に長期駐留するといった考えは捨ててはどうかと語り、中国からの早急な兵力撤収を検討せよと指示するようになることを望んだのである。

ところが、天皇の最高顧問である木戸が中国からの撤兵に反対だった。なぜだったのか。じつを言えば、かれは自分が中国からの撤兵に反対だと言ったことはない。であるから、もちろん、その理由を明らかにしたこともあるはずがない。その理由については、

第五章で述べることになろう。

断　章――㈢

昭和十六年七月末、日本はアメリカと英国、そしてオランダから経済封鎖をされた。なによりも、石油の禁輸が致命的だった。当時日本では秋田と新潟から石油を産出していたが、とるに足りない量だった。鳴り物入りでおこなわれていた人造石油の生産も、これまたとるに足りず、壮大な計画はまだ紙の上のものだった。海軍は徳山と広《ひろ》、横須賀、横浜の小柴、舞鶴、長崎の横瀬の地下タンクに貯蔵する燃料油だけが命の綱となった。

首相の近衛は、中断していた野村・ハル会談を再開しても、いかなる解決策も打ち出せないと思った。ローズベルトと差しで話し合い、それこそ中国撤兵を約束することによって、経済封鎖を解除させるしかないと考えた。近衛は主要閣僚に自分の計画を告げ、支持をとりつけた。もちろん、近衛は閣僚たちに自分のほんとうの腹を打ち明けなかった。ローズベルトに中国からの撤兵を約束してしまうつもりだとは言わなかった。

八月八日、日米首脳会談を開催しようと、野村はハルに申し入れた。八月十七日、野村はローズベルトに会うことができた。ローズベルトはインドシナ南部への武力進出のような軍事行動を繰り返すなと警告したが、近衛との会談には賛成した。首脳会談の場所はアラスカのジュノーではどうかと言い、日本から何日かかるかと言い、十月中旬ごろの気候はどうであろうかと機嫌よく語った。

このときローズベルトはどこまで本気だったのか。これはいまとなっては分からないことだが、ローズベルトが時間稼ぎをしたことは確かだった。ただひとつ言えるのは、ローズベルトも、かれの部下たちも日本をまったく信用していなかったということである。このときかれらが恐れていたのは、あるいは、日米首脳会談がミュンヘン会談の二の舞になることだったのかもしれない。

ところが、日本側は喜んだ。首相の近衛と海軍大臣の及川は、これでアメリカとの戦いが回避できると思った。

近衛はつづいて八月二十六日にローズベルトに宛てて親書を送り、首脳会談を開くことを重ねて促すことになった。ローズベルトは「会議は数日間のものにしたい」と語り、前回と同様、調子がよかった。

九月三日、アメリカ側は本心を明らかにした。それは、首脳会談の前に、そこで取り決める内容を、ハルと野村のあいだで前もって具体的に決めておく必要があるというものだった。要するに、これまでのはかのいかない会談をこの先もつづけようということに他ならなかった。

第三章　なぜ天皇は「雲南作戦」を思い出したのか

平成二年、一九九〇年の末に、月刊誌の文藝春秋が「昭和天皇の独白八時間」と題する談話記録を載せたことは、多くの人が記憶していよう。

そのなかで、天皇はアメリカとの戦いがどうして起きたのかを説明し、その戦いの全般的な経過を語り、戦争を終わらせようと考えた理由を説明し、どのようにしてそれをやったかを述べている。

天皇が宮廷の幹部たちにそのような話をしたのは、昭和二十一年三月から四月にかけてのことであり、戦争が終わって半年がたったばかりのときだった。日本本土は敵軍に占領され、大日本帝国は瓦解してしまっていた。都市という都市は焼け野原となり、あらかたの工場は麻痺状態になっており、人びとは困窮のなかにあった。

軍の巨大な機構は崩壊し、政治指導者と軍幹部が戦争犯罪人として拘禁され、占領軍による軍事裁判の準備がすすめられ、海外では、帰国できない兵士たちが飢えと疫病から死亡し、ある者はなおも戦い、殺害されていた。そして日本の将来がどうなるのか、だれにも見当がつかなかった。わずかな人を除き、大多数の人たちは暗色の世界のなかにいた。

だが、天皇は敗北感に打ち沈んではいなかった。過去を振り返ることがあれば、選択の余地はなかったのだと思い、退路は閉ざされ、進路はただひとつしかなかったのだと考えた。そして天皇はなによりも重大な責務である国体を維持することができたのだと思い、この先もそれを守り通さねばならないと考えて、気力の衰えはなかった。

天皇は宮廷の幹部たちに向かって、どうしてアメリカとの戦いに踏み切ったのかを説明して、私が戦争に反対だと説いたら、クーデターが起きたであろうと述べ、そして結局は戦争になり、はては戦争終結もできかねる始末となったにちがいないと語った。

もちろん、そのような説明は、アメリカによる戦争責任の追及が始まろうとしていた昭和二十年の十月から十一月のあいだにかけてつくられた言い訳であり、弁明だった。

それは天皇ひとりがつくったものではなかった。木戸幸一がつくった所説であった。すでに述べてきたことからも分かるように、木戸は天皇の側近中の側近であり、ただひとりの相談相手だった。天皇と木戸とのあいだには、ある種の共存関係があったことは、その談話録のなかで述べられた軍人、政治家にたいする好悪が、木戸の人物評価、判断と一致していることからもうかがうことができた。

ところで、私がここで昭和天皇の談話録を取り上げたのは、これを読んでいて、これはおかしいと思った箇所があったからである。それは、天皇が雲南作戦について述べたくだりである。

天皇は次のように語っている。

「沖縄で敗れた後は、海上戦の見込みは立たぬ。唯一縷の望みは、ビルマ作戦と呼応して、雲南を叩けば、英米に対して、相当打撃を与え得るのではないかと思って、梅津に話したが、彼は補給が続かぬと言って反対した。

当時賀陽宮《かやのみや》が陸大の校長だったから、この話をしたら、一時的には出来るかも知れぬが、とにかく研究してみようと言う事であった。然し之はうやむやになって終わった。

雲南作戦も已《すで》に望みなしと言うことになったので、私は講和を申し込む外に途はないと肚《はら》をきめた」（「昭和天皇の独白八時間」『文藝春秋』平成二年十二月号、一三四頁）

天皇はこの雲南作戦の話を突然はじめたにちがいない。聞き手の側のノートにない事項だったのであろう。

ノートにないとはこういうことだ。天皇は過去の出来事を語るにあたって、聞き手のひとり、侍従次長の木下道雄が木戸幸一の日記の要点を書き抜いたノートをひろげ、そのひとつひとつを読みあげ、天皇がそれを手がかりに自分の記憶を探り、あのときはこうだった、それは木戸が書いているとおりだ、私はこんな具合に思ったのだと語っていたのだが、この「ノートにない」とは、木下のノートに雲南作戦の記述がなかったということなのである。

さて、天皇が語った雲南作戦のくだりを読んで、どうして私がおかしいと思ったのかを説明しなければならないが、その前に『木戸日記』について触れておこう。

木戸幸一の日記は、読んだ人は少ないかもしれないが、それが公刊されていることは多くの人が知っていよう。昭和十年代に政治の中枢で起きたことを解明するのに不可欠な資料であり、これを読めば、国が大きな岐《わか》れ道に立ち、どちらの道を選ぶかというときに、進路を定めたのは天皇と内大臣の二人三脚だったということを知ることができる。

そして昭和二十年十月から十一月にかけて、天皇と木戸が、過去の出来事をどのように把握するか、また、どのように解釈するかを相談しあい、二人が共通の認識を持とうとしたのではないかということについては前に述べたが、そのときに木戸はこの自分の日記をひろげ、天皇にあれこれ説明したのであろう。

だからこそ、天皇が侍従次長の熱心な勧めに応じ、過去のことを語ろうと言ったとき、自分は備忘録を持たないが、木戸の日記があるから、それを利用すれば、話をするのに都合がいいと語ったのであろう。木下が天皇に質問しなければならない重要な問題を知ろうとして、木戸の日記を読み始めたのは昭和二十年の末であり、そのあと稲田周一もその作業に加わったのではなかったか。

つけ加えるなら、木下道雄はこのとき五十八歳だった。内務省の官吏だったが、昭和十三年から宮内省勤務となり、昭和二十年十一月に侍従次長となった。稲田周一はこのとき四十三歳だった。かれも内務省の官吏だった。昭和二十年四月に滋賀県知事をやめ、二月に宮内省内記部長になった。

木戸の日記について、もう少し触れておこう。この日記の重要と思われる箇所を書き写していたのは、木下道雄だけではなかった。作田高太郎もこの日記を読み、かれもまた必要だと思ったところを書き抜いていた。じつを言えば、木戸日記は作田のところにあり、木下は作田からそれを借りたのである。

作田高太郎は木戸の友人であり、かつ部下だった。かれは昭和二十年に五十三歳だった。弁護士であり、衆議院議員だった。木戸は第一次近衛内閣で半年ほど文部大臣をやったことがあったが、このとき文部政務次官だった作田と親しくなり、作田は木戸派閥の一員となったのだった。

評論家の清沢洌《きよさわきよし》は昭和二十年の五月に急死したから、これより前のことになるが、作田の説くことを聞いて、これは内大臣の見解だな、だとすればこれは天皇の考えていることにちがいないと判断し、戦争はまだとても終わらないと見当をつけたのだった。

戦争が終わって、木戸に逮捕命令がでたのは昭和二十年十二月六日、拘禁されたのは十二月十六日だったが、そのあいだの十二月十二日に、木戸は作田を招き、やがて開かれるであろう裁判の弁護士になってくれと頼んだ。木戸は戦争責任は政府と軍部にあるのだと言い、この大戦は政府、とくに軍部の独断によっておこなわれたものであると説いた。前に述べたとおり、それは木戸が天皇と協議し、天皇の同意を得て定めた主張だった。

木戸は話をつづけ、内大臣の職務は、政務、軍務に関係ない事項について輔弼《ほひつ》することにすぎないのだから、戦争の開始、実行上の責任はなにもないのだと語った。

作田はうなずき、木戸の弁護をすると約束した。木戸はそのために私の日記を使ってくれと言い、作田にそれを預けたのである。

しかし実際には、木戸の日記はかれ自身のこのような主張を裏づけるものではなかった。すでに触れたとおり、この日記は木戸が陰から政治だけでなく軍事にも大きな影響力を与えていたことを立証するものだったからである。だが、木戸はそれが自分の弁護に役立たせることができると考えていた。じつはかれが自分の日記を隠そうとせず、それを作田に渡そうとしたとき、すでに別の決意をしていたのではなかったか。木戸は、拘禁され、検察官の取り調べを受けることになった最初の日に、この日記を検察官側に渡すことを約束した。もし木戸がこの日記を使って、戦争責任は、軍部、統帥部にあることを主張するつもりなら、それを検察側にも使わせなければならなかった。そしてそのためには、なによりも敵側にはっきりと協力的態度を示す必要があると木戸は考えたのである。木戸は昭和二十一年一月二十三日、昭和十六年から二十年までの日記を検察官側に渡した。

さて、昭和天皇の談話録のなかにある雲南作戦のくだりを読んで、私がこれはおかしいと思ったのはなぜなのかを語らねばならない。だが、それより前に、読者のだれもが抱いたであろうべつのもうひとつの疑問に答えておく必要があるだろう。

昭和二十年五月半ば、沖縄の首里と那覇では守備隊はなおも死闘をつづけていたが、もはやこの堅固な防衛陣地も確保することはできないことは明らかだった。市谷台の陸軍の幹部たちはとうに沖縄を見捨てており、本土防衛の準備に忙しかった。こんなときに、どうして天皇は雲南作戦をやろうなどと考えたのであろうか。

天皇が参謀総長の梅津美治郎に雲南作戦をやってはどうかと尋ねたのは、おそらく昭和二十年のこの五月半ばのことであったにちがいない。

雲南作戦とは雲南省の省都である昆明《こんめい》を攻略する戦いだった。昆明はビルマ公路の終点だった。ビルマ公路はビルマのラショーと昆明を結ぶ道路であり、昭和十四年初めにつくられた。自動車で片道六日から九日かかる山道の悪路だった。日本側はビルマ・ルートと呼んでいた。そして昆明からは、貴陽を通って、重慶までの既存の自動車道路があった。

重慶政府の補給路は、ビルマ・ルートのほかにもう二本あった。仏領インドシナから広西省の南寧へ通じる鉄道とソ連から新疆《しんきょう》省を経由しての自動車道路だった。前に述べたことだが、日本は、フランスがドイツに敗北したのにつけ込み、この仏印ルートを閉鎖させた。つづいて独ソ戦争が起き、ソ連は重慶政府に援助を与えるどころではなくなった。こうしてビルマ・ルートひとつが残ることになったが、昭和十七年四月に日本軍がビルマ全域を攻略して、ビルマ・ルートの入口を閉ざしてしまった。アメリカは重慶政府に軍需物資を供給しようとして、航空機を使うことにし、インドのアッサムからヒマラヤを越えて昆明までの八百キロメートルの航空路を開いた。昭和十九年には、一カ月三万トンの物資を空輸した。だが、その大部分は中国の戦場で戦うアメリカ空軍と日本本土を空襲する戦略爆撃隊のための航空燃料だった。

ビルマ北部が英軍の手に渡って、昭和二十年一月にビルマ・ルートは再開された。もっとも、それをビルマ・ルートと呼ぶのは正しくない。重慶側が呼んでいたとおり、中印公路といったほうが正確である。アメリカと重慶政府は協力して、インド東北端にあるレドからビルマ北部を抜けて、ビルマ・ルートにつなげる新しいバイパスを建設したのである。

このとき、アメリカはB29爆撃機の基地を四川省からマリアナに移すなど、軍需品の配分に余裕ができるようになっていたから、国民政府への軍需品の輸送は、空路による搬入と合わせ、急速に増えるようになった。昆明には陸軍総司令部が設置され、アメリカが支給した火器で装備され、アメリカ軍将校による訓練を受けた部隊の数が増え始めた。

そこで国民政府最大の補給基地である昆明を占拠することは、重慶を慌てさせることにはなる。だが、そんなことをしたところで、日本の最終的崩壊を阻止できるはずがなかった。九州、四国、本州の海岸で、兵士たちが洞窟陣地をつくり、梱包した爆薬を背負い、敵の戦車に肉薄攻撃をするといった訓練をつづけている状況のなかで、天皇は、昆明占領が戦い全体の成り行きにどれほどの影響を与えることができると考えていたのか。

おそらく天皇は、支那派遣軍総司令官の岡村寧次《やすじ》の四川作戦の構想を何度か耳にしたことがあったのであろう。天皇はそれを思い浮かべたのではなかったか。

ここで岡村寧次について述べておこう。昭和二十年のこのとき、かれは六十一歳だった。幸せな将軍だった。骰子《さいころ》を転がし、お前はあそこへ行け、ここへ行けと任地を決められたかのような他の戦線の司令官と違って、岡村はずっと中国を離れることなく、中国にいて出世の階段を上りつめ、なによりも肝心なことは、戦いに負けたことがないことだった。かれは第十一軍司令官として武漢攻略戦を指揮した。東京に戻り、軍事参議官となったが、昭和十六年七月に北支那方面軍司令官となった。つづいては第六方面軍司令官として湖南省南岳の司令部に陣取り、桂林・柳州作戦の総指揮をとった。

そして昭和十九年十一月に支那派遣軍の最高司令官となったのだが、かれは部下に向かい、あるいは東京から南京にやってくる連絡業務の将校に向かって、四川へ進攻して、重慶を覆滅すべきだと説き始めた。

ところが、参謀本部の作戦担当官たちは、このとき日本軍のもっとも奥地の戦区である広西省と湖南省で戦っている第六方面軍を上海周辺区と華北に移さなければならないと主張するようになっていた。そして中国にある火砲と戦車、能力と戦闘経験のある将校たちを日本本土に戻さなければならないと語りだしていた。

しかし、岡村はこのような意見にいっさい耳を貸さなかった。かれは第六方面軍が西の重慶に進撃すべきだと説き、東の上海への移動は無意味だと語った。岡村は次のように説明した。支那派遣軍が防御にまわるなら、アメリカ軍は中国大陸で中間的作戦に乗り出すことなく、素通りして、日本本土を攻略しようとするだろう。陸軍内で最大の兵力を有する支那派遣軍を無為に過ごさせることはできない。わが派遣軍が重慶へ突進すれば、アメリカ軍を大陸に引き寄せることができる。

岡村は中国全域の地図が掛かっている壁の前に立ち、参謀本部、陸軍省からやってきた佐官クラスの将校たちにこんな具合に語り、日本へ行くアメリカ軍は鬼だが、こちらへ呼び込めば、お招きしたお客さんだと語って、だれをも魅了せずにはおかない自慢の笑顔を見せたのである。

天皇は岡村のその考えを思い出したのであろう。そこで参謀総長の梅津に向かって雲南作戦はできないかと問うたのであろう。アメリカ軍を中国大陸に向かわせ、ここに釘づけにすることができれば、本土防衛の準備のための時間的余裕が生まれる。そのためには重慶方面の作戦をおこなうより、昆明を攻略したほうがいいと天皇は考えたのであろう。湖南省の芷江を攻めるよりも、雲南省の昆明を攻めるべきだと思ったのである。

　じつは四月半ば、第六方面軍麾下《きか》の第二十軍の二個師団が芷江《しこう》に進撃を開始した。本来は岡村が考えた重慶攻略のための作戦の一環だった。岡村の顔をたてて始めた戦いだったが、作戦目的にはべつの説明がつけられた。

それはこういうことだ。四月一日、アメリカ軍が沖縄に上陸した。岡村の部下たちは、もはやかれの顔色をうかがうことをやめ、四川作戦どころではないと説くようになり、中国の戦線を収拾しなければならないと主張するようになった。こうして広西、湖南省に布陣するすべての部隊を上海地域と山東半島へ移動させることが本決まりとなった。そこで芷江攻略の作戦目的は、芷江にあるアメリカ軍の飛行場を叩き、広西省の柳州、桂林の部隊の撤退を安全にするための戦いとなった。

ところで、実際の戦いは岡村の机上作戦どおりにはいかなかった。

このとき始まったことではなかったが、戦場では、アメリカ軍のＰ51戦闘機が制空権を握っていた。そして地上の重慶軍もつぎつぎと増援軍を送り込んできた。移動はアメリカ軍の輸送機を使っておこなわれた。このようなことは中国戦線ではかつてなかったことだった。日本軍の攻撃は芷江の手前の山岳地帯で完全に行き詰まり、戦死傷者が増え始めた。前線の司令官は増援部隊を求めてきた。五月九日、岡村は作戦の中止を指令した。

前年の昭和十九年に、支那派遣軍はいわゆる大陸打通《だつう》作戦を敢行した。このときは、長沙、衡陽を攻略し、さらに桂林、柳州を一気に突破進撃した。重慶軍は潰走し、重慶の蔣政府は動揺し、アメリカ側は重慶も失陥するのではないかと危惧した。そして、日本と戦うことができるのは延安の共産党政権だけだと思い込むようにもなったのだった。だが、半年足らずのあいだに、軍事情勢は大きく変わろうとしていた。雲南省西部で一個師団の日本軍が十二個師団の国府軍の前進を阻止しているといった話は、伝説になろうとしていた。

天皇は充分な情報を得ることができないまま、要するに天皇が聞きたがっていると考えられる事柄だけを耳に入れる軍首脳の報告を受けてきたから、陸軍が大陸で戦うのなら、負けることはないとなおも信じていたのであろう。そこで天皇は、このときすでに失われていたビルマのラングーンもただちに奪回できると思ったのであろう。

五月三日にラングーンに英軍が突入した。南方軍はラングーンの奪回を命令し、ビルマ方面軍が指揮下の第二十八軍にたいし、それを命じたのが、支那派遣軍が芷江作戦の中止を指示したのと同じ五月九日のことだった。

しかし実際には、ラングーン奪回などできるどころではなかった。制空権を握っているのは、ここでも敵だった。しかも敵は補給物資を輸送機で送ってきた。それにひきかえ、第二十八軍は弾薬、食糧の補給がなく、予備兵力もなく、増えているのは戦死傷者だけだった。だれもが痩せ細り、闘志も薄れ、防衛線を築くこともできず、ただ撤退し、退却するだけとなっていた。もはや攻勢をとる力はなかった。

そしてビルマ方面軍司令官の木村兵太郎《へいたろう》がラングーン奪回を命じたというのも、無責任きわまりない話だった。かれは四月下旬にラングーンからタイ国境に近いモールメンへひとりさっさと逃げ出していたのだった。ビルマ政府の指導者、ビルマ駐在大使、ビルマ方面軍の部下たちを置き去りにしての飛行機による逃走だった。

天皇はこうしたことをなにも知らなかったから、ラングーン奪回の作戦と合わせて、雲南作戦をやればいいと考えたものにちがいない。だが、それからまもなく、天皇は、その作戦を敢行しても、事態を緩和することはとてもできず、本土防衛準備のために、敵の攻勢のテンポを遅らせることはできず、時間を稼ぐことはできないと知った。

五月二十三日の夜、つづいて二十五日の夜、合わせて一千六十機のB29爆撃機が東京を襲った。六千八百トンの焼夷弾を投下し、東京の町を焼き尽くした。宮中のもっとも広大な御殿である豊明殿をはじめとする表宮殿と奥宮殿、合わせて一万八千平方メートルの明治宮殿は灰となった。大宮御所、東宮御所も焼かれてしまった。

ここで私が初めに記した疑問に戻る。

昭和天皇が宮廷幹部に向かって、梅津に雲南作戦をおこなってはどうかと言ったのにたいして、梅津が難色を示したことを語ったくだりで、私がおかしいなと思ったのは、ほんとうはここで天皇の話はまだ終わらず、言葉がつづいていたのではないかと考えたからである。

天皇は言葉を切り、再び語り始めたのではなかったか。雲南作戦はおこなうべきだったと述べ、そうすれば戦いは終わりにでき、アメリカとの戦いを避けることができたのだと語り、そこで口をつぐんだのであろう。だが、だれも天皇になにも尋ねなかったのではないか。記録係の稲田周一は天皇が語ったことの意味を理解できないまま、その箇所の余白に疑問符を打ったのかもしれない。あとで記録を読んだ木下道雄は首をかしげ、天皇はいったいなにを述べようとしたのであろうかと考え、そのところがなくても意味が通じると思い、削ってしまったのではないか。私はこんな具合に想像したのである。

というのは、昭和二十一年四月、天皇が二人の松平、つまり宮内大臣の松平慶民、宗《そう》秩寮《ちつりょう》総裁の松平康昌《やすまさ》、そして木下道雄、稲田周一、寺崎英成《ひでなり》に向かって、戦争の終結を考えるようになったのは、雲南作戦をやることができないと知ったからだと言おうとしたとき、天皇の脳裏にはっきりと思い浮かぶ思い出があり、それが自然と口にでたのではなかったかと思うからである。

どういうことだったのか。

昭和十六年の七月の末に戻らねばならない。軍令部総長の永野修身がアメリカとの戦争を回避しようとして、三国同盟を廃棄すべきだと上奏し、無残な失敗に終わってしまったことは、すでに述べた。

永野の配下の軍令部次長、第一部長、海軍省側の大臣、次官、軍務局長は、どうしたら戦いを回避できるだろうかと考えたが、なんの知恵もなく、近衛・ローズベルト会談の開催を望むしかなかった。こうした状況のなかで海軍の幹部は陸軍の幹部と協議に入り、アメリカをして経済封鎖をやめさせることができないなら、いつ外交交渉を見限るか、いつまでに戦争準備を完遂させるかの日程表をつくる作業をすることになった。

陸軍側はこれをしっかり文章の規定にして、国策遂行要領にまとめようと考えていた。海軍幹部は開戦決意をいつにするかを決めないことで、対米戦をお蔵入りにしようとした。だが、開戦決意の日時を決めさえしなければ、どうにかなるというものではなかった。満洲へ送り出した軍隊を今度は台湾、海南島、サイゴンへ送り込み、戦争の準備をつづければ、アメリカと英国は警戒心を強めることになる。総理はアメリカ大統領に親書を送ることを考え、首脳会談を重ねて呼びかけることにしているが、アメリカはこちらの平和意図を信じないだろう。となれば、首脳会談の開催も難しい。開けたとしても、そのあとの交渉がまとまらないかもしれない。

ずるずると戦争準備を進めていくほかはなくなる。戦争を回避したいという願いは、戦争準備の現実に押し潰され、軍令部、海軍省、連合艦隊の中堅幹部たちの強硬論はいよいよ力を強め、否応なしに戦いを決意せざるを得なくなる。

海軍大臣、海軍次官、軍務局長、軍令部次長、第一部長といった海軍の幹部たちは、このまま国策遂行要領をつくってしまったら大変だと思ったはずだった。海軍では、すべての問題はこの五人で協議するのがしきたりだった。軍令部総長の永野は加わらなかった。前任者の伏見宮は会議に出席したことがなかったから、そのやり方を永野が踏襲していたのだと言ったら、正しくないのだろう。海軍次官、軍務局長、軍令部次長、第一部長の四人会議に海軍大臣の及川が加わっていたのであり、及川は皆の意見を直接聞き、皆で決めるという形をとりたがったのである。

そこでいつもながら、五人が論議をつづけているあいだ、これまたいつもながら、陸軍にたいする悪口になったのであろう。陸軍はソ連と戦うといきまき、今度はアメリカと戦うのだと大声をあげている。そんな余計なことを言うよりも、陸軍は自分が始めた支那事変を一日も早く終わりにする責任がある。陸軍が自分の戦いをいつまでも終わりにできないからこそ、アメリカに口出しされる羽目になっているのだ。こんな話し合いがつづいて、だれかが次のような方策を語ったのではなかったか。

いまやソ満国境のソ連軍を恐れる必要はないのだから、陸軍は支那事変の解決に全力を注ぐことができるはずだ。陸軍はこれまで、主敵ソ連の脅威に備えねばならず、したがって兵力が足りないから、支那事変を片づけることができないのだと弁解してきたが、もはやこういった言い訳は通用しない。それには昆明をやることだ。重慶までいかなくとも昆明であれば攻略も容易であろう。重慶政府を支えている輸血路はビルマ・ルートだけなのだから、昆明を攻略すれば、重慶政府は日本と平和交渉に入らざるを得なくなる。

これはかれら海軍幹部のだれもが考えたことのある解決策であり、珍しいアイデアでもなんでもなかったが、首相がローズベルトに親書を送ることになるという新しい状況のなかで、ばかに新鮮な提案に思えた。皆が賛成した。軍令部総長もその計画を支持した。中国からの撤兵ができないのなら、一日も早くその戦いを終わりにするしかない。昆明攻略作戦はそのためのひとつの方策であろう。

だが、実際には、首相がアメリカ大統領に首脳会談の開催を呼びかけているさなか、そんな作戦を敢行することはできないはずだった。昆明攻略の作戦を開始したら、蔣介《しょうかい》石《せき》はローズベルトに訴え、日本に圧力をかけてくれと泣きつくに決まっていたからである。そのような作戦ができるのは、首脳会談が開けなかったときか、開けたとしても、失敗に終わったあとのことだった。

海軍次官や軍務局長はそうしたことに気づいていたのであろうが、いまただちにやらねばならなかったのは、対米戦争計画を潰してしまうことだった。

ところで、どのように陸軍を説得するか。

参謀総長の杉山や次長の塚田にこれを説いても、素直に耳を傾けるはずがない。となれば、天皇に上奏するしかない。この場合、作戦について裁可を求めるのだから、軍令部総長が上奏しなければならない。

それならどのように上奏するのか。だれの考えも同じであり、次のようなことを上奏すべきだということになったのであろう。

陸軍は大動員をおこない、満洲に大部隊を送り込んだが、八月九日に対ソ軍事行動の年内中止を決めた。これらの部隊を中国戦線に差し向け、雲南作戦をおこなうべきだ。そして早急に支那事変を終わりにしなければならない。

アメリカはこのさき英国への支援をさらに強め、事実上ドイツと戦うことになろう。だが、日本はドイツに気をつかう必要はない。三国同盟を結んだのは、四国同盟をつくるための前提だった。ところが、ドイツは日本と協議することなしに、勝手にソ連と戦いを始めてしまった。日本はいまさら三国同盟に義理立てすることはない。

昆明を占領確保し、支那事変を解決できれば、日本だけが世界大戦の圏外に立つことになる。民生充実の余裕も生まれる。

中国では国共内戦が再開し、蔣介石は日本に援助を求めてくるという事態ともなろう。日本の国際的な発言権は強まり、平和裏に大東亜共栄圏の経済ブロックを形成できる。

海軍幹部は、このような上奏は必ずや天皇の支持を得られるにちがいないと考えたのであろう。突如として生まれた政策転換の夢はいきなり現実味を帯びることになったのである。

だが、上奏しさえすれば、万事うまくいくといったものではなかった。昆明作戦は陸軍の管轄地域における陸軍の戦いだったからである。その戦いをやれと海軍が提唱し、しかもアメリカとは戦わないことにするのだから、陸軍がつむじを曲げるのは目に見えていた。海軍がなんでそんな余計な世話を焼くのかと怒り、南方地域を攻略することはやめてしまったのかと海軍にくってかかり、簡単にうんと言うはずがなかった。うんと言わせるためには、細心な根回しが必要だった。

侍従武官長の蓮沼蕃は前に触れたとおり、陸軍の将官であり、天皇と陸軍のあいだのメッセンジャーボーイであったから、蓮沼をこの計画の支持者にすることはできなかった。となれば、この計画を天皇の耳に入れる前に、内大臣の木戸幸一を味方にしておかなければならなかった。戦略を転換しなければならないと木戸に説き、かれの同意と助力を求めねばならなかった。

ところが、海軍幹部には、木戸が海軍のこの新路線の強力な支持者になると判断することができなかった。とりわけ永野修身は木戸に含むところがあった。一カ月前、アメリカに大きな譲歩をしてでも、対米戦は避けねばならないと説いたかれの主張を潰してしまったのが、ほかならぬ木戸だった。陸軍のイヌなんかに喋ることはないと永野は言ったかもしれなかった。

ところで、一カ月前の七月三十日の永野の上奏を訳の分からないものにしてしまい、事実上、潰してしまったもうひとりの責任者は、前に述べたとおり、及川古志郎だった。とんでもない誤りを犯してしまったと及川が反省していたのなら、今度こそ永野に全面的に協力しなければならないはずであった。かれは永野に向かい、前のことにこだわっていてはだめだ、内大臣を説得するのが先だと言うべきだった。ところが、及川はそれを言わなかったようだった。

昭和十六年八月二十六日、永野修身は侍従武官長に会い、援蔣補給路遮断作戦についてお上に申し上げたいと言い、上奏時刻の打ち合わせをした。海軍省もまた行動にでた。軍務局長の岡敬純《たかずみ》は国策遂行要領の改定案を陸軍軍務局長に手交した。

海軍のその改定案に目を通した陸軍の部課員は啞然とした。不意を衝かれて、だれもが顔を紅潮させ、海軍の腰抜けめがと怒りをぶちまけた。それは改定案という触れ込みだったが、改定案などでありはしなかった。中身はまったく変わってしまっていた。対米英蘭戦の準備をいつまでに終えるといった規定はきれいに消えてしまっていた。いつまでに対米英蘭戦を決意するといったくだりなどあろうはずもなかった。援蔣補給路遮断作戦の準備をおこなうという新しい項目を掲げているだけで、それがすべてだった。

参謀本部の第二十班は部内の政略を担当し、海軍、政府機関との窓口であったが、そこに所属する班員の種村佐孝《すけたか》も海軍の改定案を読み、激怒したひとりだった。このとき三十六歳、陸軍中佐の種村は、陸軍部内のだれもと同じように、アメリカと戦うしかないと考え、真剣に検討、研究なんかしたことがないにもかかわらず、百年戦争を戦い抜くのだと説き、そんな言葉に自分自身酔っているようなところがあった。

種村か、それとも部下の原四郎が第二十班の日誌に、海軍の改定案にたいする批評を次のように記した。

「二十六日　海軍側ヨリ国策遂行要領ノ改定案来ル。

対米英決意ナキハモチロン、対米英戦争準備ノ字句モ抹殺、援蔣補給路遮断作戦準備ト変更シアリ。

『オ上』ヲ目標トシタル偽騙《ぎへん》作文　臣子《しんし》ノ分《ぶん》ニ反ス　海軍側ノ腰抜、驚キ入リタル次第。百年長期大戦争ナド思イモヨラザルコトナリ」（『大本営機密戦争日誌』『歴史と人物』中央公論社、昭和四十六年十月号、三三八頁）

だが、種村佐孝が意気消沈し、「国家ノ前途暗澹タリ」と記していたとき、国策を大きく転換しようと願った海軍の行動は茶番劇となって終わっていた。

その日、前に記したとおり、八月二十六日のことだが、参謀総長の杉山元は長沙作戦実施の裁可を得るために、天皇の前に出た。天皇はそれを認めたあと、「ビルマ・ルート遮断の関係もあり、昆明はどうするのか」と問うた。天皇は昆明作戦について軍令部総長から上奏の予定があると聞いていたから、ついでのことと思い、杉山に尋ねたのであろう。

そのとき杉山は、海軍が国策遂行要領を対米英戦争から昆明作戦へ変えてしまおうとしているのを知っていたのであろうか。すでに承知していたのであれば、なぜ海軍がそんなことを言いだしたのかと陸軍統帥部の最高責任者は考えねばならないはずであった。だが、杉山は知らぬふりをした。いや、かれはそのときはまだなにも知らなかったのかもしれない。

杉山は昆明なんかになんの関心も持たなかった。十一月にはマレー半島とルソン島に上陸作戦を敢行し、南方全域を制圧する。昆明は放っておいても、立ち枯れとなる。

かれは天皇に向かって、昆明作戦は以前に研究ずみですと答え、作戦実施の考えはありませんと言った。第一に兵力の制限がありますと言い、かりに昆明を占領しても、八百キロメートルを超す貴州高原と雲南高原を縫う兵站路の維持が難しく、自給自足は至難であり、衛生状態も不良ですと説明した。「そうか、いかんか」と天皇は言った。(防衛庁防衛研修所『大本営陸軍部大東亜戦争開戦経緯　4』朝雲新聞社、昭和四十九年、五〇二頁)

杉山が去ったあと、天皇はこのあとにやってくる永野はなにを考えているのだろうかと思案したのであろう。どうして永野は雲南作戦をやりたいと言おうとするのか。天皇が気がかりなことは、もうひとつあった。総理の近衛が、少し前に、永野はアメリカとの戦いに成算を持っていないと語ったことだった。天皇がそれを考えれば、つづいて思い出すことがあったはずだった。一カ月前に永野が語った言葉だ。あとになってかれは曖昧にし、否定してしまったが、あのときかれは、アメリカと戦って勝てるかどうかも覚束ないと言ったのだった。

そこへ永野が来た。天皇は永野が説こうとする援蔣補給路遮断作戦についての説明を最後まで聞いたのであろうか。そして永野ははっきりと、アメリカと戦うことなく、支那事変を完遂すべきだと説いたのであろうか。永野が蔣政権の補給路を切断しなければならないと語り始めたとき、天皇は遮り、昆明の攻略は難しいと言ったのではなかったか。天皇はその問題を永野と論議する考えはなかったに相違ない。海軍提督に向かって、山のなかの昆明攻略の可否を尋ねてもしようがないと思ったからである。

永野は話をつづけることができなくなったのであろう。かれの意気込みは引き潮のように消えてしまった。逆に天皇のほうから近衛が語ったことを持ち出し、永野に問うたのであろう。

永野は慌てた。とんでもございませんと言い、打ち消しに必死になったのであろう。アメリカと外交交渉をつづけ、一年先、一年半先になって、戦うしかなくなったと言われたのでは困ります。しかし、いま戦うのであれば自信があります。と言っても、日本にはアメリカ本土へ進攻する国力はないのですから、戦いは長期化するでありましょう。永野は汗をふきふき、こんなふうに説明したにちがいない。

なんのことはない。永野のこの二回目の対米戦争回避の試みも、アメリカとの戦争を回避しようとして、アメリカに大きな譲歩をすべきだと説きながら、不測の深刻な事態を引き出すことになった七月三十日の上奏と同じ結末となり、かれの意図とはまったく逆の結果となって終わってしまった。

翌八月二十七日に永野は侍従武官長の蓮沼蕃と会い、八月二十八日には内大臣の木戸幸一と会談した。蓮沼、木戸に向かって、永野がなにを語ったのかは、想像するしかないのだが、おおよその見当はつく。侍従武官長と内大臣が心配しているから、かれらに説明をするようにと天皇の指示があったのであろう。対米戦に成算なしと言った覚えはない、それは総理の誤解、憶測にすぎないと永野は述べたのであろう。このようにして、支那事変を完遂すべきだ、対米戦をやるべきではないと説くことは、ついにできなかったのである。

軍令部総長が呆気《あっけ》なく雲南作戦を断念してしまったことによって、海軍幹部もまた、もう一度、態度を変えざるを得なくなった。軍務局長の岡敬純は援蔣補給路遮断作戦を準備すると記した国策遂行要領改定案をそっと引っ込め、それまでの案を再び机にひろげることになった。

そして永野修身はアメリカとの戦いを回避しようとして、二度が二度とも失敗してしまい、その不始末をとりつくろおうとした。かれはアメリカを恐れていないといった姿勢を陸軍にたいしてとらねばならなくなり、戦うことになんの懸念もない、泰然自若としているといった態度を部下たちに示そうとした。こうして他の海軍幹部たちも、アメリカとの戦争を回避しようとする手だてを失ってしまった。

かれらは開戦決意の時期をいつにするかを決めざるを得ない羽目となった。陸軍と交渉を重ね、軍令部総長が昆明攻略案を上奏して、それに失敗してから十日足らずあとの九月三日、「十月下旬ヲ目途《もくと》トシ戦争準備ヲ完整ス」「十月上旬頃ニ至ルモ尚我要求ヲ貫徹シ得ル目途ナキ場合ハ、対米（英蘭）戦ヲ決意ス」と決めることになった。

アメリカとの外交交渉についても、こちらの要求事項と約諾できる事項を定めた。アメリカに通商の回復を求め、蘭領東インドとの経済提携にアメリカ側の協力を求める項目を明記した。代わりに仏印を基地として近接地域に武力進出をしないと約束し、フィリピンの中立を保障すると約束することにした。アメリカは支那事変の処理に容喙《ようかい》、妨害しないとした要求事項があった。もちろんのこと、中国全占領地域から早急に撤退するといった約諾事項はなかった。

九月六日、御前会議が開かれた。この会議で帝国国策遂行要領は正式に採択された。だが、天皇はその計画書にひどく不満だった。戦争準備を十月下旬までに完成させることを最初に掲げ、外交交渉をおこなうことは付けたりの扱いだったからである。

御前会議前日の九月五日に、天皇は、首相、参謀総長、軍令部総長に、明日の会議で採択予定の国策遂行要領にたいする不満を述べた。そして翌日の会議で、枢密院議長の原嘉道が、議案は戦争が主で、外交が従であるかのように見えると批判し、天皇は明治天皇の和歌「四方の海みなはらからと思ふ世に　など波風のたちさわぐらむ」と読みあげ、自分は平和を選択したいという意思を示した。

この二日間の出来事は、いずれの歴史書、伝記、回顧録にも載せられているから、だれもが知っていよう。そして研究者のなかには、そのときがこの戦争計画書を白紙撤回する唯一の好機だったと述べ、首相近衛の怠慢を批判する者もいる。

だが、実際には天皇が平和を望むと述べただけではどうにもならなかった。ほんとうなら、平和を確保するためには大幅な譲歩が必要ではないかと、そのとき天皇は述べねばならなかった。

ところが、天皇にはそのことが理解できなかった。海軍大臣と軍令部総長が戦争は避けたいと考え、中国からの撤兵を望みながらそれを口にだせないでいることが、天皇には察しがつかなかったのである。

中国から撤兵しなければならないと陸軍に言うことができるのは、天皇ただひとりしかいなかった。そしてそのことを天皇に告げることができるのは、内大臣である木戸幸一ただひとりしかいなかった。

内大臣はそうしたことのすべてを知っていたはずだった。ところが、木戸は天皇にそれを説明しようとしなかった。前にも述べたとおり、そしてその説明は先のことになるが、かれ自身が中国からの撤兵に反対だったからである。

現在、昭和十六年を振り返って、アメリカとの戦争を回避する機会があったかどうかを考えるなら、九月六日の御前会議ではなく、それより十日前の八月二十六日、永野修身が昆明を攻略すべきだと上奏しようとしたときが、ひとつの機会だったと私は思う。ところが、永野がその切り札の使い方を誤ったがために、切り札は切り札でなくなってしまった。

永野が切り札を使いそこね、九月三日にアメリカが首脳会談の開催を最終的に拒否して、近衛の戦争阻止計画を潰してしまい、つづいて国策遂行要領を決めてしまったあと、いよいよアメリカとの戦いを決意せざるを得ない期限が迫ってからのことだが、木戸がひとつの構想を立てた。

それは、アメリカとの戦いを決意することなく、十年から十五年の臥薪嘗胆《がしんしょうたん》の基本路線を国民に宣明する、そして支那事変を完遂するために、重慶・成都作戦を敢行する、といった案だった。（『木戸幸一日記 下巻』東京大学出版会、昭和四十一年、九一二頁）

昭和十六年十月九日、木戸はこの構想を近衛に提示した。近衛はこの案の写しを陸海軍両大臣に渡したのであろう。そして東条と及川は、これをさらに参謀総長と軍令部総長に見せたにちがいない。

軍令部総長の永野修身はどう考えたのであろうか。臍《ほぞ》を噬《か》んだはずだ。一カ月前、昆明作戦を上奏するに先だち、内大臣と協議すべきだった。だが、すべては後の祭りだった。三国同盟を反故にすべきだと上奏し、次に昆明作戦をすべきだと上奏しようとして、いずれも失敗し、その後始末が大変だった。天皇に向かっては戦いに自信がないわけではないのですと言わねばならず、陸軍に向かっては臆病者でないところを見せ、部下の戦うべしと説く中堅幹部にたいしては、かれらの不安を晴らさねばならなかった。とても、もう一度、木戸の案にとびつく気力は永野にはなかったのである。

永野の部下の軍令部次長、第一部長、あるいは海軍次官、軍務局長はどう考えたのか。かれらもまた木戸の構想にとびつくことができなかった。アメリカと戦うことなく、援蔣補給路遮断作戦をおこなうという計画を立て、陸軍に提示したあと、昆明攻略はできないという天皇の言葉があったと聞いて、周章狼狽し、この案を屑籠に放り込む羽目となった醜態ぶりは、かれらの胸中の拭い去りがたい記憶となって残っていた。重慶・成都作戦を聞いたからといって、ただちに賛成だとはとても言えなかったのである。

だが、海軍大臣の及川古志郎は、このときこそ、決意すべきだったのである。木戸に会い、その構想に同意すると言い、天皇の支持を得るようにして欲しいと頼んだのなら、新しい局面を切り開くことができたのである。ところが、及川は部下たちの顔色をうかがい、皆の判断に従うだけだった。

では、陸軍側はどうだったのか。杉山元、東条英機、かれらの部下たちは木戸の構想をどう受け取ったのか。最初、かれはこの計画を天皇が支持しているのではないかと警戒し、海軍が加担しているにちがいないと考えて、憤激したのであろう。

陸軍幹部はこの構想に天皇が関与していないと知ったあとには、なんの関心も示さなかったにちがいない。かれらは作戦研究をおこなわず、一年先、二年先の対中・対米関係を眺望しようとせず、石油の需給計画を立てることなく、要するになにも検討することなく、木戸案に反対したのであろう。四川盆地に進撃したからといって、陸軍にたいする国民の不信感を消し去ることはできないと思って、この案に反対したのである。

陸軍にたいする不信感とは、こういうことだった。七月初めに大動員をはじめて以来、国民のあいだに恐怖感がひろがっていることを陸軍幹部は知り、それがなぜなのかも気づいていた。国民は、ソ連と戦って、ノモンハンの戦いのようになってしまうのではないかと不安を抱いていたのである。それはとりもなおさず、陸軍にたいする不信感の表明にほかならなかった。陸軍にたいする不信感といえば、陸軍幹部は、天皇をはじめ、宮廷高官、そして政府幹部までが、陸軍はドイツ軍に叩きのめされているソ連軍と戦う力もないのかとひどく失望しているにちがいないと気にしていたはずである。

この不信感を拭うためにすることはただひとつ、マニラ、シンガポールを一気に攻略してみせることだ。もしこの作戦に成功すれば、天皇をはじめ、一億国民のあいだにある陸軍への不信感は春の雪のように消え、陸軍にたいする信頼感は蘇ることになろう。ソ連軍、アメリカ軍、英国軍と戦わずに、重慶・成都作戦をやっても、陸軍の威信は回復できない。陸軍幹部はこんなふうに思っていたのである。

こうして木戸の計画は、陸軍と海軍の双方が相手にせず、立ち消えとなってしまった。だが、それより一カ月前、海軍幹部が昆明作戦を考えたときに、内大臣に協力を求めていたら、結果は違ったものになっていたのではなかったか。

昭和二十一年の春、天皇は松平康昌や木下道雄に向かって、昆明作戦の話をして、参謀総長に反対されたのだと語り、さらに言葉をつづけ、昆明作戦をやれば、戦いは終わりにできたのだと言い、アメリカとの戦いを避けることができたのだと述べたのではなかったかと私は初めに記した。

それはこういうことである。

天皇は昭和二十年五月に考えた雲南作戦の話を語り始めて、同じように実施できなかった昭和十六年のもうひとつの雲南作戦のことを思い出したのであろう。そして話をそのことに移し、その作戦をやっていたら、支那事変を終わりにでき、アメリカとの戦いを避けることができたのだと語ろうとしたのだと私は思う。

ところが、天皇がきれぎれに語った「独白」の断片を松平や木下が理解できず、天皇はただたんに終戦三カ月前の雲南作戦ができなかったことを残念に思っていると思い違いをしたのではなかったか。

そして、そのとき天皇の目に悲痛の色が浮かんで消えたのを、だれも気づかなかったのだと私は思っている。

第四章　どうして敵の反攻を考えなかったのか

いままで述べたことを繰り返そう。海軍首脳は、陸軍が夏の終わらないうちにソ連に戦いを仕掛けるのではないかと恐れ、それを阻止しようとして、南部仏印へ派兵すべきだと主張した。

日本がサイゴンに派兵すれば、アメリカは前もって警告していたとおり、全面禁輸の措置をとるであろうことは、永野や及川が予知していたことであり、覚悟していたことだった。

では、陸軍首脳は、サイゴンに出兵したら、アメリカが全面禁輸にでるとは考えなかったのか。全面禁輸となり、石油の供給がとまって、対米戦を決意せざるを得なくなるのは、海軍なのだから、それでいいではないかと思っていたのであろう。

ところで、海軍幹部も陸軍の本心を見誤っていた。三宅坂のあらかたの幹部は、満洲国境へ大軍を送り込んだからといって、ただちに満洲国境を越えさせ、進撃を開始させるといった心構えはできていなかった。

そして霞が関の海軍幹部に分かっていないことが、まだ別にあった。前に述べたことだが、それは陸軍幹部が、一方でソ連と戦うものと信じている大多数の国民が陸軍の力を信頼せず、大変なことになると心配していると気づき、他方、ソ連と戦わないことを承知している天皇、政府首脳、そして海軍が、陸軍は口ほどにもない、だらしがないと陰口をきいていると思い込み、陸軍がこんなに見くびられてしまってと歯軋りするようになっていたことだった。

そこで海軍首脳がまったく予測できなかったことは、陸軍首脳が陸軍の名誉を回復するのは訳はない、南方地域を攻略すればよいと考えるようになったことだった。

陸軍幹部は次のように考えたのである。

ソ連一国の軍隊を相手にするのではない。アメリカ軍、英国軍、オランダ軍と戦い、たちどころに粉砕してみせる。天皇と国民はさすがに陸軍は強いと根本から認識を改めることになろう。

ところで、杉山や東条は、自分たちの戦いは、マレー、フィリピン、蘭領東インドを攻略するだけのことで、あとは海軍の戦いだと思い込んでいた。そして三宅坂の幹部たちは、狡猾なというより、底意地の悪いといったぐらいのところであろうが、次のように考えていたのである。

もしも海軍がアメリカとの戦いに自信がないのなら、そう言えばよいのだし、そう言って当たり前だ。われわれはソ連との戦いをいまの段階ではしないと、はっきり言ったではないか。海軍がアメリカとの戦争はできないと言うのなら、アメリカの要求を容れて、支那事変の早急な解決を図るほかはなく、中国からの撤兵もやむを得ない。

だが、ソ連と戦うことができないばかりか、中国からも撤兵するということになってしまったら、陸軍の威信は地に堕《お》ちてしまうだろう。陸軍の責任を追及する声も起きよう。

陸軍幹部はだれひとり口にこそださなかったが、決してそうはさせまいと思っていた。支那事変が無名の師となってしまう責任のすべてを海軍に負わせるつもりでいた。

海軍大臣や軍令部総長はどのように考えたのか。アメリカに経済封鎖をされる前には、甘い見通しを立てていた。経済封鎖をされて、陸軍がアメリカと戦うと言いだすことは予想しないではなかったが、あのときはなによりも、陸軍に対ソ戦をやらせないことが先だった。アメリカとの戦いを避ける手だてはそのあとで講じればよい。アメリカ、英国との戦いは、総理大臣をはじめ、宮廷も絶対に反対のはずだ。であれば、外交交渉によってどうにかなるだろう。

だが、どうにもならなかった。ほんとうならこのとき、なによりも先に、対米戦争を避けたいと自分の口から言わねばならなかったのだが、海軍にはそれが言えなかった。

それを言いだせば、対米戦に自信がないと言わねばならず、それを言ったら、戦争は回避できても、陸軍から最高統帥の組織を再検討しようと迫られ、資源と予算の配分を新たに定めることを要求されることになると思ったからだった。

戦いに自信がないと海軍が口を切ることなく、戦いを回避できる方法はただひとつしかなかった。それは天皇から陸軍にたいして説いてもらうことだった。軍令部総長がそれを試みたのだが、天皇がかれの願いを誤解し、内大臣が邪魔をしたために、その方策は葬り去られたのだった。

陸海両軍の本心と思惑は、このようにまったく違っていたから、すでに触れたように、陸海軍双方が描く戦争の未来図もまた同じであるはずがなかった。

参謀本部と軍令部は協力して作戦計画を立てたが、合意に達したのは、第一段の作戦までだった。第一段作戦は、いわゆる南方地域を攻略するというものだったが、これについては陸海軍双方が迅速な勝利を予想していた。それだから陸軍は戦えと主張したのだし、海軍は先のことには目をつぶり、戦いを決意しようとしていたのである。ところが、第二段の作戦については陸海軍は話し合っていなかった。前に見たように、陸軍の幹部は太平洋の戦いは陸軍の戦いではないと決めてかかり、第一段作戦の勝利のあとは、海軍の戦いだと考えていた。

それなら、陸軍は第一段の作戦が終わったあとをどのように考えていたのか。

第一段作戦に使用する予定の陸軍の兵力は十一個師団だった。この兵力によって香港、グアム島、フィリピン、マレー、ビルマ、蘭領東インドを攻略し、四カ月から五カ月で戦いを終える。そしてそのあとは、その半分の兵力を治安と警備のために残しておけばよいと参謀本部は考えていた。

たとえば昭和十六年九月六日の御前会議から二日あとの九月八日、参謀総長の杉山元は天皇に向かい、戦争準備のための動員の裁可を求め、次のように説明した。「攻略後の守備につきましては、おおむね五、六個師団の兵力をもって、占領地を確保いたす計画をすすめております」(防衛庁防衛研修所『大本営陸軍部 3』朝雲新聞社、昭和四十五年、二九〇頁)

戦いが始まった当座も、陸軍首脳のこの考えに変わりはなかった。二個師団の陸軍部隊がマレー半島を破竹の勢いで南下をつづけ、シンガポール島への狭い水道に到達しようとし、フィリピンの戦いはバターン半島を残すだけとなっていた昭和十七年一月三十日のことだった。陸軍大臣の東条英機は「南方作戦終了後の所要兵力量は五個師団と考えている」と語った。(防衛庁防衛研修所『大本営陸軍部 3』朝雲新聞社、昭和四十五年、三四八頁)

海軍は開戦直後にアメリカの太平洋艦隊を攻撃し、全滅させるつもりでいた。アメリカが建造をはじめている空母、戦艦、巡洋艦が就役し、大艦隊を編成し、太平洋の戦いに投入することができるようになるのは、昭和十八年末から昭和十九年の初めになると予測されていた。

当然ながら、そのときには海軍が戦うものと陸軍首脳は決めてかかっていたのだが、それより前の昭和十七年後半から昭和十八年にかけては、アメリカは潜水艦による海上輸送路の妨害をおこなうぐらいで、手づまり状態がつづくと思っていたのか。南方攻略が終わって六カ月あとか、十カ月あとには、南方占領地域の末端の島々に敵軍が上陸し、苛烈な地上戦になり、出血と犠牲を強いられることになると杉山元は想像しなかったのか。そのような消耗戦に引き込まれたら、日本軍にはそれに耐える余力がないと田中新一は考えなかったのか。

どうして杉山や田中は、アメリカ軍がこちらのおこなう戦法をまねることになると思わなかったのか。わが方の第一段の作戦が見事な成功を収めたら、傷を嘗め、復讐を誓うアメリカ軍の司令官たちは、その同じ戦法を採用するにちがいないと考えて当たり前のはずであった。陸軍幹部がそれに気づこうとせず、海軍幹部がそれを考えなかったというのは、まことに不可解な話だった。

第一段の作戦計画はどのようなものであったか。それを語る前に、アメリカは日本とどのように戦うつもりでいたかについて述べることにしよう。

南太平洋の一画、ハワイ諸島からオーストラリア東海岸までのあいだの、それこそ渺《びょう》茫《ぼう》といった大海原には、小さな島々が散在している。火山島もあるが、その多くは珊瑚島である。永野修身や及川古志郎が海軍大学校にいた時期、かれらは南太平洋のその水域の島の名前をどれだけ知っていたか。

永野、及川、かれの後任の嶋田繁太郎、連合艦隊司令長官の山本五十六、かれらが海軍大学校に在学していたのは、最年長の永野を除いて、いずれも大正初めのことであった。昭和十六年から数えて二十五年ほど前のことになる。

永野や嶋田は、マーシャル群島についてなら、その主な島の名、たとえば、クェゼリン、マロエラップ、ウォッゼといった環礁を知っていたであろう。マーシャル群島はスペイン領からドイツ領へと替わっていたが、第一次大戦の初め、大正三年に日本海軍が占領し、日本が支配するようになっていた。

かれらはまた、フィジー諸島やサモア諸島の名を知り、フランス領のニューカレドニアのヌーメア港の名も知っていたであろう。ソロモン諸島、ギルバート諸島の位置を指し示すこともできたであろう。だが、だれも南太平洋のその水域の小さな島に注意を払ったことはなかったにちがいない。たとえば、カントン島、エファテ島、フナフティ島といった名前を知っていたか。

アメリカ海軍の提督はどうであったか。

当たり前といえば当たり前のことだが、日米両国の提督の年齢はほぼ同じだった。アメリカの海軍作戦部長は日本の軍令部総長にあたるのだが、アーネスト・キングがその椅子に坐っていた。かれは永野修身の二歳年上だった。

日米戦争が始まって十日足らずあと、太平洋艦隊の司令長官となったのは、チェスター・ニミッツだった。山本五十六はニミッツの一歳年上だった。山本のあとを継いで連合艦隊の司令長官となる古賀峯一《みねいち》、豊田副武《そえむ》はニミッツと同じ歳だった。日米開戦前には巡洋艦隊司令官で、昭和十八年八月に新しく編成された第五艦隊の司令長官となるレイモンド・スプルーアンスは、昭和十九年三月に第一機動艦隊の司令長官となり、マリアナ沖で戦うことになる小沢治三郎《じさぶろう》と同じ年の生まれだった。

ところで、日米戦争が始まる年から二十五年前、キングやニミッツはフナフティ、エファテといった島の名を覚えた。

なぜだったのか。

前段で名前を挙げたキングから小沢までの日米両国の提督は、いずれも二十世紀の初めに海軍士官となった。かれらのそのあとの半生を定めたのは、十九世紀末から二十世紀初頭にかけての七年のあいだをおいて起きた二つの海戦だった。最初の海戦は一八九八（明治三十一）年に起きた。当然のことながら、キングもニミッツもこの戦いには参加しなかった。アメリカ艦隊はキューバ沖とフィリピンのマニラ湾でスペイン艦隊と戦った。アメリカはこの海戦に勝利を収め、それによって世界の大国の仲間入りをすることになった。英国は西半球におけるアメリカの支配的地位を認め、その水域から英国艦隊を撤収した。アメリカはハワイ、フィリピン、グアム、ウェーク、サモアを併合し、太平洋国家ともなった。

そして二十世紀に入り、一九〇五（明治三十八）年に日本海海戦が起きた。永野は大尉、山本は少尉候補生としてこの海戦に加わったが、豊田や古賀は海軍兵学校に在学中だった。

日本海海戦で日本海軍が大勝利を収めたことは、アメリカ人の心に不安感を呼び起こした。アメリカ政府と軍の幹部は、日本がフィリピンを奪うのではないかと警戒心を抱くようになり、カリフォルニアに住みついたばかりのアメリカ人は、日本からの移民がカリフォルニアを侵食するのではないかと恐れるようになった。

明治四十年、一九〇七年に、カリフォルニアで日本人排斥運動が起き、日本政府がこれに抗議した。アメリカの大統領は日本の肩をもつような態度をとったが、それとは別に、艦隊を大西洋から太平洋へ移動させると発表した。日本では、国民も、海軍も平静だった。ところが、アメリカとヨーロッパでは、いまにも戦争が起こるといった騒ぎになった。

まさに、社会ダーウィニズムがヨーロッパとアメリカにひろがり、皇帝や大統領から一般国民に至るまで、すべての人がこの説を信じるようになったときだった。社会ダーウィニズムとはダーウィニズムの適者生存の学説に人種論をからめ、人種の優劣を説き、白人の優越性を主張する教義だった。

その教義から逸脱する出来事が、黄色人種の日本艦隊が白色人種のロシア艦隊を全滅させたことだった。こんなことはあってはならなかった。そこでヨーロッパからオーストラリアまでの世論形成を担う人びとが期待したのは、アメリカ艦隊が日本艦隊を叩き潰してくれることだった。かれらが日米戦争をあおったのである。

チェスター・ニミッツが日米戦争のあいだ太平洋艦隊司令長官であったことは前に述べたが、かれの話をつけ加えておこう。

一九〇七年の日米戦争の騒ぎのとき、ニミッツは少尉であり、砲艦パナイの艦長だった。かれは、反抗を企てるフィリピンのミンダナオ島のモロ族を威圧するために、この島の水域にいた。日本との戦いが始まると告げられ、ただちにマニラ湾のキャビテ軍港に戻れとの命令が届き、ニミッツは動転した。かれはマニラはすでに日本軍に占領されているかもしれないと考え、マニラ湾に入る前に、偵察隊を派遣しようとしたほどだった。

この戦争騒ぎがアメリカ側だけの騒ぎで終わったあと、アメリカ海軍は想定敵国の一位に日本を置くことになった。

パナイについてのエピソードを語ったのだから、次の話をつけ加えよう。それから三十年のち、日米間に二度目の戦争の危機が起きた。昭和十二年十二月のことだった。日本軍が南京を占領したときだった。南京近くの揚子江上でアメリカの砲艦パネーが日本の海軍機の爆撃によって沈められ、乗員三人が死んだ。

パネーにはたまたまニュース映画のカメラマンが乗っていたことから、日本機による攻撃を一部始終撮影した。フィルムには、破壊された艦橋、パネーの沈没、二隻のボートで負傷者を運ぶ場面、さらに日本機の機銃掃射、負傷者を含めて七十余人が葦の生え茂った沼地に三日間潜んだところまでが捉えられていた。このフィルムはまず駆逐艦でマニラまで運ばれ、そのあとパンアメリカン機でアメリカに運ばれた。

映画館でこれを観たアメリカ人はいずれも激昂した。甲板に張られた天幕には、大きく星条旗が描かれていたのである。これはアメリカの国旗にたいする重大な挑戦であり、小火器を持つにすぎない砲艦の乗員をなぶり殺しにしようとした邪悪な日本人の殺人ゲームだと怒った。

観客は片足を負傷した副長の笑顔がクローズアップされたときには一斉に拍手し、パネー号に近づいてくる日本の戦闘機のパイロットの顔が見えたときには怒りの声をあげた。パネー号の死者の柩《ひつぎ》がアメリカの軍艦に運ばれるところが写しだされたときに、だれかが「全員起立」と叫び、観客すべてが立ち上がった映画館もあった。

そしてアメリカの海軍幹部と政治家たちは、アメリカの無力さを中国人に見せつけようとして、日本はこれをやったにちがいないと憤激した。かれらがそんな具合に思ったというのも、これに先だつ四カ月間、日本軍の上海攻撃と占領をアメリカが傍観し、干渉しなかったことは、揚子江に砲艦部隊を置くようになって八十年のあいだに中国に築き上げたアメリカの威信を、大きく傷つけることになってしまったと思っていたからにほかならない。

じつを言えば、蔣介石はアメリカ人が抱くであろうこのような感情を読みとり、アメリカと英国を戦いに介入させようとして、華北の戦いを上海に拡大したのだった。

日本が三百万ドルの賠償金を支払い、平謝りに謝って、パネー号爆撃事件が引き起こした危機は去ったが、ローズベルトと陸軍長官のスチムソン、ほかの閣僚たちは、このときから日本にたいし経済封鎖をおこなうといった考えを温めることになった。

ところで、日本ではこの砲艦をパネー号と呼んでいるが、パナイと呼ぶのが正しい。パネーはニミッツが艦長だったパナイの艦名を名乗った二代目の砲艦だったのである。

二十世紀前半の日米史を砲艦パナイでつづろうと思ったら、さらに次の挿話をつけ加えてもよいにちがいない。このときから四年あと、昭和十六年十一月末のことだ。ローズベルトは、日本がフィリピンを攻撃することなく素通りして、英国の植民地とオランダの植民地を攻撃するのではないかと心配した。そうなってしまったら、アメリカの参戦は国民の同意を得られないのではないかとかれは懸念した。どうしても日本軍がいちばん最初に撃沈するのはアメリカの国旗を掲げた軍艦でなければならなかった。

十二月初めローズベルトは部下に向かい、三隻の小船を砲艦に仕立てあげ、海南島の沖合から、インドシナの南端のカマウ岬の沖に分散して配置させよと命じた。南シナ海を南下する日本の上陸作戦部隊はまちがいなく、星条旗を掲げた小船と遭遇し、十中八九、沈めようとするにちがいないと考えてのことだった。

そのときローズベルトの脳裏にあったのは、砲艦パネーの撃沈がもたらした国民のすさまじいばかりの日本にたいする怒りだったのであろう。だが、ローズベルトの心配は必要なかった。日本軍は真珠湾を攻撃した。戦艦アリゾナで火薬庫が爆発して、一千人以上が死に、ほかに一千三百人が戦死した。三隻の砲艦はそのときは、まだフィリピンの水域にいたから、いずれも無事だった。

話を前に戻すなら、大尉、少佐となったキングやニミッツは日本との戦いを研究するようになった。日米開戦から二十五年前のことだった。かれらは起こりうる情勢を考え、戦場となる太平洋の海図をひろげ、作戦計画を立て、中継基地、前進基地となる島を探し、フナフティ、エファテといった島の名をしっかりと覚えることになった。

それならこれらの島はどこにあるのか。

オーストラリア東海岸からハワイ諸島までのあいだにひろがる大海原と前に述べたが、この大海のなかの連鎖する島々を結べば、片仮名のシという字が浮かびあがる。

シの字の第三画は右上斜めに跳ね上がっている。筆順に沿って、ニューカレドニア島、フィジー諸島、サモア諸島、フェニックス諸島とつづく。この先にハワイ諸島がある。

シの字の第一画は東ミクロネシアと呼ばれる島々である。筆順に九百キロメートルにわたってつづくギルバート諸島、それから三百キロメートルの間隔を置いて、六百キロメートルのあいだに散在するエリス諸島がある。そして千キロメートル離れて、第三画のサモア諸島がある。

シの字の第二画は東メラネシアの島々である。第一画と比べれば、ずっと大きな島々である。ビスマルク諸島がある。主島がニューブリテン島であり、良港をもった町、ラバウルがある。ニューブリテン島から二百五十キロメートル離れてブーゲンビル島がある。ブーゲンビル島はソロモン諸島の島だ。ソロモン諸島は千四百キロメートルにわたってつづく。さらにその先にニューへブリディス諸島がある。七百五十キロメートルのあいだを二列になって島がつづく。そしてその先にあるのがシの字の第三画のニューカレドニア島である。

第一画の島列と第二画の島列は、千キロメートルから千五百キロメートル離れている。第一画と第二画のそれぞれ連鎖する島の並びは昔から海上の道だった。島の人々は小さな渡海船にタコノキの実でつくった餅と乾魚を積み込み、ココ椰子の実からつくった水筒を船べりに吊るし、ときには三週間から四週間の孤独な船旅をつづけ、ひとつの島から次の島へと渡ったのである。

さて、キングやニミッツが青年士官時代に研究レポートに記した島の名に戻る。カントン島はどこにあるのか。

シの字の第三画の筆の先にフェニックス諸島があることはすでに述べた。八つの島からなり、そのうちの六つは珊瑚礁からなる環礁である。そのなかでカントン島の環礁がいちばん大きい。長さ十二キロメートル、幅五キロメートルの菱形の環礁である。ハワイを出航したアメリカの太平洋艦隊が、南へ下りながら西進しようとするなら、最初の泊地となる。

フナフティ島はどこにあるのか。エリス諸島の九つの島のうちのひとつである。エリス諸島はシの字の第一画、ギルバート諸島につづく諸島であり、さらにサモア諸島につながることは前に述べた。フナフティ島はこれも環礁であり、三十個の小島が長さ二十キロメートル、幅十六キロメートルの四角形を形づくっている。これまた絶好の艦隊投錨地となる。

エファテ島はどこにあるのか。ニューヘブリディス諸島のなかにある島だ。シの字の第二画は、ビスマルク諸島、ソロモン諸島、ニューヘブリディス諸島とつづく。八十の島はあらかた火山島である。エファテ島も火山島である。淡路島ほどの大きさで、ニューヘブリディス諸島第一の良港がある。

ニミッツやスプルーアンスがエファテ島やカントン島が載る海図をひろげて思案したのは、どうやって日本軍の攻撃からフィリピンを守るかということだった。

日米戦争が起これば、日本軍はフィリピンのルソン島を攻略しようとするだろう。フィリピン水域の非力なアメリカの東洋艦隊はまたたくまに壊滅してしまうだろう。アメリカ海軍はハワイから艦隊を出航させ、フィリピンを救援するか、奪回しなければならなくなる。その場合、まっすぐ中部太平洋を横断し、日本海軍が支配するマーシャル群島内に泊地を求め、そこからさらにマリアナ諸島の水域を突っ切ろうとするのは、危険が大きい。できる限り犠牲を少なくしようと艦隊関係者たちは考えて、ハワイから南に下り、南太平洋を迂回する進路を検討することになった。カントン島、エファテ島を艦隊泊地にすれば、フィリピンにより接近できると思ったのである。

さて、それから十数年あと、アメリカ海軍の作戦担当官たちは南太平洋のこれらの島にいっそうの関心を払うようになった。艦船の投錨地としてだけでなく、発達めざましい航空機の中継基地として利用することを考えるようになった。

昭和十年には、アメリカ海軍はカントン島に飛行場を建設するための調査団を送った。そして海軍はパンアメリカン航空会社に要請し、南太平洋への航空路線を開くようにと求め、カントン島にホテルをつくるようにと勧めた。いざとなればホテルを接収し、海軍の司令部にしようという訳だった。昭和十三年一月には、パンアメリカンの飛行艇がこの水域で消息を絶った。調査飛行中のことで、操縦していたのはパンアメリカンきっての名パイロットだった。

ところで、カントン島はその帰属が曖昧だった。アメリカが自国領だと主張し、英国が自国の領地だと頑張った。カントン島が戦略的な要地であることから、アメリカ政府は英国政府と交渉をおこなった。大統領のローズベルトは話し合いをしても埒があかないと見て、占領してしまえと海軍に命じた。それが昭和十三年二月のことだった。

アメリカ海軍の作戦担当者たちは南太平洋へ迂回する進路を研究しながらも、中部太平洋を進撃する構想を捨て去った訳ではなかった。中部太平洋の進撃軸線にあるミッドウェー、ウェーク、グアムの島々の航空基地を強化する計画を立てた。

昭和十四年九月、ドイツと英仏両国とのあいだに戦争が始まった。翌十五年五月から六月、ドイツ軍はオランダ、ベルギー、フランスを征服した。アメリカは日本がオランダの植民地である東インド諸島に圧力をかけるのではないかと懸念した。もしも蘭領東インドが脱落してしまえば、日本への石油の供給を断ち切り、日本を締めあげる計画は破綻をきたしてしまう。そこでアメリカはバタビヤの蘭印総督に領土の安全を保障しなければならなくなった。

こうして南太平洋へ迂回する進撃路が、蘭領東インドへの近道として注目を集めることになった。ニューヘブリディス諸島のエファテ島を兵站基地のための泊地とし、ソロモン諸島を北上し、ビスマルク諸島のラバウルを大艦隊のための前進基地としてしまえば、日本海軍の最大の前進基地であるトラック島を強襲できる。そしてジャワ海に進出した艦隊は蘭領東インドを攻略しようとする日本の艦隊と兵員輸送船を阻止できる。アメリカ海軍の作戦担当者はこんなふうに考えた。

そこでアメリカと英国の海軍幹部たちはマレー半島から蘭領東インドまでの防衛を協議し、対日戦略の検討を始めた。そして海軍大学校の学生たちは、ビスマルク諸島からマヌス島、モルッカ諸島、ボルネオまでの海図の研究にあたるようになった。

だが、一九四一年、昭和十六年に入っても、アメリカ海軍首脳は日本との戦いの用意が整うのはまだ先のことだと思っていた。日本との戦いに自信を抱き、戦うべきだと主張するようになったのはアメリカ陸軍だった。日本の陸軍がアメリカと戦えと主張し、海軍の鼻面を引きまわしたように、アメリカでも、陸軍のほうが積極的だった。

一九四一年、昭和十六年七月末、アメリカ政府が日本にたいして経済制裁をおこなったときにも、アメリカ海軍は不満だったが、アメリカ陸軍は歓迎した。

昭和十六年八月に、フィリピン全島を守り抜くことができるとアメリカ陸軍が言明したことからも、その自信のほどがうかがえた。かれらは以前にはそんなことは言わなかった。日本とのあいだで戦いが始まったら、フィリピンの失陥はやむを得ないと考えていた。そうなればフィリピンを奪回するためには、海軍の力を借りるしかなかった。陸軍幹部とすれば、海軍の力をあてにするのは腹立たしかったから、アメリカは、アラスカ、ハワイ、パナマを守ればいいのだと主張していた。

どうして陸軍首脳の考えが変わったのか。フィリピンの守備軍は四万人近くなり、さらに増えようとしていた。アメリカ極東軍の司令官となったダグラス・マッカーサーは、これだけの戦力があれば、上陸軍を殲滅できると信じていた。

そしてマッカーサーとワシントンの陸軍首脳は、世界最強の爆撃機「空の要塞」をフィリピンに配備できることで絶大な自信を持つようになった。機長と副操縦士を除き、機体各所に八人の銃手を配置したこの爆撃機は、名前どおりまさに空の要塞だった。

九月にB17爆撃機九機がクラークフィールド基地に到着した。そして十月には二十六機が着いた。ドイツと戦っている英国には二十機のB17があるだけだった。

三十五機のB17があれば、日本の兵員輸送船を沈めることができ、遠征軍を全滅できるとかれらは考えた。そして戦争になれば、ソ連と軍事協定を結ぶことができ、ソ連極東の沿海州の飛行場を使用できるようになるとかれらは考えた。そしてそのときまでには、百六十機から百七十機のＢ17をクラークフィールドに配備できるようになる。Ｂ17はルソン島と沿海州のあいだを往復飛行して、日本本土を連続爆撃する。こういった計画を立てた。

こうして陸軍は、海軍の助けを借りなくても、勝利を達成できる最強の爆撃機Ｂ17が日本を敗北に追いやることになると威張るようになった。

四十年近くにわたって日本と戦うことを考えつづけ、作戦を練り、艦艇をそろえ、訓練を重ねてきた海軍幹部にとって、これ以上に腹の立つ、不愉快なことはなかった。戦いの準備ができていないと、いつまでも言っていられなくなった。

さて、アメリカが日本にたいする戦いの準備をしていたとき、日本側はどのような進攻計画を立てていたのか。わが方の第一段の作戦が成功を収めたら、必ずやアメリカはこの戦法をまねるにちがいないとは前に述べたことだが、日本軍がやろうとした戦法は、意外性もなければ、大胆なものでもなかった。有能な司令官ならだれもがやることだった。それは優勢な兵力を集中使用することであり、モスクワ遠征に際し、ナポレオンがボロジノの戦いで語ったという次の言葉をあげるのがいちばん適切であろう。「戦争とは残酷なものだ。決定的な場所に最大の兵力を集めることのできる者が勝つ」

陸海軍は南方地域に進攻するにあたって、最初にフィリピンとマレーを攻略しようとした。海軍はまず第一にルソン島とその周辺水域で制空権を握ることにしていた。そのためにアメリカの三倍の航空戦力を集中することにした。ところが、空母航空部隊はすべてハワイの太平洋艦隊を撃滅するために使う予定であったから、基地航空部隊を使わねばならなかった。

基地航空部隊を台湾南部から発進させ、ルソン島のクラークフィールドとマニラのアメリカ軍の航空基地を攻撃することにした。五百海里の遠距離であったが、航続距離の長い零戦《ゼロせん》を使えば、敵上空に十五分間とどまることができた。一式陸上攻撃機がアメリカの空軍基地を爆撃するあいだ、迎撃してくるP40戦闘機を零戦が撃墜する。この航空撃滅戦を終えたあと、地上戦闘部隊をルソン島に上陸させる予定だった。

次にマレーの攻略だが、サイゴン周辺の基地航空部隊がマレーの英航空部隊を撃滅することにしていた。この作戦は陸軍の担当だったが、陸軍機の航続距離は短く、マレー北部の航空基地しか叩くことができなかった。敵の空軍に攻撃される危険性はあったが、先遣部隊をマレー北部に上陸させ、まず航空基地を確保し、ここへ基地航空部隊を進出させ、マレー南部までの制空権を確保したあとに、主力部隊を上陸させる予定だった。

このように三百海里先の敵航空基地の海上と空における優勢を確保したあと、地上戦闘部隊を上陸させ、ここからさらに三百海里先までの制空権を確保するということをつづけ、南方地域のすべてを攻略することにしていた。

陸海軍の首脳がこの戦法の成功を信じていたのであれば、次にはアメリカ側が同じ戦法を使うにちがいないとかれらは考えねばならないはずであった。

それは真珠湾攻撃の戦法についても同じことが言えた。六隻の攻撃空母を真珠湾の近くまで前進させ、空母から飛び立つ三百六十機の航空機による大空襲が敵に壊滅的な打撃を与えることに成功すれば、必ずや何年かのちに、敵はこの攻撃力と機動力を集中する戦い方をまねすることになるはずだった。

そこで基地航空部隊を戦いの中心とする戦法のほうになるが、たとえ真珠湾で太平洋艦隊を全滅させたとしても、また、フィリピンの基地航空部隊を壊滅させたとしても、アメリカの工業力をもってすれば、基地航空部隊の再建にさほどの時間はかからないはずであった。戦闘機と爆撃機の数はたちどころに千機になるにちがいなかった。

そしてアメリカ軍は日本海軍が作戦起点とした高雄、台南のような戦闘機用飛行場や爆撃機基地を建設しようとするだろう。艦艇と輸送船用の泊地もつくることになろう。つづいて、戦闘機の行動圏内にある日本軍最前線の島を狙うことになる。そしてこの島の制空権と制海権を握り、地上部隊を上陸させる。ここに航空基地をつくり、再び戦闘機の行動圏内の次の島を攻撃する。

アメリカがこの進攻ルートをどこに定めるか。軍令部や連合艦隊の作戦担当者はただちに見当がついたはずだった。

前に述べたミクロネシア、メラネシアの帆船による二つの海上路、シの字の第一画、サモアからエリス諸島、ギルバート諸島を進撃軸線とするか、ニューヘブリディス諸島、ソロモン諸島、ラバウルを結ぶ第二画を進撃軸線とするはずだった。よりフィリピンに近い、しかも大きな島のある第二画、ニューヘブリディス諸島を目指すことになるにちがいないと判断することができたのである。

軍令部の作戦計画の担当者は陸軍の幕僚に向かって、第一段の作戦が終わったあとには、アメリカの反攻を覚悟しなければならない、陸軍部隊は五個師団ではとても足りないとどうして説かなかったのか。

第一段の作戦の共同計画を検討するのに手一杯で、ついつい後回しになったのか。そんなことはなかった。マニラ、シンガポール、ラングーンを攻略したあとの戦いを討議する絶好の機会があった。

それはこういう話だ。

アメリカ海軍の作戦担当者たちが、日本との戦いが始まったら、南太平洋を大きく迂回して、ニューブリテン島のラバウルへ進出し、ここを艦隊の泊地にしようと考えていたことは、前に記した。じつは軍令部と連合艦隊の上級士官たちもラバウルの戦略的な重要性を認めていた。

アメリカ軍がラバウルを占領し、B17爆撃機を置き、潜水艦の基地をつくることになれば、トラック島の基地が直接の脅威を受けることになる。そうなってしまったら、連合艦隊をはるか後方のパラオ島まで後退させなければならなくなる。

なるほど、トラック島の東方にひろがるマーシャル群島の広大な水域には、ブラウン、メジュロ、クェゼリンといった大艦隊の泊地になる環礁がいくつもあった。だが、海軍はこれらの島に基地を建設していなかった。そして海軍は工作艦と浮きドック、浮きクレーン、兵営船、弾薬船、引き船、台船などの大部隊を持たなかったから、これらの環礁をたちどころに基地に変えてしまうことができなかった。

となれば、トラックの前進基地はどうしても守り抜かねばならなかった。そしてトラックの安全を確保するために、ラバウルを攻略することにした。ラバウルだけでなく、海軍はギルバート諸島も占領する計画を立てていた。マーシャル群島からギルバート諸島、エリス諸島、サモア諸島とつながり、アメリカ軍の反攻ルートとなることは、すでに何度も述べた。ギルバート諸島のマキン、タラワ、ナウルといった島々の占領は、海軍陸戦隊を使うことにしていた。そこで陸軍に相談する必要がなかったのである。

だが、ラバウルのあるニューブリテン島にはオーストラリア軍三個大隊が駐屯していたから、海軍の手にあまった。

軍令部の幕僚たちは、グアム島攻略に協力する予定の陸軍一個連隊が、この島を占領したあと、海軍陸戦隊と交代し、予備戦力となることを知った。この南海支隊をラバウル攻略作戦に貸してくれと頼むなら、陸軍もあれこれ面倒なことは言わないだろうと思った。ところが、参謀次長の塚田攻《おさむ》がこの申し入れを一蹴した。自慢の八の字髭を震わせ、「日本本土から四千キロも離れたラバウルに、陸軍の一個連隊を使うことは、陸軍兵力運用の限界を越える。大海に塩を撒くようなものだ。補給はどうする。負傷者はどうする」（土門周平『戦う天皇』講談社、平成元年、四二頁）と言った。

念のため言っておけば、参謀次長の塚田は海軍の作戦に反対したからといって、日米戦争に反対していたわけではなかった。海軍大臣の及川がワシントンにおける野村大使の外交交渉の最終期限をもう少し延ばそうとしたとき、「黙っていて下さい。そんなことはだめです」とぴしゃりとはねつけたのが塚田だった。かれは作戦担当の第一部長の田中新一と同じく、攻勢第一主義者であり、この二人が参謀総長の杉山元をしっかりと支え、参謀本部の、そして陸軍の主戦論を形づくっていたのである。

たしかに塚田は部下の作戦課員の瀬島龍三《りゅうぞう》に向かって、「石油のために戦《いくさ》せにゃならんかね」と溜息まじりに語ったことはあった。だが、この言葉は、赤道を越えて、ラバウルくんだりに陸軍の将兵を送り込んでたまるかと怒ったのと同じことで、陸軍は海軍の戦いを助けるだけと考える陸軍軍人の本心を吐露したものであった。

海軍の幹部にとっては、話はまったく逆だった。陸軍が簡単に片づくと信じて戦いを始め、泥沼に入ってしまった支那事変の後始末のために、海軍がアメリカと戦わねばならなくなったのだと思っていたのだから、塚田のこの高飛車な言葉にむっとしたはずだった。

海軍は本来なら、ここでビスマルク諸島方面の作戦について、徹底的に検討しようと言うべきだった。ところが、軍令部総長も、次長もこのような議論をしようとしなかった。こうして、敵軍の反攻に備える陸海軍協同の作戦について陸海軍が協議する機会が失われることになった。

ラバウル派兵の問題は、陸海軍のあいだの取り引きによって解決されることになった。この問題が絡んでのことかどうか、昭和十六年十一月に塚田は南方軍総参謀長に転出し、田辺盛武《もりたけ》があとを継いだ。

新参謀本部次長と軍令部次長の取り引きは次のようなものになった。マレー攻略作戦は陸軍が主担任ということになっていた。ところが、前に触れたとおり、陸軍航空隊の力では、マレー南部の航空基地を叩くことはできなかった。海軍は自分のところの航空部隊を投入し、シンガポールを攻撃すると約束した。これと引き替えに陸軍はラバウル攻略のために南海支隊を派遣することにした。

なぜか哀愁を感じさせる名前の南海支隊の運命について、ここで触れておこう。

昭和十七年一月、南海支隊はラバウルを占領した。呆気ない戦いだった。次に昭和十七年八月、南海支隊は東部ニューギニアのブナの近くに上陸した。パプア半島を横断し、この半島の裏側にあるポートモレスビーを攻略する任務を負っていた。半島の幅は百七十キロメートルだった。だが、半島の中央部にそびえる標高二千五百メートルのオーエン・スタンリー山脈を越さねばならなかった。

山岳地帯の戦いは、当然ながら防御側が有利だった。南海支隊は苦戦をつづけながら、山脈の頂上を占領した。しかし、補給がつづかなかった。敵空軍は執拗に補給部隊を襲った。そして大軍を結集してきた。日本軍は十月中旬には稜線を放棄し、後退せざるを得なくなった。

南海支隊と増援部隊はなおもブナ周辺で粘り強く戦いつづけた。弾薬は乏しく、食糧はなかった。飢えが病気の蔓延をうながす大きなきっかけとなり、マラリアと赤痢で多くの兵士が死んだ。昭和十八年の一月末にこの地域の血戦死闘が終わったときに、一万人以上の将兵が戦死し、戦病死していた。

むだに使い捨てられ、飢えとマラリアと赤痢であらかたの兵士が死ぬことになる戦いは、このときまだ始まったばかりだった。同じとき、ガダルカナル島では、二万五千人が死に、骸骨のように痩せ衰えた残存将兵の撤収を始めようとしていた。

「補給はどうする。負傷者はどうする」と声を張りあげた塚田攻は、ブナとガダルカナルで地獄の戦いがつづいているさなかの昭和十七年十二月に殉職した。第十一軍の司令官となっていたかれは、飛行機事故によって、華中の安徽《あんき》省で死んだのだった。

　さて塚田攻は「大海に塩を撒くようなものだ」と言って、ラバウル攻略に反対したのだが、海軍はアメリカ軍の反攻をラバウル正面で阻止しようと考えていた訳ではなかった。ラバウルを含めての南方地域攻略作戦が終了したあとには、オーストラリア攻略作戦をおこなうことにしていた。

　もっとも、海軍がオーストラリア方面作戦をやると言いだしたのは、文書資料で見るかぎり、戦争が始まってからということになっている。だが、昭和十六年九月、十月の段階で、海軍内で当然ながら第二段の作戦についての協議をしたはずであり、第一段の作戦が計画どおりに終われば、このあとただちにオーストラリア作戦を実施しようと話し合っていたことは間違いない。

　それはともかくとして、第二段の作戦の検討を始めたのは、開戦二日目、海軍の作戦計画立案の主導権を握っていた連合艦隊司令部においてということになっている。

　司令長官の山本五十六はハワイ奇襲の詳細な戦闘報告を手にした。空母は討ちもらしたが、八隻の戦艦を撃沈するか、大破させ、二百機以上の航空機を破壊し、こちらの損害が三十機足らずと知って、南方地域作戦は計画どおり進展するだろうと山本は考えた。かれは先任参謀の黒島亀人《かめと》に第二段の作戦の研究を命じた。

山本の幕僚のなかの骨幹である黒島は、ハワイ、オーストラリア、セイロン進攻の計画を立てた。山本が賛成し、軍令部と海軍省もこの計画を支持した。ところが、陸軍の幹部はこの案を告げられ、いずれも啞然とした。海軍の連中は予想を上まわる勝ち戦にのぼせあがっている。ハワイ、オーストラリアは占領できるかもしれないが、このあとの兵站支持活動が大変だ。日本の国力と戦力では、こんな作戦をおこなうことはできないと口々に言った。

だが、陸軍内にも、いまこそ攻め立てなければならない、敵に立ち直る余裕を与えてはならないと考える者がいた。作戦を担当する第一部長の田中新一はセイロン、カルカッタ作戦をおこなうべきだと考えた。

セイロン島のコロンボに海空軍基地を置き、インドと英国のあいだの海上交通路を断ち切る。そしてインド東部最大の都市であるカルカッタを攻略する。ベンガルの反英独立運動は一挙に燃えあがり、デリー、ボンベイ、マドラスに飛び火し、英国軍はインドにとどまることはできなくなるだろう。田中はこんな具合に考え、部下にこの作戦の研究を命じた。

ここで私が説かねばならないのは、開戦前、陸海軍幹部が戦いの前途を予測するにあたって、死活的に重大な問題であるはずのアメリカ軍の反攻をなぜか協議しなかったことについてなのだが、戦いが始まってからのことをもう少し述べておこう。

昭和十七年一月に入った。各戦線からの勝報が依然としてつづくなかで、軍令部と連合艦隊司令部は次のハワイ作戦を検討した。強化されているであろう敵の基地航空部隊を無力にしなければならず、空母航空部隊の増強が必要ということになり、空母部隊が強化される昭和十七年の十月に実施ということになった。

セイロン進攻作戦を四月におこなおうと連合艦隊司令部が主張した。軍令部はオーストラリア攻略を先にやるべきだと説き、連合艦隊司令部もこれに同意した。

陸軍側はオーストラリア作戦には絶対反対だった。こんな作戦を金輪際おこなうつもりはなかった。だからこそ、前に記したとおり、一月三十日に東条は南方地域に五個師団を置いておく考えだと言い、オーストラリア作戦にはまったく触れようとしなかった。陸軍幹部は海軍幹部に向かって、こんな投機的な遠征をやることはできないと説き、戦力、国力を拡充強化し、長期不敗の態勢を確立することを大目標としなければならないと主張した。

軍令部作戦課長の富岡定俊《さだとし》、海軍省軍務課長の石川信吾が目をむいて反撃した。かれらは持久的守勢をとるのは誤りだと説き、敵が弱く分断されているあいだにすべてを片づけてしまわなければならないと主張し、一日も早くオーストラリアを攻略しなければならないと言った。

参謀本部作戦課長の服部卓四郎《はっとりたくしろう》と陸軍省軍務課長の佐藤賢了《けんりょう》が首を横にふり、現在南方地域に展開している総兵力は十一個師団だが、オーストラリア攻略には最低十二個師団が必要になると説き、とてもそんな余裕はないと主張した。セイロンを攻略できないかと思案していた田中新一もオーストラリア作戦には反対だった。

軍令部が新しい作戦案を提示し、ニューカレドニア、フィジー、サモアを攻略しようと言いだした。前にも述べたとおり、オーストラリア東海岸とハワイのあいだの水域には、片仮名のシの字の形に島がつながっているが、第三画の筆順にニューカレドニア島、フィジー諸島、サモア諸島がある。

陸軍幹部は、これらの島を攻略するのであれば、オーストラリア作戦と比べ、わずかな兵力ですむと思い、賛成した。

ところが、シンガポールを占領した翌日の二月十六日、軍令部の幹部が再びオーストラリア作戦をやろうと説き始めた。参謀本部の作戦課長が顔をしかめ、サモア、フィジーを攻略するのだから、オーストラリアを攻略する必要はないのではないかと言った。

海軍側がだめだと言った。サモアとフィジーを占領しても、アメリカとオーストラリアを結ぶ交通線を完全遮断できない、どうしてもオーストラリアを占領しなければならないと頑張った。陸海軍の主任課長会議、部長会議が連日開かれた。十二個師団が必要だ、状況によっては、さらに多くの師団を投入しなければならなくなると陸軍側が繰り返し説いた。海軍幹部は反論し、チモール島の向かいのポートダーウィンと、ミンダナオ島からB17に乗って逃げのびたマッカーサーの司令部があるブリスベーン、その南のシドニーを攻略するだけだ、内陸部は石ころの草原ではないか、わずかな兵力ですむはずだと主張した。

陸軍の部長がそうはいかないと言った。支那事変の経過から分かるとおり、戦いを限定しようとしても思うようにはいかぬ、結局はオーストラリア全土の要衝を攻略しなければならなくなると説いた。そして、作戦と補給のために百万総トン以上の船舶が必要になると言い、開戦前に定めた物資動員計画は根本から狂ってしまうと、それ以前に何度も繰り返し説いてきたことを重ねて語った。

軍令部の幹部が反駁し、肝心なのは、オーストラリア作戦が戦争終結を促進する決定的要素となることだと言った。ドイツが英国を空と海から封鎖し、日本がオーストラリアを占領すれば、英国を屈伏に追い込むことができ、そうなればアメリカは戦意を喪失すると熱弁をふるった。

陸海軍のあいだのこのような論争は、「今後採ルベキ戦争指導大綱」をつくる作業とも絡んだ。戦争指導大綱は向こう一年のあいだにおこなう予定の作戦を定め、それらを列記するというものだった。

海軍側はこの大綱にオーストラリア作戦とハワイ作戦を載せようとし、陸軍はこれを入れさせまいとした。挙句のはて、戦争指導大綱には作戦名や攻略目標をいっさい載せないことになった。

昭和十七年三月初めになって、海軍はやっとオーストラリア作戦を断念した。そのかわり、フィジー、サモア、ニューカレドニア作戦をおこなうことが本決まりとなった。陸軍側は一個師団で充分足りると思い、一個師団ならやむを得ないと思ったのである。

ほんとうの話、一個師団足らずのわずかな陸軍部隊を投じるだけで、フィジー、サモア、ニューカレドニアを攻略し、確保しつづけることなど到底できはしなかった。塚田攻が喝破したとおり、「大海に塩を撒くようなもの」だった。

もちろん、オーストラリアを攻略し、占領をつづけることも、不可能だった。

日本には輸送船の余裕がなかった。開戦直前、日本の全船舶量は六百三十万総トンだった。そのうち陸軍に徴用されていた船舶が二百十万総トン、海軍に徴用されていたのが百七十万総トン、二百五十万総トンが残る勘定だったが、鉄道連絡船、特殊船、小型船を除いて、物資を輸送できるのは百七十万総トンだった。

南方地域を制圧したあと、陸軍が使っている二百十万総トンの作戦用の船舶の半分、百十万総トンの徴用を解除し、二百八十万総トンの船舶を確保することによって、鉄鉱石、ボーキサイト、強粘結炭、食糧、その他の原料を運ぶ計画を立てていた。実際には二百八十万総トンとは言わず、きりよく三百万総トンと言っていたのだが、これが二年、三年、四年と戦争をつづけていくための、必要にして最低限の条件だった。たとえ、船舶の喪失、損傷があっても、新造船によって埋め合わせるという想定であり、原料、物資輸送用の船舶を再び徴用するような作戦はおこなわないという前提に立っての三百万総トンの船舶の維持だった。

もしもオーストラリア作戦のために、百万総トンの船舶が必要となれば、三百万総トンの船舶によって、原料物資を輸送し、年間四百五十万トン足らずの普通鋼材と十三万トンのアルミニウムを生産し、航空機と兵器と艦船をつくっていくといった計画は出だしから躓き、瓦解することになってしまうだろう。

このようなことは、永野、山本はじめ海軍幹部のだれもが知っていることのはずだった。それなのにどうしてかれらは、オーストラリアを攻略すべきだと三カ月にわたって頑張りつづけたのか。

じつは、またもソ連との戦争の影があった。海軍幹部は、フィリピンから蘭領東インドまでの戦いが四カ月から五カ月で終わったあと、昭和十七年六月に、陸軍がソ連と戦おうとするのではないかと恐れたのである。

海軍幹部の不安はアメリカとの戦いが始まって、膨らむばかりだった。昭和十七年一月十八日には日本はドイツと軍事協定を結んだ。日独両国はそれぞれ別個の戦いをするしかなく、その事実を認めただけの協定だった。だが、海軍幹部は陸軍がドイツと秘密の協定を結んだのではないか、結ぶのではないかと猜疑の目を向けた。

海軍首脳部のなかには、陸軍は相変わらず熟柿主義であり、昭和十七年六月になっても、戦いを仕掛けることなく、ソ連の崩壊を待つつもりだろうと予測する者もいたが、かれらを含めて、だれもがなによりも恐れたのは、不本意な戦争だった。

陸軍は依然として満洲に七十万に近い大軍を置き、戦いの態勢を整えていた。そして前に述べたとおり、陸軍は南方地域を制圧したら、ここに五個師団を残すだけで、六個師団を満洲へ戻すか、復員させる計画だった。シンガポール、マニラからそれらの師団が満洲へ到着したら、ソ連は緊張しよう。

スターリンは、ドイツが二正面作戦をやらないし、できはしないと思い込んで、戦いの準備をしなかったがために、ドイツ軍に一挙に攻め込まれることになったのだった。関東軍の動きによっては、今度はスターリンは日本が二正面作戦をやるのではないかと脅えることになるはずだった。

そこでアメリカがスターリンの恐怖心につけ込み、沿海州にアメリカのB17爆撃機の基地を置かせようとするのは目に見えていた。そうなれば、否応なしにソ連と戦わざるを得なくなる。

ソ連を刺激し、不安を起こさせるような行動をこれ以上とってはならない。軍令部、海軍省の幹部たちが、オーストラリアを攻略すべしと主張したのは、こういった理由からだった。

たしかに山本五十六とかれがもっとも信頼していた黒島亀人は、攻勢の力を持続しなければならないと説き、敵が準備を整える前に猛然と襲いかからねばならぬ、たえず攻勢をおこなわねばならないと力説していた。だが、かれらのこのような考えにしても、半分までの真実があったにすぎなかった。連合艦隊の参謀長、宇垣纏《まとめ》は昭和十七年一月五日の日記に、黒島の主張を次のように記していた。

「此の儘《まま》放任せば、陸軍は対ソ開戦に持ち行くを以て何とか之を南に控置するを可とするが如き、前提なるも、之は大なる出師《すいし》目的達成に主眼を置くを要す」（宇垣纏『戦藻録』原書房、昭和四十三年、六二頁）

山本、黒島も、陸軍の対ソ戦を阻止しようとして、「大なる出師目的」となるオーストラリア作戦を唱えたのである。

こうした訳であったから、オーストラリアを攻略するのだと説きながらも、慎重な研究、詳細な分析をしなかったのは、昭和十六年六月に陸軍の対ソ戦を阻止しようとして、南部インドシナへの派兵を説いたのと同じだった。

オーストラリア進攻作戦をおこなったら、それが軍需生産にどのように跳ね返るかといったことをまったく考えなかった。海軍幹部にとっては、それどころではなかった。対ソ戦争が始まってしまったら、海軍の分の鋼材も、アルミニウムも、そして海軍管理の工場も、陸軍は自分の側に譲ってくれと言いだすだろう。であるから、どうしてもソ連との戦争をやらせてはならない。二正面作戦をやる羽目となってしまうことに比べたら、三百万総トンの船舶が確保できなくなることなどとるに足りない。永野も、山本も、このように考えたのである。

そしてかれらは、オーストラリアがアメリカ軍の反攻の基地となる前に占領しなければならぬと説いているうちに、かれら自身、いつかそれを信じてしまうことになった。アメリカが反攻のための基地を探すなら、淡路島ほどの大きさのエファテぐらいの島がいくつかあればいいことが、かれらには理解できなくなってしまった。

海軍幹部はオーストラリア攻略を思いとどまることになっても、オーストラリアとアメリカとの交通線を断ち切らねばならないと主張して、サモア、フィジーを攻略することを決めた。あるいはかれらはもう一度、オーストラリア作戦を説かねばならなくなると思っていたのかもしれない。

ところが、飛び入りのミッドウェー・アッツ攻略作戦をやることになって、思いもかけず、壊滅的な敗北を喫してしまった。海軍幹部は油断があったと悔やんだ。そしてかれらは苦笑いをして、陸軍が対ソ攻撃をする恐れがなくなった、ソ連も日本が二正面作戦をやるのではないかとの不安から解放されたにちがいないと思ったにちがいない。

日本が四隻の空母と優秀なパイロットを失ってしまって、アメリカが、大艦隊を編成するまでの貴重な時間稼ぎができたことは、ソ連側もただちに知り、日本はソ連に攻撃を仕掛けるどころではなくなったと理解したはずだからである。

そしてアメリカの反攻が始まった。かれらは日本軍がそれ以前に見事に成功させた戦法を採用し、キングやニミッツが二十数年前に覚えたニューヘブリディス諸島のいくつかの島を前進基地として、昭和十七年八月、ソロモン諸島のガダルカナル島を強襲した。

ガダルカナル島の攻防戦は長くつづいたが、日本側の完敗に終わり、次に戦場は中部ソロモン諸島、北部ソロモン諸島、そして東部ニューギニアへと移っていった。しかし、アメリカ軍はここでも、まずは攻撃目標の制空権、制海権を握り、次に地上戦闘部隊を上陸させ、飛行場を設営するという戦法を繰り返すことになった。

そして昭和十八年末にアメリカ海軍が大艦隊を編成し、中部太平洋で大攻勢を展開するときまでに、日本海軍は、ソロモン諸島、ビスマルク諸島とその周辺の水域で、多くのパイロットを失い、山本五十六をも戦死させ、その航空戦力はもはやなんの脅威ともならないまでに力を弱めてしまうことになったのである。

ここでもう一度、塚田攻が「大海に塩を撒くようなものだ」と述べた話に戻る。陸軍幹部のひとりが、正面きって戦略論を挑んだとき、海軍幹部はどうしてはっきりと反論しなかったのであろうか。

戦いが始まってから主張することになっていたオーストラリア攻略作戦を昭和十六年十月の時点で持ち出すべきだった。

「大海に塩を撒くようなものだ」と陸軍側が海軍の作戦計画を非難したとき、海軍は、ラバウルにわずか一個連隊を送り出すぐらいのことでなにを騒いでいるのだ、四千キロメートル離れているぐらいのことでなにを慌てているのだと逆襲すべきだった。

第一段の作戦が終わったら、昭和十七年六月には第二段作戦を開始しなければならぬと説き、日本本土から八千キロメートル離れたオーストラリアを攻略する考えだと主張し、陸軍には八個師団から十個師団だしてもらわねばならないと言うべきだった。

塚田と杉山は顔色を変え、絶対に反対だと大声をだすことになったにちがいない。ここで議論の焦点を絞り、次のように言わねばならなかった。この先に始まる戦いで、海軍の全機構が酷使されることになるのは覚悟の上だ。だが、陸軍がこの戦争を南方地域の攻略だけと誤解し、陸軍の戦いは局地的なもの、短期的なものと思い込み、太平洋は海軍、大陸は陸軍の担任だと言い、あとの戦いは連合艦隊がすべてをやってくれるものとたかを括り、アメリカとの戦いをやるべしと主張しているのであるなら、この際、アメリカとの戦いをやるかやらないかの根本問題に立ち戻らねばならない。このように説くべきだった。

そしてこの問題を陸海軍のあいだでの議論とせず、総理大臣、外務大臣、主要大臣が出席する会議で、これを主張すべきだったのである。

昭和十六年八月末、前にも述べたとおり、小林躋造は軍令部総長の永野が突然に強硬論を説くようになったと聞いて心配し、対米戦を避けるためにはかれをやめさせるしかないと思い、米内光政にどうしたらいいだろうかと尋ねたことがあった。米内は、永野修身を軍事参議官とし、及川古志郎を軍令部総長へ移し、海軍大臣には山本五十六をもってくることだと言い、「とにかく山本が東京にいることが必要だと思う」(『海軍大将小林躋造覚書』山川出版社、昭和五十六年、一〇〇頁)と答えたのだった。

だが、米内も、小林も、ほかの者も、山本五十六を海軍大臣にするための努力をしなかった。それがなぜだったのかについては、前に触れた。

もしこのとき、五十七歳、海軍きっての政治手腕の持ち主であり、喧嘩ができ、大向こうをうならせる素晴らしい演技のできる山本五十六が海軍大臣になっていたら、及川がやろうとしなかったこと、永野がやろうとして失敗したこと、嶋田ができなかったことをやり通すことができたであろうか。

オーストラリア攻略に反対しながら、アメリカ、そして英国と戦うと言うのはなにごとかと陸軍に迫り、オーストラリア攻略が日本の国力と戦力の背骨をへし折ると言うのなら、アメリカ、英国と戦うことは所詮不可能だ、対米英作戦準備はやめるべきだと主張し、内大臣が提唱した十年から十五年にわたる臥薪嘗胆策を採るべきだと説き、総理大臣、外務大臣の支持を得ることが、山本五十六ならば、できたであろうか。

第五章 どうして統合幕僚本部がなかったのか

どうして軍令部総長の永野修身はインドシナ南部への派兵に積極的になったのであろうか。昭和十六年六月にこんな疑問を持つ人がいなければならなかった。もちろん疑問を持つだけではだめだった。ソ連との戦いを回避するためには、アメリカによる経済封鎖もいたしかたないと海軍首脳は覚悟を決めているのだと想像力を働かせた上で、インドシナ進駐の是非を裁定できる人物がいなければならなかった。もっともそうしたことは、参謀本部と軍令部の上に立つ統帥機関、そんな機関はありはしなかったが、その長にしか、それはできなかった。

昭和十六年八月から、それこそ開戦の間際まで、軍令部総長と海軍大臣は中国から撤兵してでも、アメリカとの戦いを回避したいと望んでいた。それを察して、アメリカとの戦争をしないと決め、陸軍に中国からの撤兵を呑ませることができるのは、参謀本部と軍令部を統括する政策決定機関しかなかった。

戦争が始まってなお、開戦前はもちろんのこと、杉山元と東条英機は、南方地域を制圧するだけで自分たちの仕事は終わりだと思い込み、あとは海軍の仕事だと信じていた。アメリカの戦力と戦意を分析し、戦争の将来を展望して、陸軍が説くような戦いになるはずがないと結論をくだし、戦いの計画を変えて検討し直すようにと参謀総長と軍令部総長に命じることができるのは統合幕僚長しかいなかった。

さて、陸軍と海軍がまったく隔絶し、相互不信の状態にあり、二つの対立する機関となってしまったのは、なぜだったのか。陸軍と海軍の問題を取り上げ、その主張や要求を総合調整し、政治的指導と大戦略を決める機関がどうして存在しなかったのか。なぜ、統合幕僚本部、そして統合幕僚長を置こうとしなかったのか。これらの疑問に答えなければならない。

わが国の近代海軍の創設は文久・慶応年間である。つづいて明治の初めに兵部省がつくられたが、明治五年に陸軍省と海軍省に分かれ、それぞれが独立した。

ところで、その初めから、海軍の幹部は陸軍に闘争心を燃やしていた。かれらは海軍の予算の少ないことが不満だった。海軍の予算は陸軍の予算の二割か、三割だった。英国から軍艦を購入するときには、その予算は膨らんだが、それでも四割にしかすぎなかった。

海軍の上級将校は軍艦を欲しがった。敵の砲弾に堪える鋼鉄でつくった戦艦と巡洋艦を英国から購入したいと望んだ。陸軍なんかに多額の予算を与えることはない、島国日本を防衛するためには、制海権を確保するのが先決だとかれらは説いた。

海軍士官にとって、陸軍にたいする憤懣の種がもうひとつあった。それは海軍の側に参謀本部がないことだった。

陸軍省の参謀局が昇格して、独立機構の参謀本部ができたのが明治十一年だった。初代の参謀本部長は山県有朋《やまがたありとも》だった。海軍の将官は参謀本部長が陸海軍双方の統帥権を握っているのが気に入らなかった。かれらは、前年の西南戦争に勝利を収めたのは、水陸両用作戦をおこなったからであり、海軍の大きな貢献があったからだといきまき、海軍もまた参謀本部を持って当然だと主張した。

明治十三年に、海軍卿の川村純義《すみよし》は海軍参謀本部の設置を太政大臣に申し入れた。だが、参謀本部長の山県有朋が強く反対した。海軍に参謀本部を置けば、参謀本部長は二人となり、作戦指導は二本立てとなってしまうと主張した。陸軍が陸海軍すべての戦略を指導しなければならないと説き、陸軍は「首兵」であり、海軍は「応用支援の兵」であり、「支兵」が参謀本部を持つ必要はないと言った。

海軍の首脳は参謀本部設置の要求を諦めなかった。どうあっても海軍の地位を陸軍と同じにしようとした。明治十九年に陸軍が譲歩した。参謀本部次長のポストを二つとし、そのうちの一つを海軍に割り当てた。

しかし、海軍の幹部は次長では満足しなかった。明治二十五年に参謀本部次長の名称を参謀本部海軍部長と変えた。同じ年にもういちど変え、海軍参謀部長とした。名称の上では、陸軍と海軍は平等になった。陸軍側が怒り、参謀本部長を改称して参謀総長とし、海軍参謀部長より一段上の存在であることをはっきりさせた。

ところが、翌明治二十六年になって、清国との関係が悪化し、やがて戦争になるかもしれないといった気配になって、陸軍は朝鮮海峡に自分で橋を架けて、朝鮮に兵を送るつもりだろうという海軍幹部の嫌がらせの声が聞こえてきた。陸軍は海軍の機嫌をとらざるを得なくなった。上陸作戦をおこなうとなれば、海軍の協力がどうしても必要だったからである。そこで陸軍は海軍が独自の統帥機関を持つことを認めた。

この新機関が軍令部である。軍令部長が海軍参謀本部の新長官の名称となった。だが、陸軍側は歯止めをかけた。戦時には最高統帥権を陸軍が握ることにした。戦時大本営条例を制定し、参謀総長を統合幕僚長とし、この下に参謀次長と海軍軍令部長を置くことにした。

つづく明治二十七年に日清戦争が起き、海軍ははるかに強大な清国の北洋艦隊を全滅させて、おおいに意気があがった。海軍内から、陸主海従の誤りを是正すべきだという声はいっそう大きくなった。海軍を第一にしなければいけない、海主陸従とすべきだという主張もでてきた。

海軍第一の実力者となった海軍大臣の山本権兵衛《ごんべえ》は、明治三十三年に、戦時大本営条例の改正を陸軍に申し入れた。海軍軍人でも、統合幕僚長になることができるように条文の修正を求めたのである。陸軍は反対した。これを容れれば、次には統合幕僚長を陸海軍の交代制にしようと海軍が要求してくるのは目に見えていた。そこで陸軍は逆襲にでた。平時にも統合幕僚長を置くことにし、参謀総長が統合幕僚長を兼任する体制に改める必要があると主張し、陸主海従の原則を貫こうとした。

陸海軍の大臣はそれぞれ天皇に直接上奏した。山本権兵衛は、将来の戦争の帰趨は艦隊決戦による制海権の奪取によって決まると説き、作戦計画の立案と作戦指導は海軍中心とすべきだと主張し、少なくとも陸海軍は対等でなければならないと述べた。

陸軍大臣の桂太郎は統帥の一元化がなによりも必要だと主張し、陸上の戦いですべては決せられるのだと説き、陸主海従の原則は尊重されねばならないと述べた。

ところが、天皇はこうした問題の裁定者とはならなかった。海軍の肩を持てば、陸軍に恨まれ、陸軍の味方をすれば、海軍の怒りを買うからである。この争いを解決したのはまたも戦争だった。

義和団事件が起きたのに乗じ、ロシア軍は満洲を占領し、東洋艦隊を増強した。やがてはロシアと戦うようになるかもしれないと、だれもが考えるようになった。そして陸軍首脳は日清戦争が起こる前と同じような強迫観念にとりつかれた。戦いが始まって、海軍が非協力的な態度をとるようなことがあれば、必要なときに陸軍部隊を朝鮮、満洲へ派遣できなくなるのではないかと恐れた。

明治三十六年十二月、元帥、そして前首相の山県有朋と参謀総長の大山巖《いわお》が上奏し、統合幕僚長の制度を廃止したいと述べた。そして戦時大本営条例を改正し、参謀総長と海軍軍令部長を同等並列とするようにした。参謀総長は陸軍の幕僚長となり、軍令部長は海軍の幕僚長となり、統帥権は二本立てとなった。

山県と大山はその場かぎりの安易な道を選んでしまった。どうあっても、統合幕僚長のポストは残しておかねばならなかった。そして海軍側が以前に主張した提案を採用し、統合幕僚長は「特命ヲ受ケタル将官」としなければならなかった。

だが、前にも述べたとおり、山県や大山はこれを認めてしまえば、やがて統合幕僚長は陸海軍のあいだの交代制となってしまい、海軍将官が統合幕僚長になることもあると見て、そんな事態になるくらいなら、統合幕僚長なんか必要ないと思ったのである。

さて、海軍幹部は、かれらの長い念願であった陸海同等の原則がようやく確立されて、おおいに満足だった。そして予算についても、海軍の希望がかなえられた。前に触れたとおり、明治三十四年以降、旅順を根拠地とするロシア東洋艦隊が急速に増強されるのを見て、海軍は軍艦を建造し、あるいは購入しようとした。政府はそのための予算を認め、陸軍もそれに反対しなかった。こうして軍備拡張計画ははじめて海主陸従となった。

ロシアとの戦いは明治三十七年に始まった。海軍は海戦優先を唱え、ロシア艦隊の撃滅に全力を注ぎ、海上護衛の任務を無視した。樺太や北朝鮮へ派兵する陸軍部隊の安全を確保しなければならなかったにもかかわらず、艦隊の一部を割こうとしなかった。陸軍が抗議すれば、海軍幹部は制海権を握るのが先だとにべもなかった。

そして明治三十八年五月に連合艦隊はロシアのバルチック艦隊を全滅させてしまった。海軍幹部は満足感にひたり、自分たちの独立した統帥部を持っていたからこそ、この圧倒的な勝利をかち得たのだと自画自賛した。

それにひきかえ、陸軍幹部の不満は大きかった。陸海軍がまったく協力を欠いた状態で、よくも戦いに勝つことができたものだと嘆息した。

そして明治四十年、海軍幹部は、海軍を陸軍と同格、同等にする仕上げとなることをやった。海軍ははじめて自分の想定敵国を持つことになったのである。

陸軍首脳は日露戦争に敗れたロシアが復讐戦を仕掛けてくるのではないかと警戒した。獲得した満洲の利権を守らねばならず、想定敵国は相変わらずロシアだった。ところで、日露戦争で勝利を収めた日本にたいして、前にも触れたとおり、ハワイ、フィリピンを併合し、太平洋国家となったアメリカが警戒心を抱くようになった。当然ながら日本海軍もアメリカを警戒し、アメリカを想定敵国とすることになった。陸軍がロシア陸軍との満洲平原における戦いに備えたのに対し、海軍はアメリカ海軍との艦隊決戦をしなければならないのだと主張するようになって、双方そろって軍備拡張に乗り出した。

じつはこんな国はほかにはなかった。陸軍と海軍が仲間意識を持たず、犬猿の仲なのは、日本だけのことではなかった。どこの国の陸海軍も、互いのあいだに妬みと軽蔑があり、ときに鞘当《さやあ》てと啀《いが》み合いが起こるのは、おきまりのことだった。ところが、陸軍が氷のように冷たい仲であることは、ほかの国ではさほど問題とはならなかった。いずれの国でも、陸軍が大きい国では海軍が小さく、海軍が大きい国では陸軍が小さかったからである。

たとえば英国は海軍国だった。日本の陸海軍軍人の常套語を使えば、海主陸従の国だった。最高統帥権は海軍が握り、それをだれも不思議と思わなかった。アメリカもこれまた海主陸従の国だった。じつは南北戦争から米西戦争までのあいだに陸海軍の位置は逆転したのである。陸軍はいつか添え物と変わってしまった。第一次大戦で一息ついたが、大戦のあとには、古臭い装備の更新を願うどころか、陸軍自体の存続を心配しなければならないといった状態だった。

陸主海従の国といえば、ドイツがその筆頭だった。じつを言えば、十九世紀の末から、ウィルヘルム二世と海軍大臣のティルピッツは海軍の拡張に努め、英国に負けない海軍国になろうとし、英国と建艦競争をおこない、英国を敵にまわす愚かなことをやってしまった。そしてその海軍は第一次大戦でなんの力も発揮しなかった。こうしたことはともかく、ドイツの政治家から一般国民まで、勝敗を決めるのは陸上の戦いだと説く陸軍指導者の主張をもっともだと思い、事実、そのとおり、ドイツは陸主海従の国だった。

ドイツと同じように、フランスも、ロシアも陸主海従の国であり、戦時には最高統帥権を陸軍が握ることに、だれも疑問を抱かなかった。

ところが、日本だけは、陸軍と海軍はまったくの同等、同格だった。陸海軍双方が同等の統帥権を持ち、双方が同格の想定敵国を持ち、双方が同等の軍備拡張計画を立てた。明治四十年に、陸軍は、日露戦争中に十七個師団だった兵力を、平時二十五個師団とする軍拡目標を定めた。海軍は戦艦八隻、巡洋戦艦八隻の計十六隻をもって根幹とする八・八艦隊をつくる計画を立てた。

もちろん膨大な資金を必要とするこのような大計画が五年、十年で達成できるはずはなかった。陸海軍は毎年のように新規の要求をだすことになったが、両者のあいだに共同計画がなく、双方の要求を調整、コントロールする機関もないことから、予算の配分をめぐっての争いは際限のないものとなった。陸海軍間の争いがあまりに激しいことから、元老井上馨《かおる》の呼びかけで、大正三年に防務会議なるものをつくったことがあった。首相が議長となり、陸海の大臣と統帥部長、外相、蔵相が出席し、軍事費配分の調整をおこなった。ところが、大正十一年の山県有朋の死のあとにこの制度は廃止されてしまった。

軍備拡張競争は、「内閣総理大臣ノ監督」がなくなって、再び陸海両軍のあいだの抗争となった。両者が競争をつづければ、陸軍は海軍に負けまいとして、同じように海軍は陸軍に負けまいとして、それぞれが潜在敵国の脅威を説くようになった。そうなれば、日本はアメリカと戦う運命にあるのだと人びとは思い、いつかはロシアと戦うことになると同じ人びとが思うようになるのは目に見えていた。

そしてまた、軍備競争がつづけば、陸軍は海軍に負けまいとして、海軍は陸軍に負けまいとして、われわれは戦って負けない、敵をやっつけてみせると説くようになり、やがて自分の言葉に自分が酔い、みさかいもなく戦いを始めてしまうことにもなりかねなかった。

また、軍備競争をつづけたところで、双方それぞれが満足できるような軍備の拡充、近代化はできるはずがないのだから、互いに相手に不満を抱き、敵意さえ持つようになろう。そうなれば、両者のあいだに意思の疎通はなくなり、肩肘張っての応対だけとなり、陸軍は海軍にたいして、自分の面子《メンツ》を維持するためだけに、海軍は陸軍にたいして、自分の名誉を守ろうとするためだけに、したくない戦いを始めることになってしまう恐れさえあった。

同格、同等を求めて争いつづける陸海両軍は、必ずや戦争を引き寄せるのではないかという不安を抱いた政府と軍の幹部は、決して少なくなかったはずである。そうであれば、次のような声がでて当然なはずだった。

陸軍と海軍のあいだで意見の交換をおこない、共同の計画をつくる機構を設立しなければならない。なによりも陸軍と海軍をひとつの軍事機構のもとに置かねばならない。統合参謀本部をつくらねばならない。

ところが、だれもこのように説くことがなかった。だれもこのために努力しなかった。なぜだったのであろう。

ここで、まったくべつの話をしなければならない。

明治初めの政治家、官吏、軍人たちは、民衆の暴動にぶつかり、幹部たちの友情が壊されて起こる反乱に直面し、先輩、友人の暗殺にであい、その度ごとに、この新しい政治体制はいつまでつづくのだろうか、明日には瓦解するのではないか、建武、延元の二の舞となるのではないかという暗い思いにとらわれたものだった。後醍醐天皇の建武の中興がわずか三年で終わったことをだれひとり忘れていなかったのである。

建武、延元の繰り返しとならずにすみそうだ、もう大丈夫だとだれもが思うようになったのは、明治十年代の後半になってからのことだった。ところが、それから十年足らずあと、明治二十年代の末になって、新たな不安が生じた。この不安は政治家、高級軍人の胸中の鉛の玉となった。この鉛の玉は西太后《せいたいこう》シンドロームと呼ぶのが適当と思える。

西太后とは清朝末期に君臨した女帝のことであるのは言うまでもない。この名を聞き、だれもが思い出すべつの名があろう。一九六〇年代の末期から一九七〇年代の初めにかけて、中国で絶大な権力をふるった毛沢東夫人の江青《こうせい》である。彼女は西太后と陰で言われ、逮捕監禁されたあとには、はっきり西太后になぞらえられたものだった。

つけ加えるなら、江青が西太后と非難されただけではない。一九八九（平成元）年六月四日の天安門事件を迎える以前、この広場に集まった学生たちは、「慈禧《じき》、引退しろ」と叫んだものだった。慈禧とは西太后の正式名称である。日本では西太后の名が一般的だが、この名は、彼女が皇太后となってからの住まいが皇城内の西側にあったことからの敬称だった。ところで、天安門広場で慈禧と呼ばれたのは鄧小平《とうしょうへい》だった。

西太后が中国の実力者となったのは、日本の年号でいえば、明治元年より六、七年前の文久初めのことだった。彼女はそれ以来ずっと権力を握りつづけた。彼女が他界したのは一九〇八年、明治四十一年のことだから、明治の全期間を通じて、四億の人口を持つ巨大な清帝国の支配者だったということになる。

明治時代に西太后を表敬訪問した日本人は少なく、西太后の印象を語った人はさらに少ないが、この人たちの印象は決してよいものではなかった。

のちに軍令部長を務めることになる伏見宮博恭《ひろやす》王は西太后に拝謁したひとりだった。明治三十九年に第二艦隊の浪速の副長心得だった博恭王は秦皇島《しんのうとう》に上陸し、特別列車で北京に入り、皇帝、皇太后に謁した。

伏見宮と随員がびっくりしたのは、皇帝である光緒帝《こうしょてい》が一段低いところに坐っていたことだった。中央の玉座に坐っていたのは西太后だった。伏見宮と随員がもうひとつ奇異に思ったことがあった。伏見宮は日本語で申し述べているのだから、通訳があいだに入ることは分かっていたが、通訳は玉座の下に立っている王族のひとりにそれを伝え、この王族が、玉座の前にひざまずき、奏聞することだった。

あとで知れば、伏見宮の辞を通訳官が中国語に訳して、玉座の下の親王に伝え、次に親王が満洲語で皇太后に伝え、ついで皇太后が満洲語で回勅し、親王がそれを中国語に訳して通訳に伝えるという、面倒な手順を踏んでいたというのだった。

西太后はもともと清朝第七代の君主である咸豊帝《かんぽうてい》の後室であり、宮中に入った十七人の娘のひとりだった。彼女は皇子を産んだ。それから五年のち、咸豊帝は病死した。そこで幼少の皇子が皇帝となった。これが清朝第八代の同治帝である。皇帝の生母は皇太后の尊称を得て、西太后と呼ばれることになった。

もちろん皇太后になったからといって、あるいは皇帝が五歳であり、後見人を必要としたからといって、それで彼女がただちにナンバーワンの実力者になれた訳ではない。

宮廷には政治に口をだしたがる親王がいくらでもいたし、かれらの手足となる宦官《かんがん》がいた。皇太后の地位が高いというなら、亡き咸豊帝の皇后がいた。彼女も同じように皇太后となっていて、東太后《とうたいこう》と呼ばれていた。

西太后が権力を握ったのは、機を見るに敏な才能があり、自己主張を貫く性格的な強さがあったからだった。彼女は漢人実力派の政治家や将軍と宮廷内の内務府の役人を操る政治手腕を持っていた。西太后は実子の同治帝を除け者にして、政治の実権を握りつづけた。同治帝は十九歳で没した。病死したのは間違いのない事実であったにもかかわらず、西太后お気に入りの宦官頭の李蓮英が同治帝を毒殺したのだといった噂がひろく流れた。

次に西太后は自分の甥を皇帝とした。このとき、その甥はわずか四歳だった。これが光緒帝である。光緒帝が十八歳になったとき西太后は自分の隠居所としてつくった頤和《いわ》園《えん》に移った。頤和園をつくるにあたって、経費が足りなくなり、海軍の予算を流用し、それが日清戦争の敗因のひとつになったという話は有名である。

西太后は毎日遊び暮らしていたが、最後の決定権は依然として自分が握っていた。日清戦争のあとの一八九八年、日本では明治三十一年だが、光緒帝は西太后を出し抜き、急進的な改革派を起用し、維新の号令を発した。西太后は部下に命じ、妨害にでた。そして急進派を弾圧した。急進派の幹部を処刑し、光緒帝の実権をすべて奪った。光緒帝は昼は謁見式に出席したが、夜は宮殿内の池のなかの小島の獄舎に戻るという生活をつづけることになった。そして傾きかけていた清帝国はいよいよ瓦解への坂道を転がり始めた。

一九〇八年、前に述べたとおり、日本では明治四十一年の十一月十四日、光緒帝が没し、翌十五日、西太后も他界した。それから三年あと、清朝は倒れた。

明治の政治家と将官たちは、その多くが天保時代の生まれだった。まるまる十四年にわたってつづいた天保時代に生まれた者は、明治元年に三十九歳から二十六歳までであり、明治時代の真ん中の明治二十三年には、六十一歳から四十七歳になっていた。

天保生まれのかれらが物心ついた頃には、かれらの教師、先輩たちの多くは、中国に敬愛の念を抱いていたから、かれらもその影響を受け、中国は一千年以上にわたって日本の師匠であったと思い、文化の花咲く巨大な国というイメージを持ちつづけていた。のちにかれらが西欧諸国を尊敬するようになり、そしてまた日清戦争の勝利があったあとも、なおもかれらの心のなかには中国に敬意を払う気持ちが残っていた。

それだけに、かれらは、幕間《まくあい》の存在と思われていたひとりの女性がいつか全権を握ってしまい、二人の皇帝をロボットとし、国が破滅に向かうのに無関心で、宰相、将軍たちがなにもできないでいる有り様を見て、胸の痛む思いだった。かれらは、自分たちが尊敬してきた国が、ひとりの女性の恣意によって崩壊していく有り様を目のあたりに見たのである。そしてかれらの胸の痛みは、前に触れた西太后シンドロームといった不安へと変わっていった。

この不安は明治二十年代に生じたとは前に述べた。明治十一年に大久保利通《としみち》の遭難死、つづいて明治十六年の岩倉具視《ともみ》の死のあと、日本の政界のヒーローは伊藤博文《ひろぶみ》だった。山県有朋もまた大きな力を持つようになった。伊藤と山県、かれらの同輩の大隈重信《おおくましげのぶ》、井上馨、黒田清隆《きよたか》、そしてかれらの部下たちが、いずれも西太后シンドロームといった不安を抱いたのであろう。かれらはこの心配をそっと周囲の者に洩らしたことがあったはずだし、会議室や談話室で、あんなことになったら大変だと語ったこともあったにちがいない。だが、そうしたことを記録にとどめた者はいなかった。

さて、西太后シンドロームとはなんだったのか。日本でも西太后のような独裁者が登場するのではないかという不安であり、恐怖だった。

清国とちがって、日本には憲法があった。憲法をつくった最高の責任者は伊藤博文であったが、憲法制定会議で、憲法を制定するということは、君主の大権の制限を明記することだとはっきり述べていた。だが、憲法があり、皇室典範があったとしても、西太后の出現を阻止できないことは伊藤がよく承知していたことであった。

「聖慮」という天皇の不文律の特権があった。伊藤のもとで、実際に憲法をつくった中心人物の井上毅《こわし》は、法制的頭脳の持ち主と評され、法律万能主義者と言われたのだが、そのかれにしてからが政治的危機に際しての聖慮の役割を強調したものだった。

このとき井上は、西太后を思い浮かべることはなかったのかもしれない。だが、西太后のような野心家が、聖慮によって、元老待遇の地位を得たならば、あとは思いのままになる。元老となった日本の西太后は、宮内大臣、侍従長、内大臣の任免に口をだし、宮廷を自分の庭にしてしまう。元老であれば、内閣首班を奏薦する権利を持つから、自分に恭順な態度をとる者を総理大臣にすることもできる。

もちろん、伊藤にせよ、山県にせよ、ほかのだれにせよ、自分たちが生きているあいだに、西太后が現れると思ったことはなかったにちがいない。かれらは自分の死のあとのことを恐れていたのである。では、かれらは、安政、文久、さらには明治生まれの若い世代の者たちを信用していなかったのか。

それとも、伊藤、山県はやがては西太后に化身する小娘がどこにいるのかを知っていたのか。

じつを言えば、伊藤博文、山県有朋が西太后シンドロームを抱いたのは、皇太子が病弱だったからである。

ここで、ベルツが日記に書きとめた伊藤博文の発言を見ることにしよう。

ベルツとは、医者であり、医学者だったエルウィン・フォン・ベルツ博士のことである。かれはライプチッヒ大学を卒業して、四年のちの明治九年に日本に招聘された。かれは明治三十八年まで日本にとどまったが、患者の治療はもとより、脚気、恙虫病《つつがむし》、ジストマ病の研究をし、草津温泉の効用を説き、葉山を避寒地避暑地として紹介するまでの幅広い活動をした。

第二次大戦のあとのことになるが、ベルツの日記が公刊された。伊藤の発言はそのなかにある。ベルツは伊藤をよく知っていた。かれは伊藤の屋敷に招かれたことがあったし、伊藤とかれの家族を診察したこともあったのであろう。伊藤が遭難死したときには、ベルツは帰国していたが、ドイツの新聞に載せた追悼文は心のこもったものだった。

伊藤の発言が載っているのは明治三十三年五月九日付の日記である。

「一昨日、有栖川宮邸で東宮成婚に関してまたもや会議。その席上、伊藤の大胆な放言には自分も驚かされた。半ば有栖川宮の方を向いて伊藤のいわく、『皇太子に生れるのは全く不運なことだ。生れるが早いか至るところで礼式の鎖にしばられ、大きくなれば側近者の吹く笛に踊らされねばならない』と。そういいながら伊藤は操り人形を糸で踊らせるような身振りをして見せたのである」（菅沼竜太郎訳『ベルツの日記』岩波書店、昭和二十六年、二〇四頁）

ベルツは伊藤の言葉に驚き、元老らしからぬ不謹慎な態度だと思った。

では、伊藤が顔を向けた有栖川宮威仁《たけひと》親王はどう思ったのか。有栖川宮はこのとき三十八歳だった。海軍軍人であり、早くも少将だった。この日の会議のちょうど一年前の明治三十二年五月から、かれは皇太子輔導というポストに就いていた。かれはベルツと同じように伊藤の言葉に不快感を抱いたのか。

じつはこの日の集まりは東宮輔導顧問会議だった。参謀総長の大山巌がいた。前宮内大臣の土方久元《ひじかたひさもと》、宮内大臣の田中光顕、東宮大夫の中山孝麿がいた。そして伊藤博文も含めて、かれらはいずれも東宮輔導顧問だった。

大山、田中らも、伊藤がマリオネットを操るかのように両手を動かすのを見て、ばかな真似をすると呆れたのか。

この会議にはまだほかに出席者がいた。皇太子の侍医局長の岡玄卿、侍医の西郷吉義、伊勢錠五郎、宮中顧問官で、陸軍軍医監の橋本綱常がいた。かれらもまた、元老ともあろう人が、不敬なことを言うと腹立たしかったのか。

だれひとり、そんなふうには思わなかったのではないか。ベルツは伊藤にたいする批判を日記に記しはしたが、かれにしても伊藤が考えていたこと、ほかの出席者が思っていたことが分からなかった訳ではなかったのではないか。伊藤のこの言葉を誤解して受け取っているのは、現在、このくだりを引用している人びとだけだと私は思う。

伊藤のこの発言があったこの日の会議は、ベルツが日記に「東宮成婚に関してまたもや会議」と記したとおり、皇太子の結婚についての集まりだった。かれが「またもと書いたのは、三カ月前の二月に同じ問題を協議したからだった。いたってめでたい話であるにもかかわらず、会議室の空気は重苦しく、出席者の表情は明るくなかった。それも当然だった。侍医団とベルツに向かって、皇太子の健康は結婚にさしつかえないかと尋ねるための集まりだったからである。

皇太子嘉仁《よしひと》親王は明治二十二年に立太子の式典をおこなった。十歳だった。この日の毎日新聞の社説は、だれもが思っていたことを代弁して、次のように述べた。

「是れ順統の皇太子にして　申すも畏きことながら皇弟が儲君《ちよくん》に備わり　又は支統の皇族が皇太子に居り玉うの例には非ざるなり　是れ吾輩臣民が皇基の弥々《いよいよ》鞏《かた》き吉祥慶兆として特に祝し奉る所なり」

じつはこのときまでに三人の皇子と五人の皇女がいずれも死に、一人の皇子と一人の皇女が残るだけとなっていた。明治二十年に宮内省の顧問になったドイツ人のオットマール・フォン・モールは、これらの皇子、皇女がいずれも髄膜炎で死んだのだと記している。嘉仁親王も髄膜炎に罹ったのだが、健康を取り戻したのだった。そして立太子の礼を迎えることになって、だれもがほっとしたのである。

つけ加えるなら、立太子の日に、嘉仁親王は陸軍少尉に任官し、近衛歩兵第一連隊付きとなった。これはプロイセン王室のしきたりをそっくりまねたもので、モールの協力で、宮廷が採り入れたプロイセンの宮廷の組織、儀式、慣行のうちのひとつだった。

明治二十八年六月、十五歳になった皇太子は腸チフスに罹った。これがそのあとにつづく大病の引き金になった。この年の八月にアーネスト・サトウはベルツに会った。サトウは駐日公使となって、十二年ぶりに日本へ戻ってきたばかりだった。

サトウはベルツと旧知の間柄だった。皇太子の病状を尋ねた。サトウは日記にかれが語ったことを次のように記した。

「殿下の病気は非常に悪く、実際にはあらゆる兆候から肺炎に罹っていることを示していると。また幼年期に髄膜炎に罹ったことがあるので、恐らく潜伏していた結核菌がチフスに罹ったのを契機として、再び活発になったらしいと」

同じ八月の末、サトウは総理大臣の伊藤博文に会った。二人は幕末以来の知己だった。サトウは皇太子の病状はどうなのかと聞いた。伊藤ははっきりと語った。サトウは日記に次のように記した。

「東宮殿下の健康状態は非常に悪い。侍医団の話では回復は望めないと言う。衰弱の進行は遅いが、もう勉学は無理だろう。まだある期間はもつだろうが、回復は難しいとのこと」（長岡祥三訳『アーネスト・サトウ公使日記　1』新人物往来社、平成元年、四三頁）

このときから、すなわち明治二十八年の夏から、天皇は言うに及ばず、伊藤博文をはじめ、政府、宮廷幹部にとって、皇太子問題は内外の重要問題と並んで、大きな心配事のひとつとなった。

明治天皇は病弱な皇太子を東宮大夫と宮内大臣といったさほど力のない者の手にゆだねておくことに不安を抱いた。元老筆頭で最高の実力者伊藤と、これまた元老で軍の実力者大山に向かい、皇太子の面倒をみてもらいたいと言った。大山が東宮監督となり、伊藤が東宮伺候となった。大山が東宮大夫、東宮武官長、東宮侍従長、侍講らの指揮をとることになった。そして伊藤は月に何度か皇太子に話をした。政治講話といった名目であったが、なにをしたらいいか、なにをしてはいけないか、ごく簡単な話を嚙んで含めるように繰り返し説いたのである。

伊藤と大山が皇太子を庇護し、支える形をとっても、皇太子にいつも接触しているのは、東宮大夫や東宮武官長とかれらの部下であることに変わりなく、かれらがばらばらに皇太子に接触するのも以前と同じだった。来るな、見たくないと皇太子に言われるのは、自分の部署の落度となるとだれもが思ったから、どうしても皇太子を甘やかすことになった。

伊藤博文はフルタイムの保護者を定め、役人たちと皇太子の接触をかれの監督のもとに置くようにしようとした。

明治三十二年五月、有栖川宮威仁親王を東宮輔導とした。そして前にも触れたとおり、伊藤博文、大山巌、土方久元、田中光顕、中山孝麿らが東宮輔導顧問となった。

有栖川宮は、日曜日を除き、毎日東宮御所に出仕することになった。皇太子はなにをするのも、なにを言うのも、すべて有栖川宮の指図どおりにするようになった。集中力と気力を欠き、万事に無気力な皇太子はすべてのことを有栖川宮に頼るようになった。

そこで初めに述べた明治三十三年五月七日の、霞が関にあった有栖川宮邸での集まりのことになる。そしてこの日の議題が皇太子の結婚問題であったことは前に述べた。

すでに嘉仁親王は二十歳だった。東宮輔導顧問たちが恐れるようになったのは、皇太子が庶出の皇子をつくってしまうことだった。遊び好きの伊藤公爵や田中伯爵がそこで子供をこしらえるのとは訳がちがった。皇太子が天皇に即位したあと、その皇子の母、あるいは後見人と自称する者が天皇に近づき、そして権力欲に燃える野心的な政治家がかれらを支援して、政治の実権を握ろうとするかもしれなかった。

そしてだれもがなによりも恐れたのは、そうしたことが起き、悪夢のような争いがつづき、宮廷と元老、政治指導者がその不毛な争いによって引き裂かれ、憎しみと憎しみをぶつけ合うようになってしまうことであり、しかもそれが自分たちの死のあとに起こるということだった。

これこそが政府、宮廷高官の胸中の西太后シンドロームにほかならなかった。かれらの心配の種は尽きなかった。皇太子が庶出の皇子を何人かつくってしまったあと死亡したとなれば、これまた途方に暮れ、迷路に迷い込むことになるにちがいなかった。だからといって、庶出の皇子なしに皇太子が亡くなっても、これまた厄介なことになるのは目に見えていた。

伊藤はできるだけ早く皇太子妃を定め、一日も早く嫡出の皇孫を誕生させようと考えた。これは面倒なことが起こるのを予防するといった消極策ではなく、病弱な皇太子に代わって、皇孫に望みをかけるといった積極的な解決策だった。

東宮輔導顧問の全員が賛成し、天皇もうなずいたのであろう。こうして明治三十三年二月の会議、つづいて五月十日の会議となったのだった。

成婚の式を挙げるのは、五月七日と決まっていた。もちろんのこと、皇太子妃はすでに決まっていた。儀式の準備と段どりもすべて終わっていた。東宮輔導顧問たちが、侍医団とベルツに、皇太子の健康は結婚しても大丈夫かと尋ねたのは、繁文縟礼《はんぶんじょくれい》の手続きのひとつだった。そして成婚式の日には、侍医たちとベルツへそれぞれ叙勲することも決定ずみだった。

会議の出席者はいずれも、皇太子の病状をよく知っていた。無理やりに結婚を急ぐのは、嫡出の皇孫の誕生を急ぐためだということは分かっていたし、それが皇室のため、日本のために必要だということも承知していた。だが、だれも気が晴れなかった。とりわけ侍医たちは、尋常でないことをする責任の一半を負わされたように思い、いっそう気が重く、落ち込んでいたに相違ない。

会議の主宰者であり、皇太子の結婚の采配をふってきた伊藤には、テーブルを囲む人びとのこのような気持ちがよく分かっていたのであろう。かれは、特殊な、深刻なことをしているにもかかわらず、この会議をしごく普通なことをやっているのだといったことにしてしまい、規則と礼式、そして慣例に縛られている皇太子は、自分の望むままに、好き勝手な人生を送ることができないで、お気の毒だといった話にすり替えてしまった。そして皆の気持ちをほぐそうとして、人形の糸を操る手つきまでして見せたのだ。私はこんな具合に思う。

これが明治三十三年のベルツの日記の一節にある背後の物語だった。伊藤は西太后が登場するかもしれない道をひとつ塞いだのである。

明治三十四年に皇孫、裕仁親王が誕生した。天皇をはじめ、政府と宮廷の幹部たちはほっと一息ついた。だが、皇孫が皇位継承を迎えるまでの長い歳月のあいだに、まだなにが起こるか分からなかった。安心からはほど遠かった。西太后シンドロームは宮廷と政府の高官たちのあいだに依然としてとどまっていた。

そして元老から軍幹部の胸中にあったこの西太后シンドロームが、明治四十年代から大正時代の二十年に近いあいだ、陸軍と海軍を統括する機構をつくることを阻止し、統合幕僚長を置くことをできなくさせたのである。

伊藤博文は「日本のビスマルク」と呼ばれた。ビスマルクが政策を決定し、法案を作成し、軍人ではなかったにもかかわらず、軍指導者を支配したのと同じように、伊藤もまた、内外の政策決定をおこない、軍人ではなかったが、軍幹部に大きな影響力を持ちつづけた。

だが、かれが陸海軍の統帥部の上に統合幕僚長を置こうとしたら、そして統合参謀本部をつくろうとしたら、かれの政敵は、だれの胸中にもある西太后シンドロームを刺激したであろう。そのような大きな権力を持った将軍は、いつの日か病弱な天皇を脇へ押しやり、幕府をつくることになると囁き、反対勢力を結集したであろう。しかし、伊藤がやるもやらぬも、かれは明治四十二年に不慮の死を遂げてしまった。そして明治四十五年に明治天皇が亡くなった。

伊藤が他界してしまって、統帥機構を一本化し、陸海軍の軍備拡張競争を抑えることのできるただひとりの人物は山県有朋となった。かれは終身現役大将である元帥であり、国家の元老だった。ところが、かれは自ら軍備拡張競争の先頭に立ち、陸軍の予算を増やすことに懸命となった。

しかし、山県は慎重な現実主義者であった。臆病すぎるほどだった。かれがなによりも恐れていたのは人種戦争だった。連合した白色人種の国と日本がいつか戦うことになるのではないかという不安を抱きつづけていた。そこでかれはそれぞれ独立国となってしまった陸軍と海軍がアメリカとロシアを想定敵国とし、軍備拡張競争をつづけていくことがどれほど危険であるのかは、だれよりもよく分かっていたはずであった。

統合幕僚長制度を廃止してしまったことを、かれは後悔したことがあったにちがいなかった。だが、かれも身動きすることができなかった。かれがうかつにそれを主張できなかったのは、言うまでもなく、人びとの胸中にある西太后シンドロームを突つくことになるからだった。海軍首脳と山県に反対する政治家たちは、かれが幕府をつくろうとしているのだと攻撃し、天皇が病弱なのにつけ込んで、絶大な権力を握ろうとしていると非難することになるにちがいなかった。

そして、山県がやろうとして手痛い目にあったのは、統合幕僚長設置の問題ではなかった。意外な問題が待ち受けていた。憎しみのぶつかり合いは、内定していた皇太子妃の家系に色盲があることから、内定を取り消すべきだと山県が主張したことによって始まった。大正九年のことだった。

山県のこの主張に皇太子妃の父親の久邇宮《くにのみや》が激しく反発し、右翼団体が騒ぎだし、長州系と薩摩系の政治家の対立に発展した。宮廷と元老を巻き込んだこの騒ぎは、山県が譲歩し、皇太子妃の内定に変化がないことに決まって大正十年五月に混乱は収まった。

皇太子妃の問題ひとつでこの騒ぎだった。参謀本部と軍令部を統括する機構をつくることなど、もはや、山県はもちろんのこと、だれにもできはしなかった。

この年の十一月、ヨーロッパ旅行から帰国した裕仁親王は摂政となった。山県、原敬《たかし》をはじめ、政府、宮廷幹部たちの胸中に二十数年にわたってしこりとなっていた西太后シンドロームはやっと消えた。山県は翌大正十一年に他界し、大正十五年に大正天皇が亡くなった。

昭和に入った。第一次大戦から十年がたって、英米両国が世界支配をつづけるベルサイユ体制を変革しようという動きがヨーロッパに起き、日本でも排外勢力、強硬な武断派が力を強めるようになった。

昭和五年に政府はロンドン軍縮条約を締結した。海軍内の強硬派がこの条約に激しく反対し、英米にたいする政府の妥協的態度を非難し、海軍ばかりか、国を二分する争いとなった。

そして、陸軍内の武断派が満洲事変を引き起こした。政府は陸軍がやったことを追認せざるを得なかった。陸軍はソ連と長い国境を接する満洲を支配するようになって、中国ばかりか、ソ連とのあいだにも争いの種をまくことになった。ロシア革命のあとのソ連は想定敵国としてはっきり復活した。そして昭和七年、海軍の過激派の士官が首相の犬養毅を殺害した。

山県有朋亡きあと大正末から元老はただひとり、西園寺公望が残るだけだった。かれは事実上総理大臣を決め、内閣の後見人としての役割を果たしていた。かれは、犬養の死のあと、衆議院第一党の総裁を首相に奏薦するといったそれまでのしきたりを中止した。そして斎藤実を首相に選んだ。斎藤が昭和九年に辞任したあと、西園寺は岡田啓介を首相とした。そして昭和十年に斎藤を内大臣とした。

西園寺公望もまた、陸軍と海軍がそれぞれ主要想定敵国を持ち、独立国然として割拠し、軍備拡大競争をつづけることがどれだけ危険なのかは知っていたのであろう。そして陸軍と海軍の上に統括機構をつくることのできなかったのが、だれの胸中にもあった西太后シンドロームであったことも承知していたはずである。そしてそのシンドロームが消えたあとには、陸軍と海軍のなかの強硬勢力が力を強めるようになって、統合幕僚長を置くことなどとてもできなくなってしまったことも、当然ながら知っていたのであろう。そこでかれが考えたのは、統合幕僚長の役割のもっとも重要な部分を内大臣に果たさせようとする、ずっと先を見た構想だった。

斎藤実と岡田啓介はともに海軍長老であり、ロンドン軍縮条約を支持した国際協調派の提督だった。西園寺は、政府と宮廷の最高ポストに就いた岡田と斎藤が、今日明日とはいかなくても、海軍の強硬派の力を削いでいき、穏健派に梃入《てこい》れすることを望んだのであろう。そして内大臣、総理大臣、海軍を結ぶ連合戦線を形成させ、陸軍を中心とした強硬勢力、攘夷勢力を抑えさせようとしたのである。そして西園寺は、斎藤実が内大臣を辞任したあとには、斎藤より九歳若い岡田啓介がそのあとを継げばよいと考えたのではなかったか。

ところで、斎藤内閣、つづく岡田内閣は、強硬勢力、排外勢力に押されつづけた。昭和八年には日本は国際連盟から脱退した。海軍内では加藤寛治、末次信正という武断派の幹部が、昭和五年にロンドン条約を支持した海軍幹部たちを現役から逐《お》ってしまった。

そして過激派勢力は親英米派の内大臣が宮廷を支配していることを怒り、現状維持派の内大臣が政治干渉をつづけているかぎり、日本の内政、外交の刷新は望めないと考え、西園寺の長期戦略を叩き潰してしまおうとした。

昭和十一年二月、陸軍の過激派の将校が率いる部隊がクーデターを決行した。内大臣、前内大臣、侍従長、総理大臣、大蔵大臣の殺害を図り、東京の中心部を占領した。

このクーデターは失敗に終わった。だが、西園寺公望の長期構想を潰すことには成功した。クーデターは斎藤実を殺してしまい、岡田啓介をも事実上政治の世界から葬ってしまい、内大臣に統合幕僚長の役割をも担わせようとした計画は瓦解してしまった。

さて、昭和十一年二月の反乱のあと、陸海軍の軍備拡張競争は一段と激しくなった。陸海軍は国防方針を改定するための会議を開いた。すでにその年一月に日本はロンドン軍縮会議から脱退していた。海軍は翌十二年から始まる無条約時代に備えなければならぬと説き、主要想定敵国をアメリカ一国にしようとした。陸軍は首を横にふり、主要想定敵国をソ連一国にすべきだと逆襲にでた。裁定者はいないのだから、どちらの主張も通るはずがなかった。次に、陸軍は主要想定敵国の「米国、露国」の順序を変え、ソ連、アメリカの順にしようとした。だが、海軍がとんでもないと突っぱねた。昭和十一年の海軍の軍事費は五億六千万円、陸軍の軍事費は五億一千万円だった。

翌昭和十二年に蘆溝橋《ろこうきょう》事件が起きた。戦いは華北にひろがり、さらに華中に拡大し、多額の戦争経費が必要となった。政府は赤字国債政策をとり、軍事予算は膨張し、その大半を陸軍が取ることになった。昭和十三年に陸軍の予算は三十二億五千万円、海軍の予算は十億四千万円だった。そして昭和十四年の予算は、陸軍が三十一億四千万円、海軍が八億一千万円だった。

海軍幹部は、陸軍が戦争を始めてしまい、まんまと自分の側の軍事費を増やしてしまったと怒り、陸軍幹部は、海軍が戦いに便乗して必要でもない資金を自分の懐に入れていると怒った。なんであれ、双方の軍事予算が膨らんで、陸軍と海軍の軍備拡張競争は激化した。

火薬、爆薬をつくる原材料の工場を陸海軍が取りあうことに始まって、軍需工場の利用をめぐっての争いが生じた。陸海軍はそれぞれひとつの工場をまるごと自分の監督下に置こうとし、それができなければ、工場のひとつひとつを分けあうことになった。

ところで、陸海軍の軍備拡張競争をいっそう激しいものにする新たな事態が生じた。航空機の生産をめぐっての争いだった。飛行機が新しい兵器体系のひとつとして登場し、重要さが増してくるに従って、陸海軍ははじめて双方同じ兵器を開発し、生産し、同じような基地をつくり、搭乗員の訓練も同じということになったことから、その対抗意識はなみなみならぬものとなった。

陸海軍のあいだでかつてこのような争いはなかった。たとえば、陸軍の作戦課長は海軍の新戦艦になんの関心も持たなかったし、海軍の艦政本部長は陸軍の戦車のことなど知りたいとも思わなかった。

もっとも、この競争が始まった当初から、こんな争いはばかげていると思う軍人がいた。空軍独立論者である。英国が空軍を独立させたこと、昭和十年に再軍備を宣言したドイツが、これまた、陸軍、海軍、空軍の三本立てにしたことがかれらの主張の根拠となった。

空軍の独立を熱心に説いたのは、陸軍の航空科の将校たちだった。海軍側では独立論を支持する者は少なかった。連合艦隊司令部や海軍航空本部の幹部たちは、陸軍の飛行機の性能の悪さを嘲り、陸軍パイロットの技量の低さを笑い、陸軍航空隊と一緒になって、日本の空軍はどうなると言って、だれも相手にしなかった。

たしかに陸軍航空隊は海軍航空隊より劣っていた。陸海軍航空隊は昭和九年、十年、十一年に合同演習をおこなったが、陸軍航空隊はつねに完敗であり、支那事変の勃発を口実にこの演習をやめてしまった。だが、海軍幹部が空軍の独立に反対したほんとうの理由はまた別にあった。陸軍と比べて、将校の絶対数がはるかに少ないという劣等意識が働いた。空軍が独立したら、主要ポストはすべて陸軍の軍人によって占められてしまい、空軍省は陸軍の出店になってしまう。こんなことを許してたまるかと海軍幹部は思ったのである。

だが、陸軍航空隊と海軍航空隊が協力しあう仕組みをつくることは必要だし、できたはずだった。陸海軍の航空本部は、新しい航空機の開発段階から情報の交換をおこなうようにすべきだった。自分のところでつくった航空機の性能の細部を説明した文書を相手側に示すようにすべきだった。もちろん、海軍が優秀な飛行機をつくったら、陸軍も、それを生産できるようにしなければならなかった。

ところが、このような取り決めができなかった。同一機種を共同生産するどころではなかった。航空機の設計、開発の段階で協力ができず、部品の規格統一もできなかった。

そして、やっと大量生産を始めようとしていた航空機部門に、陸海軍はエースを送り込んだので、陸海軍の競争はさらに激化し、相手の喉元に喰らいつくような争いになってしまった。

支那事変が拡大し、軍需工業法が発動されて、陸海軍は航空機製造部門にたいしても、生産拡充を命じるようになった。昭和十三年四月、海軍次官の山本五十六が自ら買ってでて、航空本部長を兼任した。かれは陣頭指揮に立ち、海軍傘下の航空機製造会社に工場の拡張を命じた。陸軍が慌てた。東条英機が陸軍次官になったのは、昭和十三年五月だったが、六月に航空本部長を兼任し、さらにこの年の十二月には新ポストの航空総監をも兼ね、陸軍航空隊の遅れを取り戻そうとした。

じつを言えば、山本五十六が航空本部長だったのは、昭和十三年十一月までの短い期間だった。だが、この、闘争心と行動力にあふれた山本が三菱重工業に海軍機の機体工場の新設を命じれば、闘争心と行動力ならこれまただれにも負けない東条が同じ三菱に陸軍機の機体工場の増設を求め、つづいて山本と東条は三菱、中島にたいして、発動機製造工場の新設、増設を命じ、競争しあうことになった。東条のほうは陸軍次官をやめても、昭和十五年七月に陸軍大臣になるまで、一年七カ月のあいだ航空総監だった。

陸海軍航空隊が自己の支配領域をひろげる争いはいよいよ激しくなった。プロペラ、車輪、電装品、ポンプを製造する会社にたいしても、陸軍は陸軍、海軍は海軍の工場をつくらせ、それができなければ、ひとつの工場の敷地を塀で仕切った。ひとつの工場で生産すれば、機械を相互に融通でき、生産が上がるといったことなどおかまいなしだった。

同じ会社内で、航空機設計者が陸軍と海軍に分かれてしまい、技術者、管理者も別々となった。人材、資材、資金、技術力、そのすべてが不足し、貧弱であることなど、すべてが無視された。

そして陸海軍はなんでも別々にやるのがごく当たり前のことになってしまった。航空機に搭載する機銃にしたところで、相手と口径を同じにしないことがよいことのように思われるといった有り様となった。海軍が十三・二ミリの口径の機銃をつくることにすれば、陸軍は十二・七ミリの機銃をつくることにした。零戦が二十ミリの大口径の機銃を使うことにすれば、陸軍も二十ミリの機銃を使うことにしたが、弾薬の形状は異なっていた。アメリカのように、陸海軍を問わず、戦車、装甲車、艦艇、航空機にすべて同じ機銃を搭載することが、計り知れない利益になると考える陸海軍幹部はいなかった。

陸海軍のすべての関係者は相手に負けるなと叫び、相手に勝ったと喜び、相手はずるい、汚いと怒りながらも、海軍軍人は陸軍に腹を立てるようになり、陸軍軍人は海軍に憎しみの感情を抱くことになった。

海軍軍人が陸軍のことを怒ったのは、陸軍航空隊が海軍航空隊と同等、同格を望み、同量の資材を取り、同じ規模の工場を建設しようとしていたからである。半人前の陸軍航空隊は海軍航空隊の半分でいいと思ったのである。

かれらは新聞記者や政治家に陸軍航空隊の悪口を言った。陸軍の飛行機に魚雷攻撃ができないのはしようがないとしても、爆撃、航法、通信、どれをとっても、陸軍は劣っているのだと語り、航空燃料にしたところで、陸軍は百オクタン価の燃料をつくることができず、八十七オクタン価の燃料が貴重品といった有り様だと語った。陸軍航空隊に資金や資材を与えるのは資源の浪費であり、税金の無駄遣いだと告げたのである。

こうした悪口は、当然ながら陸軍軍人の耳にも入り、なにを小癪なことを言うと切歯《せっし》扼腕《やくわん》し、海軍に憎しみの感情を抱くことになった。そして悪口を言ったのが海軍の高官であれば、海軍にたいする敵意はいよいよ激しいものになった。

昭和十三年のことになるが、次官会議で、航空本部長を兼任していた次官の東条英機が、陸軍機の優秀性を他の次官たちに熱心に語っていたとき、これも次官の山本五十六が、「それはよかった、陸軍の飛行機も飛んだかね」と聞こえよがしに大きな声で言ったことがあった。そして山本は部下たちにこの話を面白がって語り、だれもが得意になって、新聞記者や商工省、企画院の役人に話したから、陸軍幹部たちの耳にも入って、自尊心を傷つけられた東条と同様、かれらもまた山本に敵意を燃やすことになった。

このたぐいの話はまだまだあった。昭和十五年末か昭和十六年初めのこと、海軍の航空本部長は、山本からひとり置いて、井上成美に代わっていた。かれは陸軍航空隊を笑いものにする格好の話題を見つけ、会う人ごとにそれを語った。「見たかね。ほら、陸軍が熊谷の陸軍少年航空隊だと言って、新聞に載せたろう。あれは海軍の飛行場だ」。むろん、陸軍側にもこの話は伝わり、なにをばかなことをしたのだと怒ると同時に、井上の顔を思い浮かべ、悪罵を浴びせたのである。

陸軍軍人の海軍にたいする憎しみ、海軍軍人の陸軍にたいする腹立ち、このような双方の感情にさらに油を注いだのが、ノモンハン上空と重慶上空の二つの航空戦だった。

ノモンハン上空の空中戦は、昭和十四年七月から八月にわたってつづいた。陸軍航空隊が戦った最初の本格的な空中戦だった。量産を始めたばかりの九七式戦闘機が戦いの主役だった。最初は、勝利は容易なように見えた。陸軍の第二飛行集団の将兵はソ連戦闘機イ16の性能の悪さとパイロットの技量の低さを笑い、陸軍航空隊の開拓者を自認する東条をはじめ、陸軍の幹部も喜んで、いつまでも海軍航空隊の後塵を拝してはいないぞと胸を張った。

ところが、ソ連はあとからあとから新手を繰り出した。そして新たに登場したイ17重戦闘機は強敵だった。しかも、こちらは九七式戦闘機の補充がつづかず、なによりも搭乗員の不足が勝敗を分けるようになった。

空中戦は毎日つづき、停戦となる九月初めまでには、もっとも重要な資産である、経験を積んだ優秀な戦闘機乗りのあらかたが戦死し、戦闘機中隊の中隊長の八割を失ってしまい、七月初めに中隊長は陸軍士官学校四十二期生だったのが、二カ月のちには、四十九期生、五十期生となってしまうという有り様となった。そして搭乗員が足りないことから、第一線で活躍する搭乗員を交代させることができず、戦闘機乗りの疲労困憊はその極に達した。

やるつもりはなかったし、できもしなかったが、もしも、陸軍航空隊とともに、海軍航空隊が、このノモンハンの航空戦の検討をおこなっていたら、ひとたび劣勢になった側は、たちまちのうちに壊滅してしまう航空撃滅戦の非情な原則を学ぶことができたはずだった。

三年のちにガダルカナルで始まり、ソロモン水域、そしてラバウルで、海軍航空隊はノモンハンの航空戦とまったく同じ戦いをすることになり、第四章で触れたとおり、二年間の戦いで、海軍航空隊の精鋭のすべてを失うことになってしまうのである。

三年先のことはさておき、ノモンハンのこの戦いから一年あと、海軍のだれもが鼻高々で自慢し、陸軍側が素知らぬ顔をすることになる航空戦が起きた。海軍航空隊の万能戦闘機の初陣だった。昭和十五年九月、十三機の零戦隊は漢口から重慶までの七百キロメートルを一気に飛び、重慶上空で敵のソ連製イ15とイ16二十七機を撃墜し、全機無傷で帰還したのだった。

同じ昭和十五年九月末のことになる。海軍は陸軍に要求をだした。重要物資の陸海軍の配分を変えて、海軍の取得分を多くするように求めたのである。海軍側は当然な要求だと思った。日本をめぐる国際情勢は大きく変わろうとしていた。それより前の五月から六月にかけて、ドイツ軍はベルギー、オランダ、フランスを席巻してしまい、だれもが次にドイツ軍は英本土を攻略すると見た。日本軍は九月二十七日に北部仏印に進駐し、アメリカは日本にたいして屑鉄の輸出の禁止を発表し、九月二十七日には、日本は日独伊三国同盟条約に調印したのだった。

こうした情勢のなかで、海軍は出師《すいし》準備を発動することを決めた。すべての艦艇の整備をおこない、向こう一年のあいだに全艦隊を戦時編成にするというものだった。

そこで海軍次官の豊田貞次郎は陸軍次官の阿南惟幾《あなみこれちか》に向かって、出師準備をおこなうのだが、資材が足りないのだと説き、昭和十五年下半期の物資動員計画を改定したいと申し入れたのである。

陸軍側は海軍に分ける物資はないと拒否をつづけた。

十一月になって、陸軍はやっと譲歩し、普通鋼材二万トンを海軍に譲ることを約束した（田中申一『日本戦争経済秘史』昭和四十九年、八二頁）。そして陸海軍割当て分以外のいわゆる民需割当て分から、三万トンをひねりだし、海軍にまわすことにした。同じようにして、銅地金も海軍の割当て分を増やすことが決まった。こうして昭和十二年に中国との戦いが始まってからはじめて、普通鋼材、銅地金の取り分は海軍が多くなった。

だが、海軍幹部は満足しなかった。わずかな増量にすぎなかったし、半年分だけのことだったからである。

なるほど、普通鋼材の増量が五万トンというのは、とるに足りない数字に見える。だが、ほんとうに少ないのは、工業、そして軍需産業の大黒柱となる普通鋼材の生産量そのものだった。普通鋼材の生産は昭和十三年が最高だったが、そのときでさえ五百万トンに届かず、四百八十万トンだった。アメリカからの屑鉄の輸入が止まり、生産は減少をつづけ、昭和十五年は四百五十万トンに落ちてしまった。海軍の割当て分は九十万トン台だったから、下半期に五万トンの増量というのは決して少なくはなかったのである。

さて、それから四カ月がたち、昭和十六年三月になって、昭和十六年分の主要物資の配分を決める作業をしなければならなくなり、陸海軍のあいだの物資の配分をめぐっての争いが再び始まった。陸軍戦備課長が、昨年より多く欲しいと言い、海軍の兵備課長がこれまた、昨年と同じでは困ると主張し、ともに長期戦の構えだった。

陸海軍双方は交渉が二カ月、三カ月とつづくのを覚悟して、第一四半期の暫定実施計画だけを定めた。それが昭和十六年四月初めのことだった。それから十日足らずあと、モスクワで外務大臣の松岡洋右が日ソ中立条約を締結した。海軍側が鬼の首でも取ったように勇み立った。いまやソ連の脅威はなくなったのだから、陸軍はいままでどおりの原料、資材を必要としないはずだと責めたてた。陸軍軍務局長が顔を真っ赤にして反論した。「われわれは明日の戦争のために要求しているのではない。現在おこなわれている戦いのための補充資材が欲しいのだ」

陸海軍の睨み合いがつづき、ずるずると二カ月が過ぎた。六月に入って、ドイツは近くソ連と戦いを始めることを示唆したヒトラーの言葉が東京に届いた。

今度は海軍幹部が狼狽した。海軍がやったことはこれまで何回も述べた。海軍は南部仏印への派兵を主張した。サイゴンへの派兵が決まった。これにたいしてアメリカは日本に経済戦争を仕掛けてきて、いよいよほんものの戦争を待つばかりとなった。

さて、二・二六事件で内大臣の斎藤実が殺されたあとは、内大臣の職をこのとき宮内大臣だった内務省出身の湯浅倉平《くらへい》が継いだ。ところが昭和十五年六月、湯浅は病気が悪化して辞任し、このあとを木戸幸一が継いだ。

このとき木戸は五十歳だった。かれは商工省に入省し、局長までやった。地味な実務家であったが、祖父孝允《たかよし》の名を汚さない政治家になろうという野心を持っていた。昭和五年に内大臣秘書官になり、宮廷政治家としての第一歩を踏み出した。昭和十一年にこの職を引き、第一次近衛内閣、つづく平沼内閣に入閣し、近衛、平沼に協力し、このあと内大臣になったのだった。

木戸の考えた解決案が歴史の進路を定めたことがある。昭和十一年二月二十六日の朝のことであり、かれはこのとき内大臣秘書官長だった。内大臣は殺害され、侍従長は重傷を負い、総理大臣も殺されたと信じられていたときだった。かれは宮内大臣の湯浅倉平に自分の考えを告げた。湯浅は賛成し、天皇にそれを言上した。それは時局収拾を現内閣でおこなうという方針だった。首相不在であるにもかかわらず、現内閣でというのはおかしかったが、なんの変哲もないように見えて、それは反乱部隊の徹底鎮圧を意図したものだった。

ところでクーデターのその日、木戸の解決案はまったくの少数意見だった。湯浅のこの言上のあと、侍従武官長、陸軍大臣、さらに軍令部総長が参内し、天皇に向かって、時局収拾のために暫定内閣をつくるべきだと助言した。明治宮殿内に集まった重臣、閣僚、軍事参議官たちが、これまたいずれも、一刻も早く暫定内閣をつくらねばならないと主張していた。そして新内閣は反乱部隊に理解を持つ軍指導者を首相にしなければならないとだれもが説いていた。

そこで天皇だが、反乱部隊の鎮圧を優先させねばならないと説く木戸の解決案を正しいと思ったから、現内閣の辞職を許すべきではないとする木戸の方策をもっともだと理解し、新内閣をただちにつくるべきだと主張する軍令部総長の伏見宮や陸軍大臣川島義《よし》之《ゆき》の解決案を相手にしなかった。

こうして反乱部隊に宥和策をとろうとする多数派の考えは破綻した。二月二十六日朝に勃発したクーデターは二十九日に木戸の解決案どおりに終わった。

ところで、昭和十六年八月から九月にかけて、内大臣の木戸は五年前と比べてはるかに重大な態度決定をしなければならなくなった。そしてその機会は何度も訪れた。木戸は天皇に向かって、中国から撤兵したらどうかと、お上が陸軍首脳に御下問しなければなりませんと言上しなければならなかった。だが、木戸は天皇にそうしたことをついに述べなかった。

なぜだったのか。かれは陸軍のクーデター、反乱を恐れたのか。第三章で触れたとおり、かれがクーデターを恐れたというのは、のちにかれがつくりあげた話である。昭和十六年の陸軍最高首脳はいずれも天皇がもっとも信頼する将軍たちだった。昭和十一年とちがって、クーデターの計画者を冒険に入り込ませる隙はどこにもなかった。

これについて説明しよう。昭和十六年の陸軍最高首脳は、昭和十一年二月のクーデターに真っ向から反対した三人の将官たちだった。

梅津美治郎がその三人のうちのひとりだった。クーデターが起きたとき、かれは仙台の第二師団長だった。ふだんは容易にイエスともノーとも言わない人物が、電光石火の決断を下した。陸軍大臣に意見具申の電報を送り、ただちに反乱軍を討伐せよと主張し、第二師団は出動準備を整え、待機していると報告した。

当たり前の内容であったが、このような電報を陸軍大臣に送った師団長は梅津のほかにはいなかった。旭川から熊本までの各地の師団長のあいだに、ためらいと当惑があった。陸軍大臣、陸軍次官、軍務局長が反乱部隊に好意的であることを知って、「蹶起部隊」の「尊皇討奸」が承認されることになるかもしれないとかれらは思い、玉虫色の意見具申の電報を陸軍大臣宛てに送り、情勢待ちだった。

クーデターに正面きって反対したもうひとりの将官は東条英機だった。陸軍士官学校では梅津より二期下だった。かれはこのとき満洲の新京にいて、関東軍の憲兵司令官だった。かれは関東軍の幕僚たちが右顧左眄《うこさべん》していたとき、満洲全土の過激派の将校と民間人を拘束し、クーデターの首謀者と関係あると認めた者たちを日本に送還してしまった。

正直な話、東条が満洲で鉄腕をふるっても、梅津が仙台から陸軍大臣に激励電報を送っても、大勢にはなんの影響もなかった。さて、三人目の将官は杉山元であったが、かれの場合はちがった。かれはこのとき参謀次長だった。陸軍士官学校で梅津より二期上、東条より五期上だった。

参謀総長は閑院宮載仁親王《かんいんのみやことひと》だった。慶応元年の生まれ、七十歳の元帥だった。本来なら、参謀総長、陸軍大臣、教育総監のいわゆる三長官が協議して、この反乱をどのように片づけるかを決めねばならなかった。だが、閑院宮はどんな態度をとっていいのか分からず、参謀次長にすべてを任せっぱなしだった。

閑院宮が出てくることはあるまい、閉じ籠もったままだろうとは、クーデターの首謀者たちが見通していたことだった。そしてかれらは、陸軍大臣の川島義之は自分たちの味方につくだろうと見ていた。陸軍三長官の残るひとりは渡辺錠太郎《じょうたろう》だった。渡辺は合理的な考えの持ち主であり、陸軍内の過激派に厳しい態度をとっていた。

そこで反乱部隊の幹部たちは、殺害リストには川島の名前を入れなかったが、渡辺の名前を入れていた。海軍長老の侍従長、鈴木貫太郎《かんたろう》をリストに載せていたが、自分たちの側に立つと見た侍従武官長の本庄繁《ほんじょうしげる》を入れていなかったのと同じだった。そしてかれらは参謀次長なんかどうでもよいと放っておいた。小物の一掃はあとでよいと思っていたのである。

ところが、杉山は、参謀総長に代わって、自分の考えどおりに、それとも木戸の解決案どおりにと言ったほうがいいのかもしれないが、てきぱきと事を進めた。かれは天皇に向かって、東京の外の連隊で東京に最も近いところにある第一師団の甲府連隊と佐倉連隊の東京への出動の決裁を求めた。

かれはまた、反乱軍寄りの真崎甚三郎《まさきじんざぶろう》、荒木貞夫といった、いわゆる皇道派の軍事参議官が事態収拾の主導権を握ろうとするのを阻止した。さらにかれは、戒厳司令官が反乱部隊に宥和策をとろうとすることにも強く反対した。こうして杉山は、クーデター首謀者の基本計画とかれらの支持者の収拾策を潰してしまった。

ところで、杉山、梅津、東条の三人のほかに、初めから反乱部隊を敵と見ていたグループがあった。陸軍省軍務局軍事課の高級課員武藤章と部下たちだった。このあと軍務課がつくられることになるが、それ以前には軍事課が陸軍省の中枢機関であり、参謀本部の作戦課と並んで、幹部見習いの一団が勢揃いしていた。かれらは過激派の連隊付きの将校たちがなにか仕出かすのではないかと警戒し、抑え込もうとしていたから、過激派将校の側は軍事課のエリートを「軍賊」と呼んで、目の敵にしていた。

はたしてクーデターが起き、軍事課員にとって、この反乱を叩き潰すか、自分たちが叩き出されるかの二つのうちの一つとなった。クーデターが挫折してしまったあと、かれらは陸軍次官となった梅津美治郎のもとで、反乱の後始末をし、陸軍内の最大派閥、皇道派の幹部を現役から追い、あるいは左遷してしまった。

そして杉山、梅津、東条は、天皇と宮廷高官の深い信頼を得て、とんとん拍子で出世することになった。

この三人のうち最大の殊勲者である杉山は、つづく九年余のあいだに、陸軍の最高ポスト、教育総監、陸軍大臣、参謀総長のすべての椅子に坐ることになった。こんな将軍は陸軍の歴史のなかで、ほかにただひとりいただけだった。それは明治の末に陸軍大臣となり、大正時代に教育総監、参謀総長を歴任した上原勇作だった。しかし、杉山は上原以上だった。参謀総長は一回だけだったが、陸軍大臣と教育総監をそれぞれ二回やったのである。

クーデターのあと陸軍次官となり、事件の後始末をした梅津美治郎は、次にノモンハンの戦いの後始末と関東軍の建て直しをすることになり、昭和十四年九月に関東軍司令官となった。かれは昭和十六年にもそのポストに坐り、満洲の新京にいたのだが、次の話はつけ加えておいてもよかろう。かれは東京へ戻ってきて、「今度も後始末だよ」と長男に語ったのだが、このとき任ぜられたのが参謀総長だった。昭和十九年七月のことだった。

じつを言えば、梅津は昭和十九年ではなく、昭和十六年に参謀総長になっていたこともあり得た。あるいは陸軍大臣になっていたかもしれない。ノモンハンの後始末のために関東軍司令官になる予定だったのは、もともとは杉山だった。このとき杉山は北支那方面軍司令官だった。転任の前に青島を視察しようとした。ところが、輸送機が着陸に失敗した。軽傷だったが、入院騒ぎとなった。参謀本部はノモンハンの戦いをつづけるな、攻撃作戦はやめよと命じていたが、負け戦に上から下まで興奮している関東軍司令部が勝手なことをする恐れがあり、戦いをはっきり終わりにするためには、一日も早く新司令官を新京に送り込む必要があった。杉山の怪我の回復を待つ余裕はなかった。

こうして天皇が信頼するもうひとりの将官である梅津が関東軍司令官となったのだった。満洲へ行くはずだった杉山は東京に戻って軍事参議官となり、昭和十五年十月に参謀総長となった。ところで、梅津の名はこのあとも取り沙汰された。昭和十五年七月に米内内閣が退陣したときに、陸軍大臣候補として最初に名前があがったのが梅津だった。だが、関東軍司令官を代えてはならないという声がでて、天皇の眼鏡に適ったもうひとりの将官、東条が陸軍大臣となったのである。

こうして昭和十六年には、参謀総長に杉山、陸軍大臣に東条というように、天皇が信頼する二人の将官が顔を並べていた。陸軍三長官のもうひとり、教育総監はどうであったか。このときの教育総監は山田乙三《おとぞう》だった。円満な性格であり、政治的野心を持たず、陸軍大臣と参謀総長に協力的だった。

関東軍司令官の梅津と並んで、大野戦軍を統率していたのは支那派遣軍司令官だった。司令官は畑俊六《はたしゅんろく》だった。畑は誠実であり、飾り気がなく、部下に威張ることもなく、天皇がこれまたもっとも信頼している将官だった。つけ加えるなら、昭和十一年二月のクーデターのときには、かれは外野にいた。航空本部長だった。

木戸の話に戻ろう。

木戸が天皇に向かって、中国から撤兵したらどうかと陸軍首脳に告げるべきではありますまいかと助言することができたはずだった。すでに見てきたとおり、東条、杉山、梅津、畑といった天皇がもっとも信用する将官が軍の最高ポストのすべてを占めていた。そして木戸はといえば、昭和十一年二月の反乱にさいして、弾圧の方策を立て、その判断をのちに西園寺に評価されたからこそ、内大臣になっていたのであり、言うなれば、木戸は東条、杉山、梅津と同じ陣営にいた。木戸が、そして天皇が陸軍のクーデターを恐れるということはあり得なかった。

だが、木戸が恐れることがなかった訳ではない。陸軍が中国から全面撤退を決意し、政府が重慶政府と和平条約を締結するといった事態になったら、陸軍幹部の責任を追及する声が起こると木戸は考えたはずだ。

そのときには、支那事変を拡大してしまった責任者、陸軍大臣だった杉山と陸軍次官だった梅津が標的とされよう。そして木戸が恐れたのは、この攻撃が支那事変と二・二六事件を結びつけるものとなるのではないかということであったにちがいない。

クーデターが勃発した日、国民の多くは蜂起部隊に共感を抱いた。反乱の首謀者である青年将校が銃殺されたときには、これまた多くの国民がなにか割り切れない感じを抱いた。かつての皇道派の一団は国民の胸の底に眠っている死刑となった青年将校たちにたいする同情や判官びいきの感情をあおりたて、陸軍の首脳を攻撃するのではないかと木戸は恐れたのであろう。そして呪咀の声も、かれの耳に聞こえてきたはずだ。

代々木練兵場の一角を赤く染めた青年将校の鮮血を吸って、出世した者たちがいる。もちろん、君側の奸が聖明を覆ってやったことだ。かれらがした不義奸害は、平野国臣《くにおみ》と三十三人の志士を京都六角の獄舎に押し込め、牢の外から長槍で刺し殺したのとまさしく同じだ。そしてかれらは国民の目を外へそらそうとして、戦争を引き起こした。こうして二十万の青年の血が大陸で流れることになったのだ。

木戸が恐れていたのは、中国からの撤兵に反対するクーデターではなかった。政治責任の追及、そして政治復讐が起こるのではないかということだった。こうした不安がかれの胸中にあったからこそ、かれは天皇に向かって、中国からの撤兵を説くことができなかったのだと私は思う。

断章――④

昭和十六年九月六日、この年に入って二回目の御前会議で、帝国国策遂行要領と名づけられた基本国策が決まった。十月上旬までに外交交渉がうまくいかなかったら、開戦を決意するとはっきり線が引かれることになった。この同じ夜、近衛は駐日アメリカ大使のグルーに会い、どうあっても首脳会談を開催したいと言い、必ず交渉をまとめる、自分は帰国して殺されるかもしれないが、それも覚悟の上だと言った。

近衛はローズベルトの返事を待った。ところが、ハルの応対は相変わらずだった。中国撤兵の問題、三国同盟について、日本の立場をはっきりさせることが先だと言い張った。そして、またたく間に一カ月がたった。

残された手はただひとつ、陸軍大臣を説得することだった。十月七日、十二日、近衛は陸軍大臣の東条英機に会い、中国から撤兵すべきだと説いた。東条は反対だと頑張った。十四日にも、近衛は東条に向かって、中国からの撤兵に賛成するように訴えた。東条は相変わらずの態度だった。近衛は閣議のあとで、もういちど話そうと言った。

ところが、閣議が始まって、東条はいきなり中国からの撤兵の問題を持ち出した。じつはかれは疑心暗鬼にとりつかれていた。外務大臣も、海軍大臣も、口にはださないながら、首相と同じように、中国から撤兵して、対米戦を避けたいと考えているにちがいないのだと思った。そして東条は、三カ月前に松岡洋右が閣外に放逐されたことを思い浮かべ、そんなことはさせないぞと闘争心を燃やした。閣議で喋ってしまったら、閣内の不統一を全閣僚の前で明らかにしてしまい、総辞職になってしまうとも知りながら、かれはかまわず言ってしまった。

東条は中国からの撤兵には絶対反対だと興奮ぎみに語り終えた。閣僚はだれひとり、なにも言わなかった。近衛は怒り、失望し、すべては終わったと思った。

ところで、東条は言いたいことを言ってしまって、意気軒昂といいたいところだったが、これまたそうではなかった。本当のところ、かれは動転していた。とんでもないことを喋ってしまったと東条は後悔していた。撤退は降伏だ、撤退は陸軍の士気を低下させると存分に喋りまくり、強硬態度をとりつづけて、閣内の不一致を暴露してしまった。こうなれば内閣の倒壊となる。だが、海軍が戦いに自信がないのが本当のことだったら、これは大変なことだ。

東条はどうしたらいいだろうかと考えた。九月六日の決定を取り消すことだ。参謀総長と軍令部総長を抑えるためには皇族が首相とならねばならない。東久邇宮が首相になればよい。

東条は企画院総裁の鈴木貞一《ていいち》を使者にして、近衛にこの考えを伝えた。近衛もこれしかないと思った。十月十五日、近衛は東久邇宮に会い、かれの考えを尋ねた。首相になってもいいと東久邇宮は答えた。ところが、十月十六日、木戸がこれに反対した。近衛は怒った。そしてただちに総辞職した。

近衛は国を破滅に引きずっていこうとする東条のことを怒り、木戸が非協力的な態度をつづけてきたことに憤慨した。木戸は木戸で、導火線に火がついたままのダイナマイトを残し、近衛は勝手に総辞職してしまったと腹を立てていた。だが、なによりも重大なことは、東条がこのときになにを考えていたかということだった。

東条は依然として自分がとんでもない誤りを犯してしまったのではないかと思い詰めていた。海軍は戦いに自信がないのではないかということが気にかかり、英国の東洋支配の牙城であるシンガポールを攻略してみせるのだといった意気込みは消えうせ、かれの胸中には、中国からの撤兵に反対の態度をとりつづけて、陸軍の利害を考えただけの要求に日本の生死存亡を賭けてもよいのだろうかという不安が重くのしかかっていたのである。

第六章　なぜ近衛は東条に内閣を託したのか

何年か前のことになるが、細川護貞《もりさだ》の座談記録が刊行されたことがある。

細川は自分の名前の護貞の由来を語ることに始まり、二代忠興《ただおき》と三代忠利の父子が交わした手紙が五千通残っているといったことから、書、絵、茶の湯、将軍家献上の銘菓にいたるまでの話をした。ところが、この座談のなかで、細川がひどく感情的な発言をしている箇所がある。政治の話になり、勝田龍夫の著書『重臣たちの昭和史』が話題になったときだった。

勝田のこの本は昭和五十六年に発刊された。かれはこれを書くにあたって、木戸幸一に二十五回にわたって会い、話を聞いたのだと記している。戦後の木戸は昭和五十二年に没するまで、新聞記者、放送記者に会おうとせず、自分のやったことを語ろうとしなかったのだが、勝田夫人は西園寺公望の秘書だった原田熊雄の長女であり、原田と木戸が親しかったという縁故があって、木戸は内大臣時代のことを語ったのであろう。

細川は質問者の内田健三に向かって、勝田のことについて次のように語った。

「私はあの人にあんな文章がどうも書けるとは思えないのです。牛場さんは、あの人は文章のうまい人なんだそうだよ、と言っておられたんだが、牛場さんはあの銀行に勤めておられた人ですよね。そこで私はそう思わないと、私は学生のころから付き合っているけれども、あの人が文章を書いたり手紙をくれたりしたことはない。くれてもメモぐらいで、その人があれだけの大著を書くとは考えられないと言ったんです。私はやはり銀行のスタッフか大蔵省のスタッフを使ってあれを書いたと思いますね。ゴースト・ライターが必ずいると思います。

あの人は本を読むとか、ものを書くということは全然不得手の人なんです」

内田健三は返事に困り、「いや痛烈なご意見で」と言いながら、あとは笑ってごまかそうとした。ところが、細川護貞の興奮はまだ収まらなかった。

「いや、私はあの本が出ました時に、第一に感じたことは、私をやっつけるために書いたんだなと思ったんです」

内田はいっそう当惑したにちがいない。勝田の著書には、近衛にたいする批判はあっても、細川にたいする批判はどこにもなかったからだ。

細川はどうして『重臣たちの昭和史』のなかに自分への非難攻撃があると思ったのか。以前に出した自分の本が木戸をひどく怒らせたと思いつづけていたからであろう。そして、いつか必ずや木戸陣営から反論、反駁があるものと覚悟していたからにちがいない。

細川が前に刊行した著作とは、昭和十八年末から、昭和二十年末までの戦争中の日記だった。かれは第二次、第三次近衛内閣の首相秘書官だった。このときかれはまだ三十歳になっていなかった。ついでに触れておけば、かれの妻の温子は近衛の次女だった。彼女は昭和十五年八月に二人の幼児を残し、病死した。この日記を記したときにもかれは近衛の側近のひとりだった。そこでこの日記だが、かれは話し手が語った要点をはっきりと記入し、自分の考えをしっかりと書き留めており、同時期の日記が数多く刊行されているなかで、もっとも優れた日記のひとつである。

さて、この日記が木戸を怒らせたと細川が思ったのは、このなかに近衛が語った木戸にたいする批判を載せていたからだし、なによりも『情報天皇に達せず』の表題が示すとおり、内大臣の木戸の妨害があったがために、戦争の終結が遅れたのだと読者に告げていたからである。

人びとの記憶のなかにいまもあると思うが、細川の日記は、『細川護貞日記』の名で昭和五十三年に出版される以前、『情報天皇に達せず』のタイトルで独立が回復されたあとの昭和二十八年に刊行されたのである。

ところで、細川が「私をやっつけるために書いたんだなと思ったんです」と言ったのにたいし、内田は少々慌てた。

「はあ、ま、それはそれとしまして、木戸さんは生き残って、頑張られたので、天皇が戦争犯罪の追及を免れられたという面はあるんですが……」

おかしなことに、このときには細川の感情のたかぶりは消えていた。内田のこの言葉をとがめなかった。ほんとうなら、細川は姿勢を正し、内田に向かって、次のように言わなければならなかったのである。

「木戸さんが生き残って、頑張られたからではない。近衛さんが自らの命を絶たれたからです」

そして細川は勝田の著書の一節を取り上げ、木戸さんが語っていることは事実からけ離れていると言わなければならなかったはずであった。

勝田のこの本のなかで、木戸は次のように語っている。

「木戸氏は面白い表現で近衛と東条の戦争責任を比較する。

『近衛が生きて東京裁判に出ていたら、広田は助かったろうね。近衛が犠牲になったろう。それはもう、ともかく近衛内閣のとき、すべての礎石は置かれたわけだよ。それで東条はそれを遵守してやったと。いわゆる東条の三段論法でだね、単純だから、あの人は』……

ところで、近衛の辞職——東条推薦の評価は難しい。

木戸氏は三十年以上経ったあとも、大変に深刻な、自問自答するような口調で、『どう考えてみても、僕としてはあれしかなかった』、『東条推薦は失敗だというのは、結果論だ』という。（五十年七月談）」（勝田龍夫『重臣たちの昭和史 下』文藝春秋、昭和五十六年、三〇〇頁）

木戸の語ったという説明は事実を語っているのか。近衛が生きて裁判に出ていたら、広田は助かったであろうと語る評論家や研究者は多い。それはそれでよいが、木戸が語ったというのであれば、話はまたべつである。どうして木戸はこんないい加減なことを語ったのか。

これについてはあとで述べるとして、木戸が過去を語った話をもうひとつ見ることにしよう。

木戸が勝田に、「近衛が生きて東京裁判に出ていたら」と語ったときよりも七年ほど前のことになる。昭和四十三年に木戸はある研究会に出席した。かつての華族社会の実態を知ろうとして、公卿華族、大名華族、勲功華族の生存者から話を聞く集まりであり、かつては侯爵だった木戸もその求めに応じたのだった。木戸が少年時代の思い出話をして、楽しいムードがひろがって、かれがかかわった政治の話になっても、かれはこのたぐいの話はやめておこうと手を振らず、すすんで語りつづけた。

聞き手のひとりが尋ねた。

「近衛さんは、憲法試案を作られたりしたあとに戦犯の指名をうけて、みずから命を絶たれたわけですが、いろんな本に、やはりそこには、近衛さんの華族としての生き方とかプライドというものがあって、みずから死をえらんだという風に書いてありますが、その点は、いかがでしょうか」

木戸は答えた。

「それも、ある部分はあったかもしれませんけれども、単に、それだけで彼が死んだとは思わんナ。公卿さんの生き方というよりは、彼には、今更アメリカに裁かれるのは厭だという気持ちがあったんじゃないか。それは、ぼくの考えからすれば、一種のわがまともいえるんじゃないか。ぼくの考えでは、とにかく敗戦の大責任を負った連中は、死んでしまったらそれで事がすむというものではない。やはり、やるだけのことはやって、首をくくられようと何しようと、国のあり方や立場を説明する義務があると思う。この点、杉山をはじめ軍人連中がみんな自殺しちゃったのは、いさぎよいといえばいえるだろうが、ぼくは賛成できない。戦犯といえば、それは確かに名誉ではない。けれども、われわれはそういう位置におかれた人間なんだから、これは仕方がないと思う。もともと、公卿さんなんて意識は、近衛には、あまりなかったね」（金沢誠ほか編『華族』北洋社、昭和五十三年、一九〇頁）

聞き手はだれもがなるほどと思い、大きくうなずいたのであろう。だが、木戸が勝田に語った話と同じく、この話も事実からは遠かった。

これについてもこの先で述べるとして、木戸の東条推薦の問題に戻る。

近衛と木戸は京都帝国大学在学中から、三十年以上のつき合いがあった。酒を飲んで、冗談をとばしたり、胸の中を打ち明けるといった率直な会話を交わしたことにはじまって、二人が話し合ったことは数百回、あるいは一千回以上にのぼったにちがいない。

とりわけ、近衛が死ぬまでの十年のあいだ、二人は頻繁に顔を合わせ、電話で話し合い、書簡を使いに託し、内政外交の重大問題を協議し、助言をおこない、判断を求めた。ところで、二人の話し合いのなかで、国の運命を決めるもっとも重大な協議は、間違いなく昭和十六年十月十六日の相談だったと私は思っている。

これについて語っているのも、細川護貞である。

この日の午後五時すぎ、首相秘書官の細川は宮内省庁舎の一室で、首相の近衛を待っていた。近衛は辞表を奉呈するために、天皇の政務室がある御学問所へ赴いていた。五時二十五分、近衛が宮内省庁舎へ戻ってきた。近衛と細川が乗った車が坂下門を出て、二重橋の前まで来たとき、近衛が口を開いた。内大臣と話し合ったと述べ、次期首相は東条大将になると言った。びっくりしている細川に向かい、近衛は次のように語った。

「非常に名案がでた。それは木戸が、戦争をするという東条に対して、戦争をしないということを約束させ、内閣を組織させることにしたのだ。これは名案だろう」（昭和同

人会編『昭和研究会』経済往来社、昭和四十三年、二五六頁）

他の機会に細川はこのときのことを説明して、近衛の発言を次のように記している。

「きょうはいろんな名案を思いついた。ぼくじゃない。木戸君だ。それは東条に政権を渡すと。そして東条をして、つまり一番の開戦論者をして戦争を抑えせしめるんだ。これは名案だと思わないか」

またべつの機会に、細川は次のように近衛の言葉を語った。

「どうやら落ち着いた。開戦を主張している東条のみが開戦論を押え得る唯一の男だという結論だ」（細川護貞「日本のハムレット近衛文麿」『文藝春秋』昭和三十年十二月号、一三二頁）

細川は近衛の説明に承服できなかった。戦争を商売とする軍人に戦争をさせないというのは無理ではないですかと言った。

細川がのちのちまではっきりと記憶していたのは、大声などあげたことのない近衛が珍しく声を荒らげたことだった。「それはおまえの書生論だ」と叱られたのである。

私が細川の語ったことを読んで思ったのは、このときにかれは近衛の辞表の内容を知らなかったのではないかということである。もし、この中身を知っていたのであれば、近衛が東条を後継首相にするのだと語ったとき、細川が近衛に尋ねた言葉はまったく違ったものになっていたのではないかと思うからである。

近衛は辞表のなかで、次のように述べている。

「……支那事変ノ未ダ解決セザル現在ニ於テ　更ニ前途ノ透見スベカラザル大戦争ニ突入スルガ如キハ　支那事変勃発以来重大ナル責任ヲ痛感シツツアル臣《しん》文麿ノ　到底忍ビ難キ所ナリ

因《よつ》テ此ノ際ハ　政府軍部協力一致其ノ最善ヲ尽シテ　アクマデ対米交渉ヲ成立セシメ以テ一応支那事変ヲ解決セントスルハ　国力培養ノ点ヨリ言ウモ　将《は》タ又《また》民心安定ノ上ヨリ見ルモ　現下喫緊《きつきん》ノ要事ニシテ　国運ノ発展ヲ望マバ　寧《むし》ロ今日コソ大ニ伸ビンガ為ニ善ク屈シ　国民ヲシテ臥薪嘗胆　益々君国ノ為ニ邁進セシムルヲ以テ　最モ時宜ヲ得タルモノナリト信ジ　臣ハ衷情ヲ披瀝シテ　東条陸軍大臣ヲ説得スベク努力シタリ

之ニタイシ陸軍大臣ハ　総理大臣ノ苦心ト衷情トハ深ク諒トスル所ナルモ　撤兵ハ軍ノ士気維持ノ上ヨリ到底同意シ難ク　又一度米国ニ屈スル時　彼ハ益々驕横《きようおう》ノ措置ニ出テ　殆ンド底止スル処ヲ知ラザルベク　仮令《たとい》一応支那事変ノ解決ヲ見タリトスルモ　日支ノ関係ハ　両三年ヲ出デズシテ　再ビ破綻スルニ至ルコトモ亦《また》予想セラレ　且ツ国内ノ弱点ハ彼我共ニ存スルヲ以テ　時期ヲ失セズ此ノ際　開戦ニ同意スベキコトヲ主張シテ已《や》マズ　懇談四度ニ及ビタルモ　終《つい》ニ同意セシムルニ至ラズ……」（『失はれし政治　近衛文麿公の手記』朝日新聞社、昭和二十一年、一三八頁）

細川護貞が辞表のこの部分を承知していたのであれば、後継首相は東条大将になるだろうと近衛が語ったとき、かれは意気込んで、次のように質問したはずだった。

「中国から撤兵するようにとの御諚《ごじょう》を東条大将に賜るようにするのですね。内大臣はそれに賛成したのですね」

じつは近衛と木戸は、かれらが内大臣執務室で協議したことについて、戦争が終わったあとに明らかにしている。

近衛は手記のなかでこのことについて述べ、木戸は、近衛の死のあとのことになるが、東京裁判の供述書のなかでこれについて記している。木戸が日記を残していることは前に述べたが、この日の近衛との協議については、日記のなかでなにも触れていない。

ところが、内大臣執務室における話し合いについて、近衛と木戸の説明は、いずれもいまひとつはっきりしない。

近衛は手記のなかで、木戸が、東条はこの数日のあいだに態度を変えたようだと語り、後継首相には東条がよいと述べたのだと言う。そして木戸はつづけて、「大命降下の際、なんらかのお言葉でも賜れば」(『失はれし政治　近衛文麿公の手記』朝日新聞社、昭和二十一年、一四〇頁)と言ったのだと述べている。

ところが、近衛は、中国からの撤兵を検討せよとのお上のお言葉が必要だと木戸に告げたとは記していない。

木戸のほうはどうであったか。かれはこの日の協議について、どのように思い出しているのか。かれは供述書のなかで、昭和十六年九月六日の御前会議の決定を白紙にして、出直すべきだと説き、このために天皇からお言葉をいただくと近衛に語ったのだと述べている。

白紙に戻さねばならない御前会議の決定とは、「外交交渉ニヨリ　十月上旬頃ニ至ルモ尚我要求ヲ貫徹シ得ル目途ナキ場合ニ於テハ　直チニ対米（英蘭）開戦ヲ決意ス」と定めた帝国国策遂行要領の第三項だった。

木戸は供述書のなかで、さらに近衛に次のように言ったのだと述べている。「海軍が確信を持たぬならば、対米戦は出来ぬと東条が申して居る通り、東条が若し新内閣を組織しても、それは対米開戦を意味するものではない。若し陛下が東条に組閣下命の際、この点について東条に優諚《ゆうじょう》を賜るならば、それも一つの難局打開策であろう」（朝日新聞法廷記者団『東京裁判　中巻』東京裁判刊行会、昭和三十七年、四三二頁）

だが、天皇がこのように抽象的な指示を東条に与えただけでは、アメリカとの戦争を避けることは不可能だった。これが名案なんかであるはずのないことは、近衛がいちばんよく知っているはずのことだった。

陸海軍は腹を割って協力せよと天皇が東条に述べたからといって、東条が海軍大臣に向かって、「頼むから本当のことを喋ってくれ。戦いに自信がないなら、そう言ってくれ。中国から撤兵してでも、戦いは避けるようにする」と語りかけ、海軍大臣がじつは戦いに自信はないのだと言うであろうか。及川古志郎はすでに辞任し、その後任は嶋田繁太郎だった。及川であれ、嶋田であれ、戦いに自信がないのだ、戦いを回避したいと言うはずがなかった。

あるいはまた、九月六日の御前会議の決定を白紙に戻して、戦争するかしないかを再検討してみたところで、中国から全面撤兵すると決めないかぎり、対米交渉はまとまるはずはないのだから、否応なしに開戦を決意することになってしまうことも目に見えていた。

たしかに国策再検討の会議を開けば、中国からの撤兵問題も再度討議されることになろう。だが、天皇が東条に向かって、中国からの撤兵を考えたらどうかと告げることなしに、かれを首相にしてしまったら、東条と杉山、かれの部下たちがこの問題で譲歩することは絶対にあり得なかった。中国からの撤兵に反対した東条が首相になり、中国からの撤兵を主張した近衛が辞任せざるを得なくなったという単純明快な事実から、東条をはじめ、陸軍のすべての幹部は、天皇が中国からの撤兵に反対なのだと確信を持つことになってしまうからである。

十月十六日の内大臣執務室における協議が、近衛の手記と木戸の供述書どおりの話し合いであったのなら、そのあとの近衛は車中で沈痛な表情をつづけ、「木戸は相変わらず責任逃れをしている。「戦争になる」とぽつりと洩らし、問い返す細川の声は思わず震えたはずであった。

近衛の手記、木戸の供述書は事実を語ったものではあるまい。いったい、内大臣執務室で、近衛は中国からの撤兵の問題を取り上げたのか、取り上げなかったのか。

昭和十六年の八月から十月のこのときまで、木戸は中国からの撤兵問題について語るのを避け、総理と陸軍大臣が争う問題に宮廷は介入したくないのだといった態度をとりつづけていたのであろう。近衛は木戸のそのような姿勢がごまかしであり、その本心は中国からの撤兵に反対であることを知っていたにちがいない。そのはっきりした証拠があることも、近衛は承知していたのであろう。

八月七日に、近衛は木戸からひとつの案を受け取り、十月九日にも、近衛は木戸からまたべつの案を示された。二番目の案については前に触れた。重慶、成都攻略案である。この二つの案は、どちらもアメリカとの戦いを回避して、持久策をとるものであったが、双方の案に共通していたのは、木戸が中国からの撤兵をまったく考えていないことであった。

そして八月七日と十月九日という日付に意味があった。

近衛が木戸から最初の案を受け取った八月七日だが、近衛は、日米首脳会談の開催を考え、主要閣僚の支持をとりつけ、駐米大使に訓電し、アメリカ側に申し入れをおこなえと指示していたときだった。このようなときに木戸が近衛に向かって、人造石油工業を建設して、持久策をとるべきだと説いたのは、口にはださないながら、日米首脳会談に反対だったからだ。木戸は慌てていた。人造石油工業を建設すればいいなどと言って、思いつきも窮まれりといったところだった。そのためには、どれだけの資材と原料、歳月がかかるか、木戸が知らないはずはなかった。実際には、パイロット・プラントもうまくいってはいなかったのである。

なにを慌てていたのか。木戸は次のように考え、ひそかに悩んでいたのであろう。近衛がローズベルトに大きな譲歩をし、たとえば、中国からの全面撤兵を約束してしまうのではないか。そして調印に先だち、直接天皇に裁可を求めてくるのではないか。大変な役目を負わされるのは内大臣である私となる。中国からの撤兵承諾の項目を外せとのお上の指示を近衛に訓電することは、穏当を欠き、望ましいことではない。

どうしたらいいのか。なにはともあれ、近衛と他の主要閣僚、随員となる者たちに向かって、アメリカにたいして大きな譲歩を考えたりすることなく、臥薪嘗胆策をとるべきだと説いておくことが必要だと木戸は思ったのである。

木戸が二度目の持久策を近衛に示した十月九日は、首脳会談の構想に賛成した駐日アメリカ大使のグルーもまた、本国政府を動かすことができず、ついに近衛が首脳会談を諦めたときだった。

木戸は次のように考えたのであろう。近衛はローズベルトとの首脳会談で日米間の問題を一挙に解決しようとしたものの、それができなくなり、困りはて、直接、陸軍大臣に向かい、中国からの撤兵に賛成せよと説得せざるを得なくなるだろう。陸軍大臣がこれを拒否すれば、近衛は内閣を放り出すことになる。いまこのとき、政変となっては大変だ。そこで木戸はもう一度、臥薪嘗胆策を近衛に示したのだった。

つけ加えるなら、前に述べたとおり、木戸の二度目の案も、陸海軍首脳に無視され、葬り去られたのだった。

こうしたことを木戸はやっていたのだから、近衛は木戸が中国からの全面撤兵に反対なのを知っていたはずだ。内大臣が中国からの撤兵に反対なら、天皇の考えも内大臣と同じであった。もちろん、近衛はこのことも承知していたのであろう。そこで近衛が、辞表のなかで、中国からの撤兵問題をめぐっての閣内不統一が総辞職の原因だとはっきり記したのは、天皇と内大臣がこの問題を改めて検討することを望んでのことだったのであろう。そして木戸は検討せざるを得ないはずだと近衛は思ったのではないか。かれが望んできた臥薪嘗胆策を陸海軍双方が相手にしないことはいまや明瞭なのだから、かれは中国撤兵問題にたいする考えを変えるしかないと近衛は思ったからである。

さて、内大臣の執務室で、近衛と木戸が話し合い、次期首相を東条にしようという話になったとき、近衛は当然ながら、いま天皇に奉呈してきたばかりの辞表について触れ、そこには、東条が中国からの撤兵に反対をつづけ、閣内不一致になったことから総辞職をしたと記してある、と述べたはずである。

そして近衛は語りつづけ、中国からの撤兵についてのお言葉が必要だとははっきり言わないながら、「なんらかのお言葉をお上から得るようにしたい」と語ったのであろう。言わずとしれて、天皇の東条への御沙汰は中国からの全面撤兵を検討するようにといった内容にならねばならなかった。木戸はといえば、中国からの撤兵問題についてのお言葉を得るようにしたいとは言わなかった。だが、近衛の語ったことにうなずいてみせたのである。

そして木戸は語り始め、九月六日の御前会議の決定を白紙に戻すことと、陸海軍がいっそうの協力を望むといった御沙汰をいただくようにすると言ったのであろう。九月六日の軽率な決定は、なんと釈明しようとも、近衛に一番の責任があることだったから、白紙に戻すと木戸に言われて、近衛はいささかばつの悪い思いをしたはずである。ところが、近衛はそんな具合に思うどころではなく、東条への御沙汰には中国からの撤兵が加わるものと思い込み、木戸もついに土壇場で考えを変えたのだと喜んで席を立ったのである。

自動車内で近衛が細川に語りかけ、東条が首相になると言い、細川がびっくりしていたとき、木戸は内大臣執務室を出て、御学問所にいた。

木戸は天皇に向かって、後継首班には東条大将がいいと思われますと言上した。かれはその理由を語り、さらに東条への御沙汰が必要だと述べ、これについて説明した。だが、近衛の辞表について、木戸は天皇になにも述べなかった。アメリカとの戦争を回避するためには、中国からの撤兵が必要であります。陸軍は河北、河南の両省と内蒙古に長期駐留すると主張していますが、全面的な撤兵を考えなければならないときがきております。木戸はこのように天皇の注意を喚起することをしなかった。

天皇はどうであったか。木戸が来る前に、天皇は近衛の辞表に目を通していたはずであった。だが、天皇もまた木戸に向かって、中国の戦況に進捗は見えない、だれもが長い戦いに飽きている、いまはアメリカの要求を容れ、和平を決意するときではないか、と問うことをしなかった。

翌十月十七日の午後、重臣会議が開かれ、木戸は東条を首相にすべきだと説き、不安、不審な表情を浮かべる重臣たちにかまわず、自分の主張を押し通した。このあと天皇は東条を呼び、後継内閣を組織するようにと命じ、陸海軍がいっそう協力するようにと言った。

つづいて木戸が東条に会い、九月六日の御前会議の決定にかかわることなく、内外の情勢をさらに広く深く検討し、慎重な考究をおこなうことが天皇の思し召しだと述べたのだった。

断章――㈤

昭和十六年十月は終わった。日本とアメリカとの外交交渉はまだつづいていた。こんな具合に外交交渉は延々といつまでもつづいて、その最後に戦争となるものなのか。

第一次大戦の始まりはどうであったか。

一九一四（大正三）年六月二十八日、オーストリアの大公がサラエボの町で暗殺された。三週間あと、オーストリアはセルビアに最後通牒を送った。セルビアはこの要求のすべてを受け入れなかった。オーストリア側はこれが気に入らず、国交を断絶した。英国の外務大臣が慌てた。オーストリアとセルビアの双方に交渉をおこなうようにと呼びかけた。オーストリアは自分の側が譲歩を迫られることになるのは面倒だと思い、七月二十八日、セルビアに宣戦布告をしてしまった。

セルビアの同盟国であるロシアはなにかをしなければならなくなり、七月三十日に動員令を発した。七月三十一日にドイツがロシアにたいし、十二時間以内に動員令を取り消すようにと要求した。そしてロシアの同盟国のフランスに向かい、中立を維持するかどうかを十六時間以内に回答するよう求めた。ロシアは黙ったままだった。フランスは木で鼻をくくった返事をよこした。八月一日、ドイツはロシアに宣戦を布告し、八月二日、フランスに宣戦した。

では、第二次大戦はどうだったか。

一九三九（昭和十四）年一月にポーランドの外務大臣がドイツに招かれ、つづいてドイツの外務大臣がワルシャワへ行った。ドイツはポーランドにダンチヒ返還を要求したのだった。だが、ポーランドはそれを拒否した。交渉はそれきりだった。ポーランドは鼻息が荒く、戦争は望むところだ、ベルリンなら三カ月で占領できると説く有り様だった。

八月二十三日、ドイツとロシアは不可侵条約を結んだ。秘密協定があり、そのなかでポーランドの分割を約束していた。九月一日、ドイツ軍はポーランドの国境を越えた。そして九月三日、ポーランドに保障を与えていた英国がドイツに最後通牒を送り、ただちに撤兵するよう求めた。ドイツはこれを拒否し、英国、そしてフランスはドイツに宣戦した。

さて、昭和十六年十一月に入り、日米間の外交交渉は八カ月がたち、すでに五十回に近い協議を重ねていた。

長い交渉だった。野村の交渉相手のハルは礼儀正しい対応をしながら、原則論を繰り返していた。アメリカ海軍、陸軍、英国、オーストラリアから、交渉を決裂させるな、時間稼ぎをつづけてくれと言われ、ハルは見事にこれを果たしていたのである。

奇妙な外交交渉だった。だが、ほんとうは奇怪な外交交渉というべきだった。アメリカ側は日本の手のうちを熟知していた。ハルは次の会談で野村がなにを言うかをすべて承知していた。ときには、野村よりも早く知り、野村よりも多くのことを知っていた。東京とワシントンとのあいだの外交電報を解読し、そればかりか、東京とベルリン、ローマとのあいだを行き交う通信のすべてを知っていたからである。

ハルが日本側の持ち札のすべてを知り尽くしていながら、ものうげな態度を崩すことなく、道徳主義的な説教をつづけていたのは、その昔に米西戦争でキューバ駐留軍の一員だったときに、ポーカーをやって習い覚えたテクニックがあってのことだった。

それにしても、野村よりも七歳年上の七十歳になるハルは、このイカサマ博打《ばくち》から一日も早く足を洗いたいと思っていたことは間違いなかろう。そして日本側はといえば、このポーカーフェイスのペテン師にいいようにあしらわれているとは露知らず、毎回、相手が先刻御承知のつまらぬ手札を切りつづけていたのである。

中国、インドシナから撤兵しよう、その代わり、アメリカはあの悪名高い東洋人排斥法を廃止せよ、アメリカ、キューバ、中米諸国、ハワイ、フィリピンの門戸を開放せよ、Ｂ17爆撃機をアメリカ本土に撤収せよ、二十億ドルの借款の供与を求む、といった解決案を考える者はいなかった。相も変わらず、わずかに手直ししただけの見栄えのしない、小ずるい案をだすだけだった。

第七章　なぜ吉田茂の乙案は無視されたのか

一九六三年、昭和三十八年秋のことだ。まだ若かった高坂正堯《こうさかまさたか》と粕谷《かすや》一希《かずき》の二人が大磯に吉田茂を訪ねた。

吉田はこのとき八十四歳であり、総理の座からは九年前に退いていた。吉田にたいする評価の見直しがおこなわれ、戦後最大の政治指導者と言われるようになり、かれが定めた進路は正しかったと語られるようになるのは、かれの死のあとのことである。

粕谷が吉田に尋ねた。

「幕末の慶喜《よしのぶ》公と近衛文麿公はどこか似ていないでしょうか」

粕谷は吉田がうんとうなずくと思っていた。しかし、吉田の答えはちがった。

「とんでもない。慶喜公は立派な方で比較にならない」

粕谷はちょっぴり失望した。のちにかれは次のように記した。

「最後のクライマックスで、部下を放り出して暮夜ひそかに大坂城を逃げ出して江戸に帰ってしまう(慶喜の)行動は許しがたい。

近衛もまた日米交渉の土壇場で、内閣を投げ出し、東条に城を明け渡し、開戦への道を開いておいて、開戦のその日に、すでに敗北を予見していた、という行動様式は、まったく奇怪というほかはない」

粕谷はさらに次のようにつづけた。

「ある政治体制の崩壊期、もしくは歴史の終わりに際しては、どこか共通した政治指導者が現れるものだろうか」(粕谷一希「近衛文麿と吉田茂」『諸君』文藝春秋、昭和五十四年三月号、一八三―六頁)

わたしは粕谷のこのような見方には賛成しない。だが、私も粕谷と同様、吉田の答えには失望した。

吉田はどうして徳川慶喜を褒めたのであろうか。慶喜の決断とかれの見通しの正しさを高く評価した渋沢栄一編纂の『徳川慶喜公伝』を読んでのことだったのかもしれない。では近衛についてはどうだったのか。戦争中に、吉田は戦いを終わらせるためにはどうしたらいいかと近衛と相談を重ね、その工作をともにおこなったのだから、近衛の考えていたこと、かれがやったことは、だれよりもよく知っていた。

ところで、吉田は戦時中に自分がやったことをはっきり語っていない。かれは多弁なように見えて、秘密主義であり、自分の記録を提供するよりも、伝説を好み、自分のやったすべてのことを説明したことがなかった。

かれが得意になって喋ったのは、昭和二十年四月に憲兵隊に捕らえられた話である。そしてこの原因となった近衛の有名な上奏文について、わずかながらも触れた。ところが、誤解が多い、というよりは、真剣に検討、研究されたことのないこの上奏文について、吉田は適切な説明をしたことがなく、このほかのことについても、かれはなにひとつ明らかにしなかった。

そして吉田は、自分が憲兵隊に検挙され、代々木の陸軍刑務所に収監された話だけを、諧謔《かいぎやく》と笑みをたたえた表情で語ったものだから、聞き手はそれに騙され、面白がるだけのことになった。そこでこの入獄が吉田の一枚看板となり、戦後に首相の座をかち得たのだと説く人もでてきたし、「戦争責任を追及されずにすむ免許を取ったようなもの」といい加減なことを言う者さえいる。

もう少しこの話をつづけよう。広田弘毅《こうき》が夫人に向かって、「吉田はいい金鵄勲章をもらったんだよ」と語ったという挿話も事実ではなかろう。吉田が逮捕されたと聞き、「助け出さなくては」と心配する妻に向かい、広田は「吉田はいいお免状をもらったんだよ」と言ったのだと城山三郎は綴っている。

吉田の逮捕を知って、近衛は木戸幸一に怒りをぶちまけ、こういうことでは重臣としての責任を尽くすことはできないから、位階勲等をいっさい拝辞する決心だと言った。

外務大臣の東郷茂徳は厳しい口調で、陸軍大臣の阿南惟幾《あなみこれちか》に吉田を釈放せよと迫った。牧野伸顕は親しくしていた前陸相の杉山元に使いを送り、これはどういうことかと尋ねた。

東京をはじめ、大都市への大規模な空襲がいよいよ激しくなっていたときであり、かれらのうちのある者は、自分の住まい、あるいは息子の家、娘の家、それともすべてを焼かれてしまい、戦地の息子からの便りは途絶え、だれもが刻々悪化する身のまわりの問題に頭を痛め、国の将来について考え、ひどく暗く、沈んだ気分の毎日を送っていた。かれらのうちのだれひとり、吉田は「お免状をもらった」だけのことだと言ったりせず、そんなふうに考えることもなかったのである。

広田ひとりが先見能力を持っていたのか。ほかの人と同様、広田にも先のことは分かっていなかった。ソ連が満洲国境へ陸続と大軍を送り込んでいた昭和二十年六月、広田は駐日ソ連大使のマリクに三回会い、不可侵条約を結びたいと持ちかけた。

広田は、自分の後輩で、高く買っていた外務大臣の東郷茂徳に懇請され、だめだと分かっていながら、この仕事をやったのかもしれない。それでは、これより前、昭和十九年にやった仕事はどうだったのであろうか。かれはリヒアルト・ゾルゲをソ連に送り返し、ソ連の好意をかちとろうとする工作の指揮をとった。スターリン書記長が自分を日本の監獄から救い出してくれると自信たっぷりに説くゾルゲの言葉を広田は信じた。

スターリンがそんな取り引きに絶対応じないということを広田は読みとれなかった。スターリンは消耗品のスパイの運命などまったく念頭になかった。ドイツ側の働きかけがあったにもかかわらず、かれはドイツ軍の捕虜となった自分の息子を助けることさえしなかった。広田がさらに気づかず、注意を払わなかったのは、ゾルゲのかつての保護者と上司がずっと以前にひとり残らず処刑されていたという事実だった。スターリンにとって、ゾルゲもまた「人民の敵」だった。

広田の働きかけにソ連はなんの反応も示さなかった。そこでこの工作は断念され、ゾルゲは昭和十九年十一月に処刑された。

吉田茂のことに戻れば、かれは戦争中にやったことを語らなかっただけでなく、日米戦争が始まる直前、昭和十六年十月下旬にやったことについても、なにひとつ語ったことがなかった。

だが、吉田は戦争中にそれを思い出すことがあったはずだった。そしてそれを思い出せば、悔恨が胸を突き、近衛の顔が浮かび上がることになったのではないかと私は考える。

それについて述べねばならない。

昭和十六年十月十六日、近衛内閣が総辞職し、十八日に東条内閣が誕生したとき、吉田茂はこれは危ないと思った。新総理と陸軍がアメリカにたいして非妥協的な態度をとるかぎり、とどのつまりは戦争を決意せざるを得なくなると思った。かれは幣原喜重郎を訪ねた。

吉田はこのとき六十二歳だった。昭和十三年末に英国大使をやめてからは、なんの役職にも就いていなかった。ドイツと同盟を結ぶことに反対し、英米両国との関係改善を望み、ほかの人がそれとなく仄めかすことをはっきりと口にし、人びとが黙ってうつむくとき、かれははっきりと要求したから、だれからも敬遠されていた。そして陸軍憲兵隊と陸軍調査部の密偵に見張られていた。

だが、吉田にはそうした脅しを恐れない腹の坐ったところがあった。かれにたいする賛辞としては、少々異様に聞こえるが、かつてかれに仕えたことのある者が、かれのことを「志士」と呼んだことがあった。かれが憲兵隊に逮捕されたのは、前に述べたとおり、昭和二十年四月のことだが、それより前の二月末のこと、評論家の清沢洌は外務省の課長の小滝彬から、「吉田は志士、重光は単なる官僚」（清沢洌『暗黒日記』評論社、昭和五十四年、五五二頁）という評価を聞いたのである。

幣原喜重郎については前に述べた。かれも外務省出身であり、広田、吉田、重光の先輩であり、このとき六十九歳だった。親英米派、現状維持派と非難され、「幣原外交」といえば、腰抜け外交、卑怯者の外交といつしか思われるようになった。そして昭和六年に外務大臣をやめてからは、政府の外交政策を公然と批判したり、派手に立ちまわることがなく、かれ自身、「水底の没人」と言っていたぐらいだから、だれにも警戒されなかった。昭和十五年には、かれは貴族院議員に選ばれることになったし、陸軍情報機関のブラックリストに載せられることもなかった。

それでも幣原はなお大きな存在だった。吉田茂の本領はカンのよさであったが、幣原の本質は勉強家だったことだ。仏印南部への派兵について、近衛が幣原の意見を求めたことは前に述べたし、吉田が戦争回避を考えることになれば、幣原と相談しようということにもなった。幣原と吉田は親しいつき合いをしていなかったが、幣原が外務大臣だったときに、吉田は次官として仕えたことがあったから、互いによく知っていた。

幣原と吉田の二人は考えた。日本が仏印南部へ派兵して、アメリカが全面禁輸の対抗措置にでたのだから、インドシナ南部に進駐させた軍隊を撤収することだ。これと引き替えに、アメリカをして、日本向けの石油の輸出を再開させる。

石油が供給されることになれば、軍令部総長の永野修身は「絶体絶命の境地」から脱することになろう。新海軍大臣の嶋田繁太郎が戦争を決意することもないだろう。幣原と吉田はこんな具合に考えて、この暫定平和案をまとめた。（東郷茂徳『東郷茂徳外交手記』原書房、昭和四十二年、二二二頁。東郷茂徳は「幣原元外相が局面収拾の方策として立案せしものなりとて吉田元大使が持参した」と述べている。だが、この案は幣原と吉田が協議し

て作成したことに間違いはなかろう。なお幣原喜重郎はこれについてなにも記録を残していないようだ）

吉田はアメリカ大使のグルーと英国大使のクレイギーに会い、この案についての意見を求めた。戦争の回避を望んでいたのは二人の大使も同じだった。かれらはこの案に賛成した。そこで吉田は新たに外務大臣となったばかりの東郷茂徳に会い、この案を手渡した。

国策再検討の会議が連日つづき、東郷はこの会議に出席していた。内大臣の木戸が新首相の東条に向かい、内外の情勢を検討し直せ、考究せよというのが天皇の思し召しだと述べたことで、この会議は開かれていた。

第一回の会議の開かれたのが、十月二十三日だった。ヨーロッパの戦いの見通しを検討した。翌十月二十四日には、統帥部の最高責任者が、立案された対米英作戦の説明資料を読み上げた。軍令部総長の永野が第一段の作戦には勝てると言った。

勝てて当たり前だった。相手は寄せ集めで、全部合わせても、日本の海軍戦力の九割にしかならなかった。

九割といったが、永野を含め、海軍幹部はもともと比率マニアだった。明治の末から大正の初めに、敵の戦力の最低七割をわれわれは確保しなければならないと海軍きっての作戦家、秋山真之《さねゆき》が唱え、海軍大学校の学生にこれを教えた。そこで大正十年のワシントン軍縮会議で、日本側は主力艦の保有量をアメリカの七割でなければならぬと頑張ることになった。ところが、アメリカと英国は日本を六割に抑えようとした。海軍内の強硬派は激しく反対したが、全権の加藤友三郎が対米比率六割を受け入れた。

それから八年のちのロンドン軍縮会議では、補助艦の保有比率を決めることになった。日本側は再び対米比率を七割にしようとした。やっとのことで、対米六割九分七厘五毛が成立したのだが、海軍強硬派は二厘五毛足りないと騒ぎたて、巡洋艦は対米八割がぜひとも必要なのだと主張した。そしてこの数字をめぐっての争いは、海軍を二分したばかりか、条約締結の是非をめぐって、政治家から国民までを巻き込む争いとなった。そして少年たちまでが、十五隻、十五隻の米英の戦艦数にたいし、日本の戦艦は九隻に抑えられ、五、五に対して、三の劣勢に甘んじることになったのだと憤慨した。

日本がワシントンとロンドンの二つの条約から脱退して、昭和十二年から無条約時代に入ることになったのだが、十五年のあいだの比率コンプレックスは、海軍軍人の脳裏に刻み込まれていた。そこで太平洋のアメリカ海軍、シンガポールの英国海軍、スラバヤとアンボン島のオランダ海軍、すべてを合わせても、前に述べたとおり、日本海軍の九割程度だということは、かれらに大きな自信を与えた。航空母艦の比率はさらにわが方に有利だった。航空母艦が艦隊の中心となり、攻勢の主役になることは、アメリカや英国の海軍首脳にはまだ分かっていなかった。日本でも、わずかな提督と幕僚が気づいているだけだったが、日米の空母の実勢を比べれば、日本が五つの航空戦隊、十隻の空母を持つのにたいし、アメリカ側は八隻のうち三隻を太平洋側に置くだけで、その比率は十対三だった。英国は空母をインド洋と南シナ海に配置していなかった。

開戦と同時にハワイを奇襲することは、国策再検討会議では、永野はもちろん一言も触れなかったが、アメリカの太平洋艦隊を最初の一撃で叩きつぶしてしまうつもりであり、これがうまくいきさえすれば、あとは残敵掃討となるはずだった。

永野はオーストラリア進攻作戦についても口にせず、オーストラリア方面からの潜水艦戦、小海戦が起こるだろうと言うにとどめた。

永野は真珠湾奇襲を秘密にし、オーストラリア進攻について語ることがなくても、昭和十八年末に中部太平洋にアメリカの新艦隊が登場することについては、はっきり述べなければならないはずだった。二年先のアメリカ大艦隊による反攻を恐れるからこそ、永野は、三カ月前の七月三十日に、勝つことは覚束ないと天皇に述べたのだし、二カ月前の八月二十六日には、かれはアメリカと戦うことを奇麗さっぱりやめてしまい、昆明作戦をやるべきだと天皇に説こうとしたのではなかったか。

そこで昭和十八年末に出現するアメリカ大艦隊について述べるなら、永野はこのときの対米戦力比率をはっきり語るべきだったのである。アメリカの建艦計画と建艦能力を語り、やがて就役する戦艦、空母、巡洋艦、駆逐艦のおよその数字を挙げ、たとえわが方に大きな損害がないとしても、対米戦力比率は五割になってしまうと言わねばならなかったのである。

七割、あるいは六割といった対米比率は、陸軍大臣、参謀総長、外務大臣、大蔵大臣のだれもがよく知っていた数字だった。七割の戦力を持つなら、敵艦隊を迎え撃ち、どうにか勝算があるのだといった話から、六割を押しつけられたがためにどれだけ深刻な争いが海軍内で起きたかについても、かれらは知り尽くしていた。そこで、かれらが対米五割という数字を耳にしたら、その低い比率にびっくりし、この劣勢戦力で決戦することはとうてい不可能だと思い、どうして海軍は戦う決意でいるのだろうかと疑うことになるはずだった。

ところが、永野は対米戦を回避しようとする二度の試みに失敗してからは、戦う以外にないと決意し、このような比率を口にすることはなかった。

永野は、開戦二年あとの戦いがどうなるかについては、アメリカの軍備拡張に対応して、わが海軍の戦力を適当に維持できるかどうかにかかっていると曖昧なことを言い、不確定要素が多すぎると口を濁しただけだった。

参謀総長の杉山元も、「初期及ビ数年ニ亙ル作戦的見通シ」について語ったのだが、得意になって弁じ立てたのは、毎回同じことで、南方地域の攻略だけだった。

「数年ニ亙ル作戦的見通シ」は、なんの中身もなかった。昭和十八年末か、昭和十九年初めには、アメリカ海軍は新しい太平洋艦隊を編成し、決戦を挑んでくるであろうことは、杉山も海軍幹部から聞いていたはずだった。だが、それは陸軍の戦いではないとかれは思っていた。戦略的に見ても、資源の上から見ても、「大持久戦」の遂行には自信があるとかれは気楽な見通しを語ったのだった。

戦いの見通しの再検討がこの程度のいい加減なことで終わるのなら、これ以外の問題を再検討することは、時間のむだというものだった。

たとえば、作戦のための船舶徴用量はどれほどになるかといった問いがあった。第一段の作戦が終わった段階で、どれだけの船を徴用解除できるかというのが、この問いの主眼だった。前にも述べたとおり、主要物資輸送のためには三百万総トンの船舶が不可欠ということになっていたから、これに合わせて、徴用解除することになっていた。南方作戦が終わったあとは、陸軍側は自分たちの戦いはないのだと信じ、海軍首脳はオーストラリア進攻作戦に触れようとしなかったのだから、このような徴用解除は可能であり、鉄鉱石、ボーキサイト、食糧の輸送に支障はないことになっていた。

三百万総トンが必要であると決まっていたから、輸送船の損耗量は、当然、新規造船量以下でなければならなかった。しかし、はたしてこのようにうまくいくかどうか分からなかった。それで結局はつじつまを合わせただけの数字となった。海軍幹部が説く船舶の損耗量が怪しいと思っても、戦いには負けないと陸軍側がすでに説いているのだから、どのような論議もすべて中途半端で終わることになった。

そして十月二十六日、べつの問題の再検討に入った。会議は、アメリカとの外交折衝をするにあたって、どれだけ交渉条件を緩和できるかを協議することだった。日米間の最大の争点は、前に何回も述べたとおり、中国からの撤兵問題だった。アメリカ側が中国から撤兵を求めるのにたいして、中国駐兵の期間を何年と答えるかを再検討しようとしたのである。

ところで、東条はとっくに自信を取り戻し、二週間前の落ち込みから完全に立ち直っていた。かれを含め、陸軍幹部は大変に強気だった。自分たちの主張は天皇の支持を得ており、大義名分は自分の側にあると思っていたからであろう。しかも、戦って負けはしないと自分たちの結論がでたあとのことだったから、一歩も引かぬ構えだった。

中国駐兵の期限は九十九年という条件にすべきだと陸軍側が主張した。すなわち駐留期限など決める必要はない、アメリカの要求をはっきり拒否すればよいと言わんがための意思表示にすぎなかった。東郷が激しくこれに反論した。その結果、いちおうは駐留期限を決めようという空気に変わった。期限を切るなら、五十年以下ではだめだと陸軍側が念を押した。東郷がとんでもないと言い、駐留は五年にすべきだと説いた。双方の主張はあまりにもかけ離れていた。

参謀総長の杉山が勿体《もったい》をつけ、二十五年で我慢しようと言った。東郷がここぞと粘り、八年にしようと言った。とんでもないと陸軍側が口をそろえて、反対した。十年にしようと言った。参謀総長と参謀次長がだめだと言った。どうにもならなかった。東郷は諦めることにした。(東郷茂徳『東郷茂徳外交手記』原書房、昭和四十二年、二二九頁)

もちろん、二十五年でも長すぎた。河北省、河南省、そして内蒙古に二十五年駐留をつづけるのだと言ったら、第二の満洲国をつくるつもりかとアメリカ側が反発するのは目に見えていた。駐留期限を二十五年にすると主張して、アメリカ側が経済封鎖を解除することはあり得なかった。

東郷は幣原と吉田の暫定和平案でいくしかないと思った。だが、これも陸軍にインドシナ南部からの撤兵を求めるものだから、簡単にうんとは言わないだろうと思った。東郷は会議の最終日のぎりぎり最後まで待つことにした。

十一月一日が国策再検討会議の最終日だった。会議は午前九時に始まった。臥薪嘗胆策、ただちに開戦を決意する案、外交と作戦準備を並行する案、三つのうちからひとつ選ぶことになった。

臥薪嘗胆策はだれからも相手にされなかった。とっくにだめだという結論がでていて、一週間にわたる再検討会議でも、それが可能かどうか、真剣に検討しようとしなかった。東郷は、交渉が不成立の場合でも、戦ってはならないと考えていたから、臥薪嘗胆策を支持したが、陸軍と海軍を敵にまわして、とことん頑張ることはできなかったし、そうするつもりもなかった。

外交交渉は作戦準備のカムフラージュだけでいい、ただちに開戦を決意すべきだと説いたのは参謀総長だった。東郷はもちろん、海軍も参謀本部の主張には反対した。結局、外交交渉と戦いの準備を並行する第三案を採用することになった。そこで、いつまで外交交渉をつづけるかという論議になり、外交の打ち切りの時期は十二月一日の午前零時と決まった。

こうした論議が終わって、午後十時となった。このとき、東郷が暫定和平案を持ち出した。すでに会議の出席者の了解を得ている外交交渉案を甲案とし、この新しい案を乙案とした。もちろん、東郷は乙案が幣原喜重郎と吉田茂によってつくられたものだとは言わなかった。

陸軍幹部がそれを知ったら、かんかんになって怒ったであろうが、それを知らなくても大変な怒りようだった。なぜいまになって藪から棒にこんな案を持ち出してきたのかと怒り、この中身に憤慨した。サイゴンから撤兵すれば、タイは英米の側に鞍替えするだろう。重慶政府は日本を侮ることになる。在米日本資産の凍結が解除されたとしても、輸出品目の許可制がつづくかぎり、アメリカは思いのままに日本に経済封鎖を仕掛けてくることができる。南部仏印から撤兵はしないと杉山が言った。

今度は東郷が蒼白になった。戦争もやらない方がよろしいと切り出した。会議室は殺気だった。

会議を司会する東条と進行係の陸軍軍務局長の武藤章がこれは大変だと思った。東郷が戦争するなと主張をつづければ、大詰めを迎えようとしている国策再検討会議はたちまち行き詰まってしまう。それどころか、閣内不統一で、総辞職となってしまうことにだってなりかねない。

武藤が十分間の休憩を提議し、陸軍幹部は別室に集まった。杉山と塚田は乙案を認めることはできないと言い張った。武藤は杉山を廊下に引っ張りだし、乙案に反対すると政変になってしまいますぞと脅した。

会議が再開されて、乙案の審議に入った。

「米国ハ年百万屯ノ航空揮発油ノ対日供給ヲ確約ス」の条項は、吉田がつくったのか、東郷が手を入れたものか、そのどちらにせよ、虫がよすぎた。ところが、陸軍側が、航空揮発油を含めて、年間一千万トンの石油を要求すべきだと言いだした。あまりに無茶だと口をはさんだのは、乙案による妥協を心ひそかに望んだ海軍首脳だったのかもしれない。

「年間百万屯ノ航空揮発油ノ対日供給を確約ス」を削り、「日米両国政府ハ相互ニ通商関係ヲ資産凍結前ノ状態ニ復帰スベシ」とした。資産凍結直前の状態では困るといった論議がまたひとしきりつづき、「米国政府ハ所要ノ石油ノ対日供給ヲ約ス」を加えることにした。

だが、これで終わらなかった。塚田攻か、杉山元が、こちらはサイゴンから撤兵するにもかかわらず、アメリカが重慶政府に援助を与えるのをそのままにしておくのはけしからん、と言いだし、追加の条項を是が非でも入れるようにと説いた。東郷は仕方がないと思った。「米国政府ハ日支両国ノ和平ニ関スル努力ニ支障ヲ与ウルガ如キ行動ニ出デザルベシ」とつけ加えることになった。

幣原・吉田案が採択されたという知らせは、吉田茂のところにも届いたのであろう。吉田は決定案に目を通して、追加条項に不安を抱き、これでは七月末の段階に戻すことから逸脱してしまい、アメリカがうんと言わないかもしれないと懸念したにちがいない。

駐米大使の野村吉三郎と新たに援軍として駆けつけた来栖《くるす》三郎が乙案を米国務長官に提出したのは、十一月二十日だった。ハルも、かれの部下も、そしてローズベルトも、虫のいい要求だと怒り、身勝手な提案だと非難した。この案によれば、アメリカは重慶政府への援助を打ち切らねばならず、インドシナ南部の日本軍はインドシナ北部へ撤収するだけのことであった。そして日本側は戦いに必要な石油を寄こせというのだった。

実際には、この案がまだ日本大使館の金庫のなかにあったときから、ローズベルトもハルも、この中身を知り、これが日本の最終案であることも承知していた。そこでかれらは改めて憤慨して見せただけのことであったが、この案を検討してみようと言えば、海軍が望む時間稼ぎがもうしばらくできるとかれらは考えた。しかし、ローズベルトは、そんな必要はない、面倒なことはやめにしようと決断した。十一月二十六日、ハルは乙案にたいする回答を野村に渡した。いわゆるハル・ノートと呼ばれることになる提案だった。

この提案は、中国とインドシナからの撤兵と三国同盟の死文化を要求し、中国においては重慶政府以外の政権の否認を求めていた。アメリカが望んでいること、願っていることをすべて思いっ切りよく並べていた。

ここでだれもがよく知っている挿話につづくことになる。この翌日、ハルは陸軍長官のスチムソンに向かい、「私のすることは終わった。この先は君とノックス海軍長官の出番だ」と語った。ハルの回答を受け取った東郷の反応も、だれもが知っている。「目も暗むばかりの失望に撃たれた」とのちにかれは記した。(東郷茂徳『東郷茂徳外交手記』原書房、昭和四十二年、二五二頁)

東郷だけではなかった。政府、軍幹部のだれもが呆然とし、落胆し、怒った。乙案に反対した陸軍主戦派の面々もがっくり気落ちしていた。

東郷は郷土の大先輩である牧野伸顕の意見を聞こうと思い、外務省顧問の佐藤尚武《なおたけ》をして、まず吉田のところへハル・ノートの写しを持っていかせた。

吉田は乙案がまったく無視されたことに大きなショックを受け、東郷と同じく、アメリカの新提案の厳しい内容に声もなかった。事実上の最後通牒だった。だが、そのような体裁はとっていなかったし、これを最後通牒と見さえしなければ、どうにかなると吉田は考えた。依然として日米戦争の回避を望んでいる駐日アメリカ大使のグルーも同じように考えていた。かれは吉田を招き、ハル・ノートを示し、これは最後通牒ではないと強調した。

だが、甲案、そして乙案を拒否されては、もはやどうにもならないと東郷は思い、海軍大臣、軍令部総長も外交交渉への最後の希望を捨てた。日本は戦いを決意することになった。

そこで初めに触れた吉田茂の悔恨のことに戻る。戦いが始まり、戦いがつづくあいだ、かれは自分が昭和十六年十月に大変な間違いをやってしまったと後悔し、次のように思ったことがあったにちがいない。

私はあのとき三カ月前に引き戻そうとした。昭和十六年十月末から七月末に戻そうとした。だが、アメリカがうんと言うはずはなかった。この三カ月のあいだに、情勢はアメリカ側に大きく有利となり、日本側に決定的に不利となっていたからだ。

ところが、私はそれに気づかなかった。時の大きな流れに私は目をつぶり、「舟に刻《きざ》みて剣を求む」という愚かなことをやってしまった。

吉田はこんな具合に考えて、臍を噬んだはずである。

もう一度、この三カ月を振り返ってみよう。

七月二十五日、日本の兵員輸送船と護衛艦艇の一群が海南島の三亜を出航した。七月二十八日に、このうちの一隊はカムラン湾に入り、二十九日にべつの一隊はサイゴンの外港であるサンジャックに入港の予定だった。

ところが、同じ二十五日、ホワイトハウスは在米日本資産を凍結すると発表し、翌日には、アメリカ内の日本の銀行、商社、船会社の支店に検査官を派遣し、手持ちの金、ドルを封印してしまい、厳重な監督下に置いてしまった。つづいて英国、カナダ、蘭領東インドが同じ措置をとった。たちまち貿易は断絶してしまった。

日本への石油供給を断てば、日本は屈伏するのか。逆ではないのか。日本は石油を入手しようとして、ボルネオ、スマトラを攻略しようとするのではないか。

もちろん、こうしたことはローズベルトが部下と何十回も話し合い、検討を繰り返してきた問題だった。日本資産の凍結をおこなう前日、七月二十四日のことだが、ローズベルトはホワイトハウスを見学にきた人びとに、演説をおこない、得意げに手のうちを見せた。

「もしアメリカが日本にたいする石油供給を停止していたら、日本は一年前に蘭領東インドに攻め込み、すでにその地域で戦争が起きていたであろう。

言ってみれば、われわれ自身の利益のために、英国の防衛のために、そしてまた海洋の自由のために、南太平洋での戦争防止を期待して、日本に石油を供給するという方法があったわけで、この方法は二年間役に立った」（ハーバート・ファイス、大窪愿二訳『真珠湾への道』みすず書房、昭和三十一年、二二二頁）

ローズベルトは上機嫌だった。かれは「二年間役に立った」と過去形で語ったが、それがなぜなのかは説明しなかった。すでにそのときには、かれは在米日本資産の凍結を決めていた。発表は翌日の予定だった。日本が戦いたいなら、戦わせてやろう。相手になってやる。かれはこんな具合に考えたのである。

なぜだったのか。ドイツ軍による英本土攻撃を恐れる必要がなくなったからだった。これより一カ月前にドイツ軍は、地上部隊はもちろんのこと、空軍の大半をソ連との戦いに投じたため、英仏海峡横断作戦をおこなうことができなくなった。英国の最大の危機は完全に終わった。

さしあたってアメリカがすることといえば、ソ連に航空燃料と冬季用の長靴、食糧の缶詰を送り、英国への武器と食糧の補給を増やすことだった。そしてドイツ潜水艦の通商破壊作戦に対抗して、アメリカ海軍は英国海軍との協力をいっそう強化することだった。アメリカ海軍が防衛水域をひろげ、船団護衛と哨戒任務を強化していけば、ドイツ潜水艦との宣戦なき戦いが続発し、正式参戦への道は開かれる。

こうしてローズベルトは、余裕をもって戦争計画を立てることができるようになったと思った。だからこそ、パネー号事件が起きた昭和十二年からずっとやりたいと思ってきた日本にたいする全面禁輸に、いよいよ踏み切ることにしたのである。

日本は経済封鎖に屈伏することなく、東インド諸島を攻撃するかもしれない。やりたいならやらせてよい。すでにアメリカ側の戦争準備が進んできており、それにともなって、ローズベルトの部下たちは日本軍の戦争能力をひどく低く評価するようになっていた。これは英国の軍幹部も同じだった。

たとえば、日本の軍艦はなにからなにまで英国の軍艦をまねた劣悪なコピーにすぎないと語る専門家がいた。日本の航空機は三流品であり、パイロットの腕は拙劣であり、イタリア以下だと英国の軍幹部は語っていた。

そして英国の統帥部とカナダ軍の幹部は、香港国境の要塞は日本軍の攻撃に充分堪えることができると思い込んでいた。香港を守り通せるといった話に首をかしげる者も、極東軍総司令官のマッカーサーがフィリピンを守り抜くことができると語る話を信じていた。

そして前にも述べたことだが、アメリカ陸軍の幹部はB17をフィリピン、グアム島、中国内に配備しさえすれば、アメリカは日本にたいして優位に立つことができ、日本を抑え込むことができると思っていた。

だが、ローズベルトにしても、英国の首相のチャーチルにしても、手放しで安心していた訳ではなかった。

両国の統帥部はソ連の抵抗が長くはつづかないと見ていた。最小限一カ月、最大限三カ月で戦いは終わると説く者が多かった。そして最初の二十日間のドイツ軍の圧倒的な強さとソ連軍の甚大な損害がこの見方を裏づけた。

ソ連の軍部がスターリン政権を倒し、ドイツ軍と休戦協定を結ぶかもしれなかった。それともスターリンがヒトラーに降伏し、ウクライナとバルト三国をドイツに割譲し、戦いは突如として終わってしまうかもしれなかった。

九月に休戦という事態になることだってあり得た。そうなれば、来年の夏には、いよいよヒトラーはヨーロッパ大陸の片隅にただひとつ残る英本土を攻略しようとするにちがいなかった。

ソ連がドイツに降伏することになるのなら、日本との戦いは避けねばならない。日本にたいして宥和策をとるのが賢明であろう。アメリカ政府の幹部はこんな具合に考えたはずであった。

ローズベルトはしっかりと逆櫓を用意していた。じつを言えば、かれは日本にたいして石油の輸出を全面的に禁止したのではなかった。アメリカにおける日本資産を凍結したとき、ローズベルトは部下に向かい、日本への石油の供給はつづけると言った。

この数日あと、アメリカ政府は第二次の対日石油輸出禁止令を発表した。ローズベルトが述べたとおり、これは日本にたいして石油の輸出を完全に禁じたものではなかった。中国との戦いが始まった前の年に、日本向けに輸出したのと同量までの石油、低品質のガソリン、潤滑油を輸出することにしていた。そしてこの分の輸出許可証を発行し、凍結資金を解除することになっていた。だからこそ、八月三日付の日本の新聞も、「米、石油禁輸を拡大　石油製品も戦前に限量、許可制」といった見出しを揚げたのである。

（「東京日日新聞」昭和十六年八月三日付）

ところが、八月の中旬、下旬になっても、新しい権限を持った幾つもの機関と委員会はそれぞれ縄張り争いをし、勝手に行動し、日本向けの石油の輸出を許可しようとしなかった。そして大統領はこの混乱した状態に口出しをしなかった。ソ連軍が崩壊する兆しを見せず、スターリンが降伏する気配がなかったからであろう。

ドイツ軍が八月中にモスクワを占領する見込みはすでに消えていた。モスクワを目指すドイツ中央集団軍の機甲部隊は大雨と湿地帯に阻まれ、泥濘に足をとられた。進撃速度は鈍り、ドイツ軍はソ連軍を包囲殲滅する機会を二度、三度と逸してしまった。

ドイツ軍の味方となる短い夏は容赦なく過ぎていき、三週間は無理だとしても、秋までにはソ連は降伏すると予測していたアメリカの将軍や軍事専門家たちは待てよと思い、このまま時間切れとなる、ソ連軍は冬まで持ち堪《こた》えることができるかもしれないと思うようになった。そして来年になってしまえば、ドイツ軍が広大なロシアの全線で同時に攻勢にでる力はもはやなく、ソ連が降伏する可能性はなくなるだろう。

ローズベルトは日本に気をつかう必要はまったくなくなったと考えた。そこで日本への石油の輸出に許可を与えないことにした。もちろん、ソ連軍が予想外に頑張りつづけているからだとは言わなかった。日本に石油の輸出を許可すれば、日本、英国、そしてアメリカの国民は、それをアメリカの弱さのあらわれとして受け取ることになってしまうからだとかれは語った。（Anderson, Irvine H. Jr. *The Standard-Vacuum Oil Company and United States East Asian Policy 1933-1941*, Princeton University Press, 1975）

昭和十六年九月三十日、ドイツ中央集団軍が再びモスクワへの攻撃を開始した。アメリカと英国の軍事専門家はこれでスターリンはおしまいだと、またも言いだした。スターリンは政府と党機関のすべての疎開を命じ、モスクワの外交団はヴォルガ川沿いにあるクイビシェフへ移ることになった。日本では、近衛内閣が退陣し、東条内閣が発足したときだった。

そのときソ連軍の側に援軍が登場した。雪ではなかった。十月中旬に降り出した秋雨だった。劣悪な道路は崩れ、畑は沼地と変わってしまい、前線に重火器を送り込むことができなくなり、食糧と防寒具の輸送も止まってしまった。まもなくすべてが凍りつき、雪が降り出した。

もう大丈夫とローズベルトは思ったのであろう。かれは日本向けの石油パイプの栓の側から離れた。この栓は閉じられたままとなった。かれは国務長官のハルが日本大使に事実上の最後通牒を手渡すことを承認した。

吉田茂が過去を振り返って悔恨に駆られたとすれば、それは、希望が判断をゆがめ、国際情勢の流れを見てとれず、三カ月前に時計の針を戻すことができると考えた自分の迂闊さにたいしてであったはずだ。

戦後、吉田が外務大臣になったときのことになるが、ときに部下たちに怒りをぶつけ、「お前らは軍部なんかに迎合して、ソ連の斡旋によって講和するなんてなにをやっていたんだ」と言ったことがあった。

だが、吉田が幣原とともにつくった乙案のばかばかしさ加減は、ソ連に和平の仲介を求めようとした試みとさほどの違いはなかった。吉田もまた、「なにをやっていたんだ」と罵声を浴びせられても仕方がなかったのである。

それなら吉田はどうすればよかったのか。乙案などつくるべきでなかったのである。なんの役にも立たない暫定和平案を東郷のところへ持っていったりせず、近衛前総理の中国からの撤兵の主張を継承すべきだと東郷に説き、閣議と大本営政府連絡会議で徹頭徹尾、中国からの撤兵を主張すべきだと言わねばならなかったのである。

吉田は過去を振り返って、次のように考えたことがあるにちがいない。

あのとき、外務省の東郷の先輩の広田弘毅も、東郷の部下たちも、中国からの撤兵を説くようにと東郷に言わなかった。ほんとうなら、私が東郷を励まし、決して妥協するな、とことん頑張れ、骨は拾ってやると激励しなければいけなかったのだ。

ところが、ハル・ノートが出たあとになって、私は東郷に会い、ハル・ノートは最後通牒ではないと閣議で説くよう勧め、この主張が通らなければ、辞任すべきだと言った。あまりに遅きにすぎた。どうにもなるはずはなかった。

国策再検討会議で、東郷が中国の占領地の全域から撤兵すべきだと説き、五年などと言わず、二年から三年のあいだに撤収すべきだと毅然たる姿勢で主張し、杉山が二十五年とすべきだと言っても、首を横に振りつづけ、梃でも動かぬ構えを見せたら、どうなったか。

会議は中断せざるを得なくなったであろう。参謀本部作戦第一部長の田中新一は参謀本部に戻り、外務大臣を取り替えねばならないと興奮気味に叫んだであろう。作戦課戦力班長の辻政信《まさのぶ》は、愚図愚図言うなら、始末してしまえと大きな声をだしたに相違ない。

アメリカ側が近衛・ローズベルト会談の開催を拒否する以前のことになるが、首脳会談なんか開かせてたまるかと声を張りあげたのが、辻だった。辻の誘いに応じ、近衛の暗殺計画を立てたのが、右翼の頭株のひとりである児玉誉士夫《よしお》だった。近衛とその一行は横浜港の新港埠頭に特別列車で向かうと見て、六郷鉄橋で爆破する計画を立てた。陸軍幹部は、自分たちの主張を押し通すために、実際には脅しだけの、このたぐいのテロの噂や脅迫を歓迎するのが常だった。

東郷が頑として自説を貫いたなら、東条は内大臣の木戸に助力を求めることになったであろう。東条は木戸にこう言っただろう。国民と軍は政府がいまなお決断できないでいることに不満を高めている。わずか二週間で再び政変になれば、このあとだれが総理になっても、国民は政府を信頼しなくなる。陸海軍の士気も低下する。もちろん、アメリカや重慶政府の侮りも受けることになるにちがいない。そして東条は木戸に、東郷外務大臣が単独辞任するよう説得を願いたいと懇請することになったであろう。

そうなれば、木戸は直接自分からは言わず、たとえば広田弘毅に依頼し、次のように東郷に告げさせようとしたであろう。再考できないか。この危急のときに、内閣総辞職となってしまうことについては、陛下も御軫念《ごしんねん》である。考えを変えることができないなら、単独辞職すべきだ。

こうして東郷は辞任せざるを得なくなるだろうが、たとえそうなったとしても、そのかわり中国からの撤兵に反対の内大臣に、ヨーロッパの戦いでドイツが勝つことはあり得ないとはっきり説くことができたはずだ。

前に触れたことだが、十月二十三日の国策再検討会議で、「欧州戦局の見通し」を検討した。東郷の主張は、結局は無視されることになったのだが、ドイツが負けると予測するものだった。陸軍作戦部長の田中新一は外相の発言を要約し、「来年ハ五分五分、再来年《さらいねん》ハ英ノ勝利ト考エアリ」（防衛庁防衛研修所『大本営陸軍部大東亜戦争開戦経緯 5』朝雲新聞社、昭和四十九年、一九二頁）と日誌に記したのである。

そこで東郷は木戸に、次のように言うことができたのである。

アメリカと戦って、勝つことはできない。昭和十九年のことは分からないと軍令部総長は繰り返し主張している。ドイツが勝利を収める可能性も薄くなっている。昭和十九年には、ドイツの全戦域の状況は絶望的なものとなるのではないか。

昭和十九年、二十年には、日本はアメリカと戦って苦戦をつづけるばかりでなく、背後からソ連に攻め込まれることもあり得る。中国からの撤兵に反対する人びとは、中国から撤兵しても、昭和十九年、二十年になって、日本がはるかに不利な情勢下、戦争せざるを得なくなるのだと説く。この推測が正しいとは私は思わない。それはともかく、勝つことができない戦いをいま始めるのが、われわれの正しい選択の道であるはずがない。

木戸は反論できず、なにも言えなかったであろう。そしてかれの脳裏には、近衛が天皇へ提出した辞表のなかの「前途ノ透見スベカラザル大戦争」の一節が浮かぶことになるはずだ。

あるいは木戸はそれと分からぬような変化を見せ、陸軍からゆっくり離れることになったかもしれない。木戸だけではなかろう。宮内大臣、侍従長から重臣、枢密顧問官たちも、近衛が辞任し、それから二週間あとに東郷がやめたのは、いずれも陸軍と争って、中国からの撤兵の主張が容れられなかったからだと知ることになれば、中国に駐留をつづけて当たり前ではないかと考えていた人びと、アメリカが日本に余計なことを口出しするのは不愉快きわまりないと思っていた人たちは考え込み、いまこそ支那事変に終止符を打つチャンスかもしれないと考えを変えるようになったかもしれなかった。

そこで東郷辞任のあとの外務大臣だが、東条は外務省出身者から選ばざるを得なくなったはずだ。陸軍の言いなりになる者を外務大臣にするといったことはできはしなかった。外務大臣候補の一番手である重光葵《まもる》を指名することになったであろう。重光は木戸と東条に向かって、中国からの撤兵問題についてどのような主張をすることになったであろうか。

吉田茂と粕谷一希との会話に戻るなら、吉田は粕谷の顔をじっと見詰め、「たしかに慶喜公と近衛公はよく似ています。慶喜公は立派な方です」と語り、ひと呼吸おいて、

「近衛公は誤解する人は多いようだが、公も立派な方です」と言い、口を閉じてもよかったのではないか、と私は思っている。

断章――㈥

月齢十九、寝待ちの月は広くひろがる雲に隠れていた。おぼろげながら水平線が見え始めた。六隻の空母から爆撃機と攻撃機と戦闘機がつぎつぎと飛行甲板を飛び立ち、艦隊の上空で編隊を組み、隊形を整えた。総指揮官機が先頭に立ち、百八十九機の攻撃部隊はオアフ島に機首を向けた。

十二月八日の午前一時四十五分だった。これは日本時間である。ハワイ時間では七日の午前六時十五分であり、ワシントン時間では七日午後十二時四十五分だった。

総指揮官機は雲の切れ目から雲の上に出た。高度三千メートルである。左手の空が明るくなり、眼下の黒い雲が白さを増してきた。まもなく雲海は真っ白に変わり、空は黄色みを帯び、曙光がさし始めた。太陽がまばゆい光をはなって、昇ってきた。

総指揮官機の九七式艦攻に乗っていたのは淵田美津雄だった。かれは風防ガラスを開き、立ち上がった。いま、この瞬間が日本の夜明けなのだと思った。うしろを見た。後続機すべてが朝日を浴び、金色に光り輝いていた。いちばん近くの同じ艦攻に乗っている小隊長の岩井健太郎が笑みをたたえ、手を挙げた。(淵田美津雄「真珠湾上空一時間」『別冊知性 1』河出書房、昭和三十年、四六頁)

ワシントンの日本大使館では、大使の野村吉三郎と来栖三郎、参事官の井口貞夫、書記官の松平康東、寺崎英成《ひでなり》、結城司郎が時計を睨み、もうだめだと溜息をついていた。大使がアメリカ国務省を訪ね、長官に覚書きを渡さなければならない時刻は午後一時だった。時計の針がまさにその時刻を指し示していた。覚書きの清書は三分の一が終わっただけで、タイプを打つ書記官の奥村勝蔵は、打ち損じ、紙を取り替えるといったことを繰り返し、冷や汗を流していた。幹部館員でタイプが打てるのは、かれひとりだった。

それより二時間前に戻る。午前十一時、この朝とどいたべつの暗号電報の翻訳*

＊　余計なことをつけ加えておこう。東郷茂徳であれ、大野勝巳であれ、外務省に勤務した人びとの叙述を読めば分かるとおり、日本では暗号電報の「翻訳」を「解読」といっている。暗号方式の正しい所有者がおこなう「翻訳」と、それ以外の者がおこなう「解読」を区別しないいい加減な態度こそが、日本の暗号史を不名誉きわまりないものにしたばかりか、多くの人を犠牲にすることになったのである。

を終えた電信課員が息を弾ませて、とんできた。大使館内はそれこそ青天の霹靂といった騒ぎとなり、全館員は顔色を変えた。覚書きのアメリカへの手交は午後一時と外務大臣から指示してきたのである。とても間に合わない。覚書きは初めから英文だったから、大使館で翻訳する必要はなかった。だが、最高機密の電信だったから、暗号翻訳に時間がかかった。覚書きの最終部分の暗号の翻訳はまだ半分も終わっていなかった。清書の作業はまったく手をつけていなかった。

タイピストにやらせれば、時間内に間に合うだろう。だが、外務大臣からタイピストを使ってはならぬとの命令がきていた。二時間あとにはアメリカ側に渡すのだから、アメリカ人のタイピストを使っても、秘密が洩れるといったことはあり得なかった。ところが、この日は日曜日だったから、タイピストは出てきていなかった。

じつは十二月七日が日曜日だったということが、外交史上まれにみる大失態の原因となった。野村から寺崎まで、だれもがその覚書きをアメリカ側に渡すのは月曜日の朝なのであろうと勝手に思い込んでしまい、だからこそ、土曜日の夜にかれらは館員の送別会を開いたりしたのだし、日曜日には、てんでんばらばら午前十時、十一時に出勤してきたのである。

もちろん、そんなことは言い訳になりはしなかった。前日の正午、外務大臣から、このあと幾つにも分けて送信する電報は十一月二十六日のハル・ノートにたいする回答だと告げてきていた。来栖から奥村まですべての館員は、その覚書きがどれほど重要なものであるかはっきり分かっていたはずだった。しかも外務大臣から、アメリカ側に提示の時期はこのあとの電報で告げるが、いつでも相手方に渡せるようにすべてをやっておくようにと懇切丁寧な指示があった。

日本の外務大臣のその指示を解読し、その言いつけをしっかり守ったのは、アメリカ側だった。同じ日曜日、さっさと暗号電報の解読をすませ、午前九時半には、海軍長官がその覚書きの最終部分に目を通し、午前十時には、ローズベルトがこれを読んでいたのである。

そこで午後一時になるわけだが、書記官たちはしまったと青くなり、大変なことになってしまったと悔やんだあと、開き直ったのであろう。翻訳された最終部分を読み、これは外交断絶の通告ではないか、戦闘行為の通告ではない、三十分や一時間遅れたところでどうということはあるまいとたかを括ることになったのである。

たしかに外務大臣の東郷茂徳が作成したこの覚書きは、外交打ち切りを告げるだけの通告文だった。十一月二十六日のハル・ノートは疑問の余地のない最後通牒なのだから、開戦を告げる日本側の回答はこれで充分だと東郷は考えていたのである。

そしてローズベルトも、かれの部下たちも、解読されたその最終部分を読み、これは戦争だと言い、前にも触れたとおり、かれらは日本軍がシンガポールを攻めると思い、ボルネオの油田を占領するだろうと思ったのである。ところが、ワシントンの東郷の部下たちは、外交関係の断絶のあとは大使の引き揚げといったことになるのだろうと想像したのである。

午前三時二十三分、戦爆連合の攻撃部隊がオアフ上空に到達した。淵田は、高射砲弾の閃光も黒煙もなく、敵機の姿もないのを確かめ、電信員に「我奇襲に成功せり」と発信させた。略号はトラである。二分あと、午前三時二十五分に攻撃を開始した。ハワイ時間で午前七時五十五分、ワシントンでは午後一時二十五分だった。

東京では、軍令部総長をはじめ、海軍の幹部たちが奇襲成功の報せを聞き、よかったとほっとし、やがて告げてくるであろう戦果を待つことになった。

眠っていなかったのはかれらだけではなかった。ローズベルトの天皇宛ての親電が駐日大使のグルーのところに届いた。グルーは東郷に会い、外務大臣は首相の東条と協議し、さらに東郷は内大臣の木戸に連絡し、つづいてそのメッセージの写しを手にして参内した。これが午前〇時四十分から午前二時四十分までに起きたことだった。

ローズベルトの天皇宛てのメッセージは、インドシナからの撤兵を求めたものであり、もちろん、首相も、外務大臣も、内大臣も相手にしなかった。ローズベルトの側も、いよいよ戦争が切迫していると知って試みたいつもながらのお芝居であり、前にもヒトラー、ムッソリーニに宛ててこのたぐいの親電を発したことがあった。ローズベルトは自分のいっさいの努力が最後の最後まで平和を維持することであったと記録に残そうとしたのである。

親電騒ぎが終わってからも、天皇、首相、外務大臣のだれもが眠ることはできなかった。そして眠っていた閣僚たちがつぎつぎと起こされていた。内閣から電話がかかってきて、緊急閣議を開くから、午前六時に総理官邸に集まるようにと告げられたのだった。

午前四時五分、ハワイでは午前八時三十五分、ワシントンでは午後二時五分、オアフ島では、空母機動部隊の第一波の攻撃が終わり、第二波百七十一機による攻撃がまもなく始まろうとしていた。ワシントンでは、野村吉三郎と来栖三郎が国務省長官室の脇の控え部屋に入った。十五分ほど待たされ、長官室に招じ入れられた。野村はハルに通告文を渡し、午後一時に手交するよう訓令されていたのだが、暗号の翻訳に手間どり、遅れてしまったのだと弁解した。

ハルはローズベルトからの電話で、日本軍が真珠湾を攻撃していると聞いたばかりだった。もちろん、ハルも最初は信じることができなかった。日本はシンガポールを攻撃するものと思い込んでいたからである。かれはすでに承知している通告文に目を通すふりをして、ただひとつ知りたかったことを聞こうとして、どうして午後一時に渡すことにしていたのかと訪ねた。野村が知らないと答えた。ハルが口を開いた。「これ以上恥ずべき嘘とよこしまな文章を見たことがない」と最大級の罵言を一気に並べたてた。抗議しようとする野村に口を開かせず、ハルはドアを指し示した。野村と来栖が出ていったあと、「悪党め」とハルは吐き捨てた。

大使館では、井口も、奥村も、松平も、午前十一時のショックにつづいて、二度目の衝撃に呆然としていた。各通信社から送られてくるテレタイプは日本軍が真珠湾とマニラを攻撃していると告げていた。

近衛文麿は午前六時前に電話で起こされたのであろう。外務省か同盟通信社のだれからか、戦争が始まったと知らされたのであろう。とうとうやったか。電話室を出たかれは足がよろけたのではなかったか。

総理官邸には、閣僚が次々と到着していた。農林大臣の井野碩哉《ひろや》は廊下で海軍大臣の嶋田繁太郎に行き合った。黒い鞄を抱えた嶋田が「やったよ。真珠湾を攻撃した」と言い、米太平洋艦隊のあらかたを撃滅したと語り、わが方の損害は僅かだと言った。井野の目は潤み、涙がこぼれ落ちた。(井野碩哉「太平洋戦争秘録」『水産振興』東京水産振興会、昭和四十六年二月号、二九頁)

木戸幸一はどうしていたか。外務大臣の上奏があって、かれも宮殿内の執務室へ赴き、帰宅したのは午前三時半であり、このあと眠ることはできなかった。海軍の航空隊がハワイを空襲したと天皇から教えられ、そのことがずっと気にかかっていた。陸海軍総長が戦況報告のために参内するから、もうすぐ攻撃の成否を知ることができるとかれは自分に言いきかせた。

木戸は出勤のために、午前七時十五分に家を出た。車が赤坂見附の坂をのぼり、三宅坂の交叉点を右折したとき、濃い霧の上に太陽が顔をだした。淵田美津雄が太陽に向かって、いまこそ日本の夜明けだと思ったときから、すでに五時間半がたっていた。木戸は瞼を合わせ、太陽に向かって祈願した。(『木戸幸一日記 下巻』東京大学出版会、昭和四十一年、九三二頁)

第八章　だれが近衛を自殺に追い込んだのか

日本とアメリカとの戦いは三年八カ月つづいた。

昭和二十年八月十五日、惨憺たる状態のなかで日本は降伏した。しーんと静まり返ったなかで、人びとはラジオから聞こえてくる天皇の声に聞き耳をたてた。雑音が激しく、はっきり聞きとることができなかった。だれもが信じがたいと思い、呆然としていたが、どこかほっとした気持ちもあった。

降伏とはどういうことなのか、人びとにはなんの実感もなかった。夜になって、何年ぶりか、隣家の灯が見えて、だれもが訳もなく嬉しく思った。だが、上弦の月が西の地平線に沈んだあとは、廃墟の町では真の闇だった。

それから一週間がたち、十日が過ぎた。八月二十八日早朝、アメリカの先遣部隊百五十人が厚木飛行場に到着した。つづいて、八月三十日早朝、千人の空挺部隊が進駐し、目を射るような白く輝く入道雲がわきたつ午後二時すぎ、マッカーサーとその部下を乗せた輸送機が沖縄から厚木に着いた。

ダグラス・マッカーサーは連合国最高司令官だった。日本が降伏した直後、アメリカは連合国最高司令官総司令部を設置し、その司令官にマッカーサーを任命したのだった。マッカーサーと戦闘部隊はただちに横浜に向かい、かれと幹部将校は焼け残ったホテルニューグランドに入った。ホテルの窓からは海が見えた。沖を埋める船はすべてアメリカの軍艦と輸送船だった。すでにアメリカの海軍部隊は横須賀に上陸していた。

午後四時半、近衛文麿が宮内省の庁舎内にある木戸幸一の執務室に入った。木戸は依然として内大臣だった。近衛は八月十七日に成立した東久邇宮内閣の国務大臣であり、副総理だった。

近衛は木戸に向かい、厚木と横浜の状況を語ったあと、本題に入った。近衛は言った。アメリカ側はまもなく戦争責任者の追及を始めるだろう。われわれは一日もはやく対策を立てねばならない。

そして近衛は次のように語ったにちがいない。戦争責任は陸軍が負わねばならない。東条も、杉山も、ほかの者も、この責任を負う覚悟でいよう。

近衛は木戸が口を開こうとするのを押しとどめ、前年七月、サイパン島失陥直前のかれの和平案、そしてこの二月に上奏した新和平計画、そのいずれをも木戸が無視したことを木戸に思い出させようとして、次のように言ったのではなかったか。

われわれが昨年のあいだにやることをやっていれば、戦争責任の問題は陸軍の連中だけですんだであろう。遅くとも今年の初めにやっていれば、どうにかなったにちがいない。だが、いまとなってはとても難しい。戦争責任を陸軍だけに背負わせることはもはや不可能だ。

木戸は自分の両足が強ばるのが分かったにちがいない。近衛は椅子から立ち上がり、窓際へ行ったのであろう。木戸に背を向け、次のように言ったのだが、声にはださなかったのであろう。

三年十カ月前、昭和十六年十月のあのとき、君は私の主張を支持しようとせず、東条の主張に加担した。杉山や東条が中国からの撤兵に反対したのは、支那事変の責任を問われるのを恐れたからにすぎない。ところが、君は陸軍のごまかしをまともに信じ、中国からの撤兵に反対した。

もちろん、君が中国からの撤兵に反対したほんとうの理由は分かっている。支那事変を引き起こしたのは、二・二六事件の鎮圧側の主役たちだ。あの事件の解決法はあれで正しかったのかという論議がでてくることを君は恐れたのだ。

そこで中国から撤兵するくらいなら、アメリカと戦ったほうがいいと君は思ったのだ。君の望むとおりに戦争をして、今日、御覧のとおりだ。

そこで近衛は木戸のほうに向き直り、今度は声をだして言ったのである。

この戦争の責任は陸軍だけではなく、内大臣の君にもある。それだけではすむまい。事と次第によっては、大元帥である陛下にたいする戦争責任の追及になることも覚悟しなければならない。君は辞任を考える必要があろう。陛下が法廷に引きずり出されるようなことを許してはならない。なんとか面目を保てるうちに御退位しなければならない。

木戸は首を横に振った。かれは近衛の主張に迷うところはなかった。この問題については、木戸は何度も考え、調べもした。前日の八月二十九日には、天皇とこの問題を検討したばかりだった。天皇は戦争責任者を連合国に引き渡すのは非常に苦痛であり、忍びがたいと述べ、自分ひとりが引き受け、退位でもして収める訳にはいかないだろうかと問うた。

木戸は反対ですと言った。退位ぐらいのことで連合国側はうんと言わないでしょうと述べ、次のように説いた。御退位を仰せだされたりしたら、相手側は皇室の基礎に動揺が起きたのかと思い違いをするでしょう。日本を共和制にすべきだという議論を呼び起こす恐れがあります。木戸はこのように語って、充分相手の出方を見る必要がありますと述べたのだった。(『木戸幸一日記　下巻』東京大学出版会、昭和四十一年、一二三〇頁)

木戸は近衛に向かって、君も、ぼくも戦争責任を問われるかもしれないと言ったのであろう。天皇の戦争責任の問題について前日どのように言上したかといったことには触れず、ぼくはいますぐ辞任する考えはないと言い、情勢を見きわめることが大切だと語り、取り返しのつかないへまをやってしまってはいけないと説き、もちろん、お上も退位のお考えはないと言ったのである。

近衛は木戸がかれの名前を口にだしたことにむっとしたにちがいない。だが、それにはなにも反論せず、なにもしないで様子を見ている余裕はないと言ったのであろう。二人はともに硬い表情をつづけ、双方ともに苛立ちと心の動揺を隠し、近いうちにまた相談しようと言って、別れたのである。

それからまた一週間がたち、十日が過ぎた。占領ははっきりとその形を見せ始めた。日本各地に上陸したアメリカ軍は各都市を占領し、焼け跡の広大な一画を有刺鉄線で囲い、たちまちのうちに数十棟のテント張りの兵舎を建て、トラックとジープの大群を並べてしまった。そして占領軍は焼け残ったビルを片っ端から接収し、占領行政のための新しい機関をつぎつぎとつくり始めた。

九月十二日、朝刊をひろげた人びとはびっくりした。元総理大臣の東条英機がアメリカ軍に逮捕されようとして、ピストル自殺を図り、失敗したというニュースが載っていた。どうして失敗したのであろうかと人びとは怒ったり、嘆いたりした。

翌九月十三日の新聞は、マッカーサー司令部が三十九人の戦争犯罪人に逮捕令をだしたという二日前のサンフランシスコ発の外電を載せた。戦争犯罪人という活字が人びとを驚かせた。そして参謀総長の杉山元が自害したという記事も載せていた。九月十五日の新聞は、開戦時の東条内閣の厚生大臣の小泉親彦《ちかひこ》と文部大臣の橋田邦彦の自決を報じた。だれもが憂鬱だった。

そして九月十七日の朝、朝日新聞をひろげた人は、社説の、いつもより大きい活字で組まれた見出しを見てびっくりした。

用紙不足から、新聞は前年末から、二ページ立てとなっていた。夕刊はそれ以前からなかった。ペラ一枚の左上に社説欄はあり、この見出しはだれの目にもとまった。社説の見出しは一段内に収めるのが普通だった。字数が増えれば、二行とることになってて、二段抜きの見出しは滅多になかった。昭和二十年に入ってからの最初の二段抜きの見出しは六月二十六日に登場した。「皇軍精華の発揚」という見出しだった。沖縄の守備隊全滅の公式発表があった翌日のことで、本土決戦の決意を説いたものだった。二度目の二段抜きの見出しは八月十五日の社説だった。「一億相哭《そうこく》の秋《とき》」という見出しだった。

そしてそれから一カ月あと、だれをも驚かせた二段抜きの大きな見出しは、「東条軍閥の罪過」というものだった。だれもがはじめて見る文字だった。社説の最初の一節は読者をさらに驚かせた。

「まことに恥多き戦争であった」という書き出しだった。そして次のようにつづいた。

「太平洋米軍司令部発表の比島日本兵暴行の内容は、われわれの心臓を衝《つ》き刺した。目を覆わずにはいられない。遺憾というもおろか、まさに痛嘆の極みである。否、限りなき憤激さえも覚えるものである。比島でさえこの有様とすれば、数年の永きに及んだ目的なき支那事変においては想像以上の軍規の頽廃が横行したに相違ない」

この社説がこのあと論じたのは、名分もなければ、勝算もないアメリカとの戦いがどうして起きたのかということだった。社説は、東条軍閥が「この大戦を不可避なものとした」のだと言い、「昭和十六年十一月末に完全な行詰りに到達したのであるが、むしろ十月中旬東条内閣成立のときに世紀の悲劇は、すでに決定的なものとなっていた」と述べた。

社説はつづけて、昭和十六年十月初めの日米交渉について次のように述べた。アメリカ側の提案である四項目のうち、日独同盟、中国の門戸開放、中国主権に関する汪政権問題は、いずれも歩み寄りができ、解決できたのだと説き、ただひとつ、わが派遣軍撤退の問題が残ったのだと述べ、次のように主張した。

「かように、第四の点についてのみの異論ではあったが、結局最早や交渉の余地なしとしたのが陸相の強硬な主張に外ならなかった。従って、部内を押えるための、巧みな日米交渉継続者として重臣の推薦をうけ、遂に東条内閣成立に立ち至った経緯ほど奇怪至極のものは世にも稀なりと言わなければならない」

この社説を読み終えた人は大きく息をついた。はじめて知る事実だった。こんなことがあったのかと溜息をついた。だが、この社説が説いたことはおおかたの人びとの頭からすぐに離れた。フィリピンにいるはずの息子のこと、住まいのこと、食糧、仕事のこと、頭を悩ます問題は数え切れなかった。

さて、この社説のことが頭から離れなかったのが木戸幸一である。最初に読んだときには、顔色を変えたにちがいない。東条を糾弾しているが、実際には私に照準を合わせている。むろん近衛の仕業だろう。八月三十日に私が軽はずみなことをするなと言ったにもかかわらず、あろうことか、近衛は私に攻撃を仕掛けてきたのだ。

そして木戸は近衛がかれにたいしておこなった最初の攻撃を思い出したにちがいない。前年、昭和十九年春のことだった。木戸は部下から、近衛が財界人の会合に出たり、文化人の集まりを開いたりして、昭和十六年十月の辞表の写しを見せてまわっているといった噂を聞いたはずだ。

だれもが守り通すことができると信じていたマーシャル群島の広大な水域があっというまに敵の手に渡ってしまったときだった。海軍はその事実をはっきり国民に告げた訳ではなかったが、政府は未曾有の危機と叫び始め、大劇場や料理屋を閉鎖し、総理の東条が陸軍大臣を兼ねたまま、さらに参謀総長を兼任するようになり、国民のあいだに不安と不満が渦を巻いたときだった。

近衛が人を集めて、自分の辞表を見せてまわったのはこのようなときだった。東条が中国からの撤兵に反対したがために、この戦いが始まったのだと近衛は人びとに知らせようとした。そして東条の推薦に始まり、東条内閣をずっと支えてきたのは、ほかならぬ内大臣なのだと匂わせた。

東条にたいする不満と怒りが大きくなっているときに、木戸・東条枢軸があるのだと示唆することをつづけ、それが木戸の耳に入ったら、かれは慌てるだろうと近衛は読んでのことだった。木戸は東条から離れ、東条打倒の側にまわらざるを得なくなるだろう。はたしてその通りになった。東条内閣を倒したのは木戸だった。

木戸は前年に近衛がやったことを思い出し、いよいよ今度は東条と私の二人に戦争責任を負わせるつもりだと思ったのであろう。この社説の書き手も、木戸には見当がついたのであろう。論説主幹の佐々《さっさ》弘雄である。近衛の側近のひとりが主宰していた昭和研究会のメンバーであり、新体制運動にも加わり、近衛系の一員であり、木戸を嫌っていた。

もちろん、近衛も「東条軍閥の罪過」の社説を読んだのであろう。近衛は佐々が木戸の戦争責任について書くことを前もって知っていたのか。相談を受けたのなら、佐々に向かって、木戸の名前は出さないようにしろと言ったのではなかったか。それとも近衛はこの社説を読むまで、なにも知らなかったのかもしれない。だが、佐々が書いたことは、すべて近衛がかれに教えたことだった。もっとも、近衛がかれにこれを語ったのは戦争中のことだった。

近衛は考えたのであろう。木戸はこの社説を読んで、一日も早く辞任するしかないと思うようになるだろうか。いや、木戸は私がやらせたと思い込み、私のことを怒っているかもしれない。仕返しを企んでいるかもしれない。

東京では朝から晴れわたり、だれも気づかなかったが、焼け野原の町、穂のでたばかりの稲田、松の根を引き抜いた跡が残り、本土防衛のためにつくった横穴がある丘に、巨大な台風が襲いかかろうとしていた。

台風はすでに鹿児島県の枕崎に上陸していた。最大瞬間風速は六二メートルだった。明治二十二年以来の半世紀ぶりの大暴風雨は、一カ月前まで海軍最大の航空基地であった鹿屋《かのや》飛行場の木造建造物を押し倒し、宮崎の海岸につづく防潮林を根こそぎにし、夜になって広島と岡山に上陸し、四十数日前に一発の原子爆弾で壊滅してしまった広島市の瓦礫の上を吹き荒れ、中国山脈を横断しながら、いたるところで山津波を引き起こし、北上をつづける台風は日本海沿岸を高潮で痛めつけることになった。

関東地方でも大風と大雨が荒れ狂った。焼け野原に建てられたバラックと水田の稲をなぎ倒し、川を氾濫させた。飛行場の片隅に集められてあった戦闘機と練習機をひっくり返し、吹き飛ばしたのだった。

人の命は依然としてとるに足りない安さだった。九州や北海道から故郷に帰る兵士たちが列車の衝突事故で死に、連絡船が機雷に触れ、時化《しけ》にあって遭難して、乗客が死に、つまらない病気で数多くの幼児が死んでいった。そしてこの台風で三千人以上が死んだ。もちろん、海外では、フィリピンで、太平洋の島々で、満洲で、兵士たちが、ところによっては、女子供が、飢えと病気で死に、あるいは殺されていた。

九月十九日の朝、朝日新聞はどこの家にも入らなかった。そこここに飛ぶアキアカネを見ながら、前日の台風のせいだろうかとだれもが思った。翌九月二十日も朝日新聞は入らなかった。そして九月二十一日に珍しく四ページの新聞が届いた。第一面の下に社告が載っていた。連合軍によって発行停止処分を受けていたことを人びとは知った。

「公安を害す」という違反の記事はなんだったのだろうかと疑問に思った人は、十五日の新聞に載っていた鳩山一郎の談話だったのだろうかと首をひねることになった。新党を結成しようとして活動を開始していた鳩山は次のように語っていた。「〝正義は力なり〟を標榜する米国である以上、原子爆弾の使用や無辜《むこ》の国民殺傷が病院船攻撃や毒ガス使用以上の国際法違反、戦争犯罪であることを否むことはできぬであろう」

ところで、二日ぶりに朝日新聞をひろげた人は、その社説に注目した。「重臣責任論」という見出しだった。「東条軍閥の罪過」から四日目、再び戦争責任の問題を取り上げていた。もっとも、見出しは、これは二段抜きでなく、一段の扱いだった。

この社説は「独り東条大将のみに罪を衣せて能事畢《おわ》れりとするようなことがあっては

ならぬ」と述べ、「重臣、準重臣、外交担当者」を批判する内容だった。

「支那事変を子孫の時代にまで残さず、今これを解決するのだとの弁疏《べんそ》を口にしながら、結局ずるずるべったりに長く嶮しい支那事変の迷路に日支両国を引摺り込んだ結果、東亜分裂の悲劇を演出した最大責任者は何人であるか。スターマー独公使二週間の暗躍に眩惑せられて急遽、三国同盟に拍車した責任者は誰であるか。東条軍事内閣の成立を不可避ならしめた重大責任は那辺に求むべきか。口先だけでは問題が支那に始まり、支那に還ると公言しながら、不誠意、不熱心、怯懦なるの余り、その支那問題解決の絶好の機会を逸せしめた責任は何人であるか」

前回の社説につづいて木戸にたいする批判があり、松岡洋右への非難があった。だが、近衛にたいする批判が中心となっていることは、だれの目にも明らかだった。

木戸はどう思ったのか。陸軍と私に戦争責任があると説いた十七日の社説に文句をつけただけのことはあったと思ったのか。いや、木戸はこの社説になんのかかわりもなかったのかもしれない。そして、太田照彦がやらせたなと木戸は思ったのかもしれない。

朝日の論説委員だった太田は東久邇宮の側近だった。東久邇宮が首相となって、太田は秘書官となっていた。太田とかれの朝日の仲間は昭和二十年の初め、繆斌《みょうひん》という中国人が持ち込んできた重慶との和平工作を推進しようとしたが、重光葵に潰されてしまった。かれらはこれを恨みに思い、四日前に外務大臣の重光を閣外に逐ってしまった。つづいてかれらは近衛を邪魔だと思い、追い出しにかかっているのではないか。木戸はこんな具合に思ったのかもしれない。

近衛はどう考えたのか。木戸の差し金だなと思ったのであろう。九月十七日の社説は私が書かせたのではないにもかかわらず、木戸は私がやったと思い込み、仕返しにでたのだ。こんなことをやって、だれの利益になると思っているのか。やがては面倒なことになり、だれをも破滅に追い込むことになる。近衛はこんなふうに考えたのではなかったか。

それから一カ月あとのことになる。ひとりのカナダ人が近衛文麿と木戸幸一に関する意見書をまとめていた。

このカナダ人はハーバート・ノーマンといった。かれはカナダの外交官であったが、このときは東京にいて、戦争犯罪人を見つけだす仕事をしていた。歴史家でもあったかれの著作は日本でも刊行され、この二つの意見書も全集に加えられているから、読んだ人もいよう。

ところで、かれの近衛についての意見書を読んだ人は、そのすさまじい非難の筆致にびっくりしたはずだ。近衛を批判する文章は数多く、ずっと今日まで一種の流行となっており、この本のなかでも粕谷一希の文章を載せたが、なかにはずいぶんと暗い感想を述べたものもある。だが、ノーマンの近衛批判はそれに輪をかけ、冷酷きわまるものだ。それは底意地の悪さ、見下した態度をあからさまに示しながら、それでいて、近衛への憎しみの感情があることを隠そうとしてのことかもしれないが、ばかに気どった表現があふれているため、読者の不快さは倍加することになる。

気の滅入る思いでこれを読みおえ、次に木戸幸一にたいする意見書を読んだ人は、もう一度びっくりする。木戸については賞賛に近い筆づかいであり、なによりも木戸を庇おうとする姿勢がありありと見え、読者は首をかしげることになる。

木戸のポストであった内大臣について、ノーマンは次のように述べている。元老である西園寺公望が没し、自分の選んだ首相を天皇に推薦する者がいなくなり、総理大臣経験者が会合して、新総理を選ぶことになった。内大臣の木戸はこの会議の議長を務めることになった。

ノーマンは木戸の仕事はそれだけのことだと述べ、西園寺の死という偶然さえなければ、本来、内大臣の職などとるに足りないものだと強調し、次のように述べた。

「法律的任命を有効にする御璽の保持者である内大臣は、政治的影響力において、宮内大臣をしのぐことはほとんどなく、枢密院議長より重要ではないのはたしかであった」（『ハーバート・ノーマン全集　第二巻』岩波書店、昭和五十二年、三四九頁）

これは事実から遠かった。ノーマンが語った内大臣の役割は明治時代のものだった。

明治後半の最高政治指導者だった伊藤博文は枢密院議長だったことがあった。内大臣のポストに坐っていたのは、徳大寺実則という正直律儀な公卿であり、政治的野心など皆無の人物だった。かれが内大臣の椅子に坐っていた二十年のあいだに、宮内大臣は四人、五人と代わった。明治十八年の初代の宮内大臣は総理大臣の伊藤博文の兼任だった。つづいて土方久元、田中光顕、渡辺千秋といった、有名でもあり、悪名も高い、「文臣、銭を愛した」人物がこのポストに坐った。たしかにこの時代、宮内大臣や枢密院議長は内大臣よりずっと力があった。だが、ノーマンは明治時代の内大臣についての学術論文を書いた訳ではなかった。

ノーマンは日本で生まれた。昭和二年に父母の国のカナダへ帰り、駐日カナダ公使館の語学官として再び日本に来たのは昭和十五年五月のことだった。そして交換船で帰国するまで、かれは二年ほど東京にいた。日米関係が悪化をつづけ、ついには戦争になろうとしたときであったから、日本語のできるノーマンは日本についての政治、経済の情報を整理し、情報ノートをつくっても不思議ではなかった。

そうしたことをやっていれば、内大臣の職務についてもう少し注意を払い、幾つかの疑問を抱くことにもなり、それを解明しようと考えることになったはずだった。

内大臣の牧野伸顕が右翼団体の配布する怪文書のなかで、つねに売国奴と罵られていたのはなぜだったのか。そして過激グループの暗殺リストの筆頭に牧野の名がきまって載せられたのはなぜだったのか。なぜ牧野は内大臣をやめたのか。どうして後任に斎藤実が選ばれたのか。そして昭和十一年二月に内大臣の斎藤が暗殺されたのは、どうしてなのか。

じつを言えば、ノーマンはそんな以前のことを検討する必要はなかった。かれが日本に戻ってきたときに起きた事件に注意を払えばよかったのである。内大臣の湯浅倉平が病気のために辞任し、木戸幸一がこのあとを継いだのが昭和十五年六月一日だった。そして七月五日、前田虎雄、影山正治《まさはる》を中心とする極右グループの三十余人が逮捕された。暗殺、放火をこの日におこなう予定だったのだが、暗殺リストの筆頭に載せられていたのが、総理大臣の米内光政、二番目が湯浅倉平だった。内大臣になったばかりの木戸幸一はリストのなかに入っていなかった。

ノーマンがこうしたことを少々調べていさえすれば、内大臣は宮内大臣や枢密院議長よりも権力は小さいといったつまらぬ誤りを犯すことはなかったのだし、過激な右翼団体がすでに辞任した湯浅をなぜ殺そうとしたのか、どうして内大臣になったばかりの木戸を殺そうとしなかったのかを考えることにもなったはずだった。

要するに、ノーマンは昭和十年代の日本についてなんの関心もなかったのである。かれが交換船で帰国したあとに書いた「一九三〇年代以後の日本政治」と題する文章がある。これも全集に収められているから読んだ人はいよう。

ノーマンは日本の政治家、軍人、経済人の名前をむやみやたらと並べ、昭和十七年までの日本の政治の進展状況を要約しようとしたのだが、取り上げた人びとのことについて何ひとつ知らず、新聞の切り抜きと雑誌の論文をそのまま引き写すことはしても、なんの知識もないために、なにが重要なことか見当がつかず、ひとつひとつの事実の前後関係が分からず、ましてやかれが信じているマルクス主義概念にどのように当てはめていいか分からず、すべてをごちゃまぜに並べただけで終わってしまっていた。

たしかにノーマンのこの論文は草稿段階のものであった。だが、かれには全体の輪郭を定めることができず、細部を描くことができなかったのだから、草稿で放り出すしかなかったのである。

繰り返して言うなら、このカナダ人は、明治初期についての著作はあったものの、昭和十年代の日本については、邪悪なやつは荒木貞夫と頭山満《とうやまみつる》、邪悪な団体は国本社《こくほん》と玄《げん》洋《よう》社といった知識しかなかったのである。では、かれは近衛と木戸についての意見書を作成するにあたって、だれから情報を得たのであろうか。

すでに情報提供者は少なからずいた。

志賀義雄はそのひとりだった。昭和二十年十月七日と九日の二日間、ノーマンは府中刑務所に収監されていた志賀を総司令部に連れ出し、話を聞いた。十六年のあいだ獄中にいたこの共産主義者は復讐の情熱に燃えていた。

かれは特高警察の非を打ち鳴らし、内務省の幹部になっている一高、東大時代の先輩、同輩の名前を片っ端から挙げていき、かれらを処罰しなければならないと説き、天皇を裁判に引きずり出すべきだと言った。ノーマンはといえば、自分の考えと同じ主張をはじめて日本人から聞き、大変に嬉しかったのである。

そして志賀はノーマンに向かい、「秘密警察や反動グループなど占領政策に反対する人々に関する情報を対敵情報部に提供したい」（工藤美代子「ハーバート・ノーマンの生涯」『世界』平成二年一月号、三二八頁）と言ったのだった。ノーマンは対敵情報部の調査分析課長だった。ところで、志賀やかれの仲間に木戸や近衛のことを尋ねても、これは無理な相談であり、かれらはなにも知らなかった。

では、ノーマンは木戸と近衛のことを羽仁《はに》五郎に尋ねたのか。

羽仁は東京神田のＹＭＣＡで反戦的な話をしたということで、旅行中の北京《ペキン》で捕らえられ、東京に送られ、八月十五日には玉川警察署の留置所にいた。なかなかのアジテーターのかれは、躁状態のときには、「ノーマンの尽力もあって、九月二十六日にやっと釈放されたのだ」（羽仁五郎『自伝的戦後史』講談社、昭和五十一年、一〇九頁）と喋ったこともあるが、次のように語っているのがほんとうの話なのであろう。「敗戦になってすぐあと、ノーマンがとつぜん連絡してきた。日本に来ている、あいたい。赤坂のあたりの彼が借りていた家にいった。抱きあって再会を喜んだ」（羽仁五郎「心痛む思い出」

『ハーバート・ノーマン全集　月報4』岩波書店、昭和五十三年、四頁)

　ノーマンと羽仁は戦争前から知り合っていた。昭和十五年にカナダの駐日公使館に赴任したノーマンは、夏休みのあいだ、軽井沢で羽仁の著書『明治維新』をテキストにして、二カ月ほど羽仁の教えを受けたことがあった。ノーマンは日本でこのとき起きていたことにはなんの興味も持たなかったが、明治初めの歴史についての著作があると前に述べたとおり、この時期の歴史を勉強していたのである。

　そこで羽仁から、明治維新の原動力は百姓一揆だったが、不徹底に終わったのは一揆が弾圧されてしまったからだといった話を聞かされて、ノーマンは深い感銘を受けたのだし、またべつの機会には、全国規模の百姓一揆を潰してしまったのは、慶応三年、神札や御幣が降ってくることから始まる、「ええじゃないか」の踊りなのだといった解釈を聞かされ、この「逆工作」は西郷隆盛がやらせたのだという説明を受け、のちにノーマンは西郷を「突きでた両眼の裏に冷徹で狡猾な陰謀家の頭脳がひそんでいた」と書くことになったのだった。

　だが、ノーマンは羽仁に再会して、近衛と木戸のことを聞いても、たいしたことは聞き出せなかったはずである。

　では、ノーマンはこれも前に会ったことのある西園寺公一《さいおんじきんかず》に木戸と近衛のことを尋ねたのであろうか。西園寺公一は西園寺公望《きんもち》の孫だった。近衛が総理大臣だったときには、公一もかれの傘下にいたことがある。

ノーマンは近衛についての意見書のなかで、「自分ではリベラルで通ると思っている少数の学者や思いつきに富んだ若い連中を集めてきた。傍に多くの仮面を備えておくことは、近衛の複雑な政治戦術の特色である」（『ノーマン全集 第二巻』三三五頁）と記していた。ところで、公一はのちにこれら「学者や若い連中」の名前を挙げ、松本重治《しげはる》、牛場《うしば》友彦、岸道三《みちぞう》、蠟山政道《ろうやままさみち》、笠《りゅう》信太郎、佐々《さっさ》弘雄、尾崎秀実《ほつみ》、平貞蔵《たいらていぞう》、犬養健《たける》がいたのだと記し、「最年少のぼくが雑魚の魚まじりという形で参加し」（西園寺公一「近衛文麿の死とその以後」『文藝春秋』昭和二十六年七月号、一三六頁）たと書いて、過去を懐かしがったのだった。

近衛を評して、「淫蕩なくせに陰気くさく、人民を恐れ軽蔑さえしながら世間からやんやの喝采を浴びることをむやみに欲しがる」（『ノーマン全集 第二巻』三四五頁）と語ったのは、もちろん、公一ではなかったのであろう。

ほんとうのことを言えば、志賀義雄、羽仁五郎、西園寺公一、こうした名前を挙げていちいち検討する必要はまったくなかった。ノーマンが堂上《とうしょう》華族と新華族の二人の実力者についての情報を得ようとするなら、願ってもない人物がいた。都留《つる》重人《しげと》に尋ねればよかったのである。

ノーマンと都留には長い交友があった。二人が知り合ったのは、かれらがハーバードの大学院にいたときだった。昭和十二年のことだ。二人はともにマルクス主義者であり、共産党の外郭団体、あるいは共産党に加わっていたから、たちまち親しくなり、ノーマンは自分よりはるかにマルクス主義に造詣が深い三つ年下の都留に敬意を払うことになった。このときノーマンは二十八歳、都留は二十五歳だった。

昭和十四年にノーマンはカナダ外務省に入省し、昭和十五年に日本に赴任した。二人が再び会ったのは、昭和十七年七月だった。交換船の浅間丸とグリプス・ホルム号が東アフリカのロレンソ・マルケスに入港し、日米それぞれの抑留者が船を乗り換えた。都留とノーマンは埠頭で言葉を交わしたのだった。

三度目の出会いは、昭和二十年九月末か、十月初めのことだった。ノーマンが都留を探して、都留の妻の実家である和田小六の家を訪ねた。ところが、都留は焼け出されて、和田の邸に住んでいた。

ここでもう一度、ノーマンの経歴について述べよう。かれは長野県で布教していた宣教師の息子だった。日本や中国にいた宣教師の息子がのちにアメリカの東アジア政策の形成に加わった例は少なくなかったが、ノーマンもそうしたひとりだった。

かれがカナダ外務省に勤務していたことは前に述べた。昭和二十年八月末、フィリピンに居住していたカナダ人の動静を知るため、かれはマニラに派遣された。日本語ができ、日本のことをよく知っていることから、かれはマッカーサーとかれの部下たちに気に入られた。かれは東京に連れていかれ、対敵情報部の調査分析課長のポストを与えられた。それが十月初めのことであり、かれが都留と再会したときのことだった。

ノーマンと都留は、互いにロレンソ・マルケスからの三年間の話をして、その前の三年間のことを語り合い、ノーマンが現在自分のやっていることを説明して、この戦争を引き起こした悪い奴はだれなのか、すでに捕らえた者以外に、逮捕しなければならない者の名前を挙げてくれと言ったのであろう。

もちろん、ノーマンは内大臣の木戸が都留の親類であることを知っていた。都留の妻の正子は、木戸の弟の和田小六の娘だった。和田はこのとき東京工大の学長、それ以前は技術院の次長だった。重人と正子が結婚したのは昭和十四年だった。このとき都留はハーバード大学の講師をしていた。正子を連れて、再びアメリカへ戻るときには、木戸は二人を東京駅に見送った。

都留は昭和十七年八月に交換船で帰国してから、外務省に籍を置いた。昭和十九年六月にかれは教育召集を受けた。教育召集の期間は三カ月だったが、そのまま正規の召集に切り替えられるのが通例だった。

木戸は親族の若者のなかでとびきり秀才の都留に目をかけていた。木戸は東条陸軍大臣秘書官の赤松貞雄に会い（『木戸幸一日記　下巻』東京大学出版会　昭和四十一年、一一〇八頁）、都留を教育召集だけで帰してもらいたいと懇請した。

ところが、このあと間もなく、木戸は東条を見捨て、東条内閣を倒してしまった。そこで木戸は、自分が東条を裏切ったことが東条の腹心中の腹心の赤松を怒らせ、約束を守ってくれないのではないかと心配したにちがいない。内閣が代わって軍務課長となっていた赤松は、約束を果たしてくれた。二等兵の都留は沖縄へ送られるはずだったのが、宮崎の都城から三カ月で東京へ戻ってくることができた。（トーマス・ビッソン『ビッソン日本占領回想記』三省堂、昭和五十八年、二一一頁）

それから一年あとのことになる。都留は思いもかけない旧友の訪問を受け、かれの任務が戦争犯罪人を見つけだすことだと知って、苦境にある伯父を助けることができるのではないかと期待で胸をふくらませたはずであった。そしてノーマンは喜んで親友の求めに応じたのである。

内大臣が天皇のただひとりの最高の助言者であるというもっとも肝心な事実を隠したのは、都留だったのであろう。木戸は総理大臣の選定にリーダーシップをとった。それだけでなく、重要閣僚を指名することもした。また、すべての問題について首相の相談にのった。軍の重大な問題についても、天皇に助言した。ひとつだけ挙げておこう。東条が陸軍大臣のまま、参謀総長を兼任しようとしたとき、かれが相談した相手はただひとり内大臣だった。そして木戸が天皇を説得したのだった。

こうしたすべてのことに都留は触れなかったのであろう。

宮内大臣は実際には三太夫にすぎないにもかかわらず、内大臣より力を持っていると思い込んでいるノーマンの誤解を正そうとしなかったのも、都留だったのであろう。

木戸と近衛との関係にしても、ノーマンがだれに尋ねたとしても、木戸は近衛の子分だと聞かされることはなかったはずだった。たしかに近衛が総理大臣だったときに、木戸は閣員だった。近衛がシテ、木戸はワキといった役割を演じていたことも事実だった。だが、つねに木戸が近衛を助ける形をとっていた。木戸を内大臣に推したのは西園寺であり、近衛ではなかった。この事実は、内務省の部長、政治部の記者が知ることではなかったにしても、内大臣となった木戸が隠然たる力を持ち、新長州閥を結成し、木戸系、近衛勢力が別々の存在であったことは、かれらのすべてが知ることだった。

ところが、ノーマンは木戸を近衛の部下のひとりにしてしまった。「近衛が初めて木戸を政界上層に引き入れた関係にあるけれども」「近衛は木戸侯爵を政界上層に引き入れ、一時文部大臣に、また、厚生大臣にした。近衛の後押しがなかったら、木戸は一九四〇年に内大臣になり、その地位を前任者のだれの時期よりも重要にすることもなかったであろう」「木戸は元来近衛の子分で近い関係にある」

そしてノーマンは人の注意をあらぬ方角へ向けさせようとした。木戸が平沼内閣の内務大臣だったときに反英運動の取り締まりをしなかったことをかれの罪状とした。だれも、ノーマンに向かって、この反英運動がなんのために起きたのか、だれがやらせたのかを教えなかったようであった。実際には内務省が、この運動が過熱しないように抑えようとしていたのである。

ノーマンの意図というよりも、都留の狙いは、木戸が内務大臣として半年のあいだにやったことは、そのあと内大臣として五年間にやったこととは比較にならないほど重要だったとマッカーサー総司令部の幹部たちに思わせ、反英運動を野放しにするといった誤りも犯したというつまらぬ話にかれらを引きずり込むことだったのである。

さて、内大臣の木戸が東条を首相に推薦したことについては、ノーマンは具体的事実にはなにひとつ触れなかった。

「従って、木戸ひとりが総理大臣を選ぶというのは全く公平でないが、かれは何びとよりもこの選任で大きな影響力を行使するのである。木戸が戦争中を通じてこの権力を行使し、とりわけ一九四一年の秋に東条を総理大臣に選んだ事実は、この時期の諸事件に対するかれの政治責任をはなはだ重くする」

そしてノーマンは急いで次のようにつづけた。

「事情を知る立場にある人びとの報告から、木戸が最初に降伏を決定した重要政治人物の一人であったことは合理的に十分立証される。その件について決心がつくと、かれは考えられるあらゆる影響力を使って、天皇とその顧問たちに降伏の必要を説いた。この事についての決断とそれを遂行した一貫性は木戸の典型的な点である。かれは果断で鋭敏な人物であり、友人でかつて後援者であった近衛とは対照的に、心が決まれば敏速に行動する」

ノーマンは最後に評定をくだした。「日本政府は木戸に現在の内大臣の職を辞任することを強制し、将来いかなる公職をも占めないよう禁止することを勧告される」（『ノーマン全集　第二巻』三五〇—一頁）

そこでノーマンの書いたもうひとつの意見書のことになる。近衛の意見書をつくるにあたっても、都留が協力したのであろうか。

近衛のことを、「かれは、弱く、動揺する、結局のところ卑劣な性格であった。かれの憂鬱症でさえ、病床に逃げこんで不愉快な決定や相談などを避けるために使う子供じみた手法である」と記したのは、都留が語ったことだったのか。

ところでノーマンは、かれ自身、近衛を憎む理由があった。ノーマンは、近衛にたいする意見書のなかで、戦争犯罪容疑者のかれが「総司令官に対し自分が現状勢において不可欠の人間であるようにほのめかすことで逃げ道を求めようとしているのは我慢がならない」（『ノーマン全集　第二巻』三四五頁）と書いた。

そしてこの意見書の末尾に、次のように記した。「かれが憲法起草委員会を支配するかぎり、民主的な憲法を作成しようとするまじめな試みをすべて愚弄することになるで

あろう。かれが手に触れるものはみな残骸と化す」（『ノーマン全集 第二巻』三四六頁）

ノーマンは近衛にたいする憎しみの理由をこの意見書のなかで語り尽くしたようであった。だが、かれが近衛を憎んだほんとうの理由はまだべつにあった。

憲法を改正するようにとマッカーサーが近衛に語ったのは、十月四日のことだった。マッカーサーがそれを言う前に、近衛は自分の考えを語った。ノーマンが近衛に激しい敵意を抱くようになったのは、かれがマッカーサーに語った話だった。

近衛はどのような話をしたのか。かれは次のように切り出した。「日本の軍閥と極端な国家主義勢力が世界の平和を破り、日本を今日の破局に陥れたことには、一点の疑いもないが、皇室を中心とする封建勢力と財閥とが、演じた役割とその功罪については、アメリカに相当観察の誤りがあるのではないかと思う」

近衛はつづけた。

「封建勢力と財閥が軍国主義者と結託して今日の事態をもたらしたと見られているようだが、事実はその正反対で、かれらはつねに軍閥を抑制するブレーキの役割をつとめたのである。

日本の重臣層及び財閥が、軍閥勢力に乗せられたことは事実だが、彼等がいかにその羈《き》絆《はん》を脱しその跳梁を阻止しようとしたかを、もっとも雄弁に語る証拠は、彼等のなかの有名な者が、幾人も暗殺の対象となった事実によって明かである。日本はかつて暗殺の国と呼ばれたが、その暗殺が、何人によって何人に加えられたかを、究明せねばならぬ」

そして近衛は本論に入った。

「軍閥や国家主義勢力を助長し、その理論的裏付けをなした者は、実にマルキシストである」と語り、「軍閥を利用して日本を戦争に駆り立てたのは、財閥や封建勢力ではなくして、実に左翼分子であったことを知らねばならない」とつづけた。そして近衛は、かれの言おうとするもっとも肝心なことを語った。

「日本を今日の破局に陥れたものは、軍閥と左翼との結合した勢力であった。今日の破局は、軍閥としては確かに大きな失望であるが、左翼勢力としては正に思う壺である。今日もし軍閥及び国家主義勢力と共に、封建勢力及び財閥など既成の勢力を、一挙に除去せんとするならば、日本は極めて容易に赤化するであろう。

日本の赤化を防止し、建設的な民主国家たらしめるには、軍閥的勢力の排除の必要なことは勿論だが、一方には封建的勢力及び財閥を存在せしめて、一歩一歩、漸進的方法により、デモクラシーの建設に向わなければならない」

近衛は最後に繰り返し言った。「今日直ちに一挙に、日本からこの安定勢力を除去すれば、即ち日本はすぐ赤化に走る」（矢部貞治『近衛文麿』読売新聞社、昭和五十一年、七三五頁）

マッカーサーは近衛の話に耳を傾けながら、その途中、いくつかの質問をしたあと、「有益であり、参考になった」と言った。同席していた参謀長のリチャード・サザランドも近衛の主張に何度もうなずいていた。このあとの会話で、マッカーサーは近衛に憲法の改正を求め、指導の先頭に立つようにと激励したのだった。

初めに述べたとおり、ノーマンが近衛に激しい憎しみを抱いたのは、近衛のこの主張を知ってからのことだった。

じつを言えば、この日、ノーマンは上々の御機嫌だった。かれの主張どおりにすべてのことは進展していた。総司令部は日本政府に覚書きを送る手はずとなっており、言論の自由を妨げる法令の廃止、治安維持法の撤廃、政治犯の釈放、思想警察の解体を求め、おまけに内務大臣、警保局長、警視総監、全国の警察署長の罷免を要求することになっていた。

この日の夕刻、十月四日のことだが、首相の東久邇宮はアメリカ側のこの要求を受け取り、驚き、怒った。我慢をつづけてきたが、我慢も限界だ。閣僚のひとりをいきなり追放するとは無法にすぎる。現在の閣僚たちになんの問題もないとマッカーサーは言ったばかりではないか。東久邇宮はただちに総辞職することに決めた。

東久邇宮と閣僚たちが憤慨し、今更ながらに、敗戦国の悲哀をかみしめていたとき、先刻まで機嫌のよかったノーマンが「我慢できない」と怒り出すことになった。かれが描いた日本変革の計画を近衛が潰しにかかっていることを知ったからだった。

前にも触れたとおり、ノーマンはマッカーサーとかれの部下たちのお気に入りだった。それというのも、日本占領に向かうかれらにブリーフィングをおこない、日本人を非難し、日本人を裁き、日本人を説教するのに使うことのできる封建主義といったまことに便利な言葉を提供したからだった。日本の政治も、社会も、軍隊も、すべてに封建性が色濃く残っている。これが日本の暗黒と貧困と侵略性、要するに日本の諸悪の根源なのだといったノーマンの説明は、歯切れがよく、まことに分かりがよかった。

こうしてマッカーサーと部下たちのだれもが封建主義といった言葉を愛用するようになったからこそ、日本の政治家、そして新聞記者もそれを使わざるを得なくなったのである。近衛にしても同じだった。かれはマッカーサーとの会談に際して、皇室を中心とする保守勢力、あるいは財閥や保守勢力という言葉を使いたかったはずだが、かれも相手に合わせ、封建勢力という言葉を使うことになったのである。

ノーマンがつづけてマッカーサーとかれの幕僚たちに説いたのは、封建性のいたって強い軍部と宮廷、独占企業、官僚の四つのグループが互いに連携しながらも、争い、自己の勢力の拡大に努めながら、日本を支配してきたということだった。それ故に、すべてをきれいに一掃しなければならないというのが、かれの主張であり、かれの仲間たちが考えたことだった。

そしてノーマンの説くとおりに、すべては進もうとしていた。かれが上々の御機嫌と述べたのは、こうした訳からだった。ところが、近衛が宮廷と独占企業をそのまま残すべきだとマッカーサーに説いていたと知って、ノーマンは飛び上がって怒ったのである。かれがさらに「我慢できない」と激昂したのは、戦争を引き起こしたのはマルクス主義者だと近衛が言い、マルクス主義者を抑えなければならないとマッカーサーを誘い込もうとしていることだった。

かれは次のように考えたのであろう。私の努力が実り、治安維持法の撤廃と政治犯の釈放を日本政府に要求することになった。ところが、近衛はこれを予知していて、反撃にでてきたのだ。根が反共のマッカーサー元帥を抱き込もうとしているのだ。秘密警察の総元締めの内務大臣の山崎巌はアメリカ軍機関紙の記者に向かって、天皇制の廃止を主張する者は共産主義者であり、共産主義者は容赦なく逮捕するとアメリカ人記者に言った。山崎はただちに叩き出すことにしたが、山崎よりはるかに悪辣な近衛は依然として反動的陰謀をつづけている。しかも東久邇宮が総辞職すれば、次期総理には近衛をという声すらあがっているのだ。

ノーマンが近衛に激しい敵意を抱いたのは、こうした理由からであった。かれはケンブリッジ、ハーバード大学の学友と同じ道を歩いてきた。ノーマンとかれの友人たちはソ連が計画経済を成功させているという発表に感銘を受け、経済恐慌に苦しみ、失業と貧困があるだけの資本主義国の実情に憤慨し、やがて西ヨーロッパも、アメリカも「共産党宣言」の状態になると信じ、共産党に入党したのだった。

そして一九三五年、昭和十年のことになるが、モスクワは新たな呼びかけをおこない、コミンテルンは路線を大きく変え、プロレタリアート独裁といった教義を引っ込めた。反ファシズムの運動を展開せよと説き、社会党をはじめ、あらゆる中産階級政党と協調し、平和のための人民戦線を結成し、戦争勢力に反対せよと主張するようになった。

ノーマンとかれの仲間たちは民主主義を守る戦士となった。ノーマンはスペインの闘争に強い関心を寄せ、ボルシェヴィキの国際主義の大義に献身する国際義勇軍を崇拝の念をもって眺めた。次には一九三七年末から十カ月のあいだ、昭和十二年末から昭和十三年にかけてのことになるが、日本軍の攻撃から漢口を守ろうとして腕を組んだ国民党と共産党の団結に感激し、その敗北に心を痛めた。かれは人民戦線を高貴なものと思い、美しいものと信じつづけてきた。こうしてかれは、府中刑務所から出獄した志賀義雄と延安から帰ってくる岡野進を中心とした人民戦線が日本にできることを望み、そのために尽力しようとしていたのである。

もっとも、ノーマンは自分の本心を隠すようになっていた。ハーバードをでたあと、カナダの高等学校で教え、自分が信じていたことをそのまま喋ってしまい、半年で解雇されたことが、大きな教訓となった。外務省に入省してから、過度の用心深さを身につけ、マッカーサー司令部に勤務するようになってからは、決して自分の本心を明かさないようにし、自分の考えを表明するときには、民主主義、平和、進歩の言葉を使うようにしていたのである。

では、羽仁五郎に会ったときには、かれはどんな態度をとったのか。羽仁は延安へ行こうとして行けなかったと口惜しげに語ったにちがいない。ノーマンにとっても、延安という名前は魔力を持った響きがあったはずだ。黄土のなかのこの洞穴の町は、革命の理想の地であった。かれは尊敬する羽仁に向かって、自分が考えていること、やろうとしていることをはっきり語ったのであろうか。

都留重人には、どうだったのか。近衛の性格、かれのやったことを教えて欲しいと言ったあと、近衛はわれわれの計画を潰しにかかっている、かれを戦争犯罪人として排除しなければならないと明かしたのであろうか。

ところで、近衛は十月四日にマッカーサーと会見したあと、なにをしていたのか。かれは天皇の戦争責任の問題を早急に解決してしまわねばならないと焦っていた。そのためには一日も早く憲法改正案をつくり、天皇の大権制限を明らかにし、あわせて天皇が退位することによって、天皇の戦争責任の追及を阻止するしかないと考えていた。

ところが、東久邇宮が辞任したあと首相になった幣原喜重郎はいたって呑気だった。

かれは、重光葵に代わって外務大臣となっていた吉田茂が推し、木戸と近衛が賛成して、首相になったのだった。

幣原はマッカーサーあたりが憲法を改正せよと命令するのはけしからんと怒り、改正するにしても慌てることはないと言い、近衛公は新しがりやだから、出すぎたことをしていると機嫌が悪かった。

木戸も近衛が憲法改正をやると言いだしたことを愉快に思っていなかった。どうしてもやると言うなら、自分の目の届くところでやらせるしかないと考えた。木戸は近衛に内大臣府でやってもらいたいと言い、近衛は不承不承これに従い、かれは内大臣府の御用掛となった。ところが、国務大臣の松本烝治《じょうじ》が憲法改正を内大臣府でやるのはおかしいと言いだし、政府がやらねばならないと主張した。そして政府と内大臣府の双方でやることになったが、政府側の責任者となった松本は、憲法の改正は最小限にとどめるべきだと説き、それでいて調査に三年、五年かかって当たり前だと言い、これも近衛の考えていたこととまったくちがった。

近衛がマッカーサーと会談してから十五日あと、天皇が近衛に憲法改正の調査をするように命じてから八日あと、十月十九日のことだった。

東京の各駅の売店や焼け残った本屋に人だかりができた。雑誌を買おうとする人たちだった。表紙には、久しぶりに見る懐かしい名前が並んでいた。室伏高信《むろぶせこうしん》、福本和夫、馬場恒吾、尾崎行雄、正宗白鳥と印刷され、表紙には大きく「新生」と書かれていた。

新しい総合雑誌だった。

総合雑誌、文芸雑誌の創刊はまだなかったし、復刊号もまだでていないときであった。大量に手に入れた闇の紙を使い、日本産業経済新聞社の高速輪転機を借り、三十六万部を刷ったのが、たちまち売り切れてしまった。

ところで、この雑誌に岩淵辰雄の論文が載っていた。「木戸内府《だいふ》の責任」という題だった。岩淵はこのとき五十三歳だった。東京日日新聞の記者から評論家となっていたが、陸軍を批判する文章を書いていたことから、陸軍に睨まれ、戦争中は執筆することができなかった。かれは近衛と吉田に協力し、戦争終結のための活動をして、吉田とともに捕らえられ、四月から六月まで収監されていた。

岩淵は「木戸内府の責任」のなかで、次のように説いた。

「何よりもわれわれにとって驚くべき不可思議は敗戦と降服と、そして連合軍の日本管理という、日本の歴史あって以来、二千六百年、未だ曾つてない国家の屈辱と危局に対して、何人も之が責任を負うものがないということである。

そして終戦の責任と共に開戦の責任も、上げて独り上《かみ》 陛下にあるかの如き状況を呈していることである。日本の国体は 天皇は神聖にして犯すべからず、政治上の一切の責任は天皇にはないのである。然るに、その政治上の責任を負うものが誰もいないとすると、自然その責任の帰属はどこへ行くだろうか。われわれはそれを憂える」

岩淵は「一体誰に責任があるのだろうか」と問い、次のように述べた。「これに対する一般の答えは非常に簡単だ。それは軍部だというのである。しかし、それは直截ではあるが余りに簡単に過ぎる。それなら誰が軍部の勢力を助長したか、また、誰が彼等に政治的権力を与えたかということになると、誰も顧みて『俺だ』というものが一人もいないのだから不思議である」

岩淵は、木戸幸一こそがその責任者なのだと説いた。そしてこの論文を次のように結んだ。

「戦争という国家の大事が、僅に総理大臣としての東条と、内大臣としての木戸と、この二人の専断によって、推し進められ、決定されていたという結論を生み出すものである。……

国家を現に在るが如き事態に陥入れたることに対して、側近の重臣として、木戸内大臣は何等の責任も彼自身に負うべきものが無いと考えているのだろうか」

木戸に戦争責任があると説く岩淵の文章が出て二日あと、十月二十一日のことだ。近衛がAP通信の東京特派員の質問に答えた。新しい政治運動を開始し、その指導者になってはどうかとマッカーサー元帥が私に言ったのだと語り、改正憲法の草稿は十一月末までにできると喋った。そして近衛は「ポツダム宣言を履行したら、陛下は退位されるだろう」と語った。

政府の幹部たちはかれらのあいだに配られるニュース速報を読んで、近衛が語ったことを知った。首相の幣原喜重郎は愕然とし、閣僚たちは血相を変えた。五摂家筆頭の近衛公ともあろう人が陛下をお守りしないのはどうしてかと溜息をついた。木戸が苦虫を嚙みつぶしたような表情を浮かべれば、侍従長と宮内省の幹部も一斉に近衛を非難した。新聞社の幹部たちも近衛のこの発言に怒った。情報局と連絡をとりあってのことかどうか、新聞は近衛の言葉をすべて紙面に載せなかった。

「改正する皇室典範に退位手続きに関する条項を挿入するかどうかを検討することになろう」と語った部分を載せるにとどめた。

十月二十四日、近衛は松本烝治と会い、そのあと木戸と会った。木戸は政府と争いが起きている憲法改正問題について語り、内大臣府はその大綱だけをまとめることにして、細部は政府に任せるようにしたらよいと言った。

久しぶりに近衛と木戸は弁当を一緒に食べた。昼食をはさんで、一時間以上も話し合ったのだが、憲法改正作業の分担を語ったあとは、雑談に終始した訳ではなかった。

昼食のあとのことであろう。近衛は木戸に向かい、公爵を拝辞すると言った。近衛が栄爵を拝辞すると述べたことが以前にもあったことは、前に触れた。半年前の五月五日の夜だった。近衛は木戸邸を訪ね、語気荒く次のように言った。陸軍が吉田茂を逮捕し、二月の私の上奏を問題にしているが、陸相の阿南に抗議するつもりだ。こんなことが起こるようでは重臣としての責務を果たすことができないから、栄爵を拝辞する考えだ。近衛がこのように語ったのにたいして、木戸は近衛をなだめ、自分が阿南に話すから、直接抗議するのはやめてくれと言ったのだった。

さて、十月二十四日の近衛の二度目の栄爵拝辞の申し出にたいしてだが、木戸は憲法改正の仕事を終えてからにしてくれ、と言った。勅命があって、この作業を始めたのだから、木戸の言うことが理にかなっていた。ところで、近衛がこのとき爵位勲章を奉還すると言いだしたのは、なぜだったのか。木戸とのあいだで悶着が起きたからであろう。天皇退位問題が原因であったことは間違いない。

どうしてお上が退位されるなどとアメリカ人に喋ったのかと、木戸が詰問したのであろう。早まったことをしてはならないと私は八月三十日に君に言ったはずだときめつけたのであろう。近衛の発言に宮廷、政府部内のだれもが憤激していることを木戸は承知していたから、かれの言葉はきついものになったのであろう。もちろん、木戸は岩淵の文章のことでも、近衛に憎しみに近い感情を抱いていた。

近衛は松本が抗議したときにはなにひとつ弁解しなかったが、木戸にたいしてはただちに反撃にでたのであろう。名外交家の幣原総理も年老い、刻々変化する情勢を把握できないでいる。松本君や君は砂に頭を突っ込んだ駝鳥も同じだ。恐ろしくて、現実を見ることができないのだ。そして近衛は次のようにつづけたのであろう。

アメリカは三井と三菱の解体にとりかかっている。日本の国体にも手をつけるつもりだ。マッカーサーは私の説いたことが理解できたようだった。ところが、アメリカからやってきた者のなかには、共産主義の同調者が多い。かれらは積極的に日本の共産党に肩入れしている。かれらは志賀義雄や徳田球一といった共産主義者を刑務所から出してやった。次には、ほかの用紙割当てを削り、志賀たちのために新聞用紙をとってやった。そして四日前に赤旗を再刊させた。その共産党の機関紙は、天皇を戦争犯罪人だと非難し、天皇制といった用語を使って、その廃止を叫びたてている。

マッカーサーの配下の共産主義の同調者たちは、志賀らにそれを言わせ、日本国民が望んでいることだと主張し、日本を共和制にしようと企んでいるのだ。警戒しなければならないのは、アメリカの国務省の幹部のなかにも、このような考えを支持するものがいることだ。そして重慶とオーストラリアを無視するわけにはいかない。かれらは天皇を戦争犯罪人として告発すべきだと主張している。

近衛はさらにつづけ、頭を砂に埋め、国体護持を唱えて、それがなんになる、私は、お上の御退位、京都への還幸、天皇大権の削減といったことで、お上の戦争責任の問題を決着つけようと願って、国際世論の誘導を図ろうとしているのだ。こんな具合に説いたのであろう。

興奮性の木戸は顔を真っ赤にして聞いていたにちがいない。そして次のように言い返したのであろう。

問題にならない。退位という言葉を口にしてはいけないのだ。君が言うなど軽はずみも窮まれりだ。だれがこんなことを君に頼んだか。君はとんでもないことをやろうとしているのだ。御退位なんかしてしまったら、それこそお上を戦争犯罪人に仕立てようとする共産主義勢力の思う壺となる。

近衛と木戸との論議はなおしばらく続いたにちがいない。木戸がこの議論に決着をつけたのであろう。政府からの申し入れもある、お上も懸念されておられる、はっきり退位問題は取り消してもらいたいと切り口上で言ったのであろう。

近衛が答え、次のように言ったにちがいない。お上をお庇いしようとして、こういうことをしたのだ。取り消せというなら取り消す。だが、この先のことは私は知らない。君の好きなようにすればよい。私はお上をお庇いすることができない責任をとり、公爵を拝辞する。お上に執奏してもらいたい。

木戸は再び真っ赤になり、そんな無責任なことを言わないで欲しい、憲法改正案をお上に奉呈してからにしてもらいたいと言ったのである。

近衛は木戸に別れを告げずに席を立ち、木戸は近衛のほうに顔も向けなかったのかもしれない。二人は喧嘩別れしたのである。

さて、この日の夜のことか、木戸は考えたのであろう。むろん、近衛のことであったはずだ。近衛は昭和十六年十月の辞表が自分の無罪の切り札と考えている。そしてかれは戦争責任を東条と私に押しつけ、お上の退位によって、すべてを片づけるつもりでいる。

だが、そうはいかない。近衛はなにも知らないが、都留の尽力で、私は戦争犯罪人とはならないだろう。私が大丈夫なら、陛下も心配ないのではないか。なによりも肝心なことは、都留の友人のマッカーサーの特高警察が、近衛に異常な憎しみを燃やしていることだ。戦争犯罪人は東条と私ではなく、東条と近衛になる。

さて、近衛はどうするのだろう。例の切り札を振りかざし、戦争犯罪人は私と東条でなく、木戸と東条だと叫びたてるつもりか。

木戸は考えつづけたのであろう。

近衛には冷酷なところがある。平然と昨日までの協力者、支持者を見捨てる。かれの協力者であった麻生久《あそうひさし》や亀井貫一郎《かんいちろう》を仮面をかぶった共産主義者だと平気で言う。それでうまくいくなら、かれは千石興太郎《せんごく》も、風見章も、岸信介《のぶすけ》も共産主義者にしてしまうつもりだろう。

ここで説明を加えるなら、かれらはいずれも近衛の新体制運動の協力者だった。麻生久は労働運動の指導者だった。かれはアメリカとの戦いが始まる前に他界した。千石興太郎は農業組合運動の指導者であり、東久邇宮内閣の農林大臣となった。

木戸はさらに考えたのであろう。近衛は他人を犠牲にすることをなんとも思っていない。まさに関白流だ。だが、かれも藤原鎌足の嫡流だ。自分が戦争犯罪人から免れようとして、お上にまで迷惑がかかるようなことはできはしないし、するはずもない。では、近衛はどうするだろうか。

おそらく木戸はここらあたりで考えることをやめ、ある決意をしたのであろう。都留を呼ぶことにしたのではないか。

翌十月二十五日の各新聞の一面に、近衛の釈明が載った。朝日新聞は「天皇の御退位、現在考えられぬ」という見出しを掲げ、日本経済産業新聞は「憲法改正の主導権、政府にあり」という見出しだった。

つづく十月二十六日、新聞には「近衛公栄爵拝辞を決意」という記事が載った。憲法改正の仕事が終わったら、近衛公は公爵を拝辞する決意であり、すでに木戸内府の内諾を得ているのだといった内容だった。近衛がわざわざこれを新聞に載せさせたのは、人気挽回のためだったにちがいない。かれの天皇退位の発言は、人びとの理解を得られるどころか、かれに向かっての激しい非難を引き起こしてしまったからである。

人びとが近衛に怒りを感じたのは、近衛には大きな戦争責任があるにもかかわらず、かれはこれを棚上げにして、天皇の退位を説き、天皇に戦争責任があるといった態度を見せたと思ったからであった。このような怒りを代弁したのが、十月二十七日の朝日新聞の社説だった。「近衛公遂に栄爵拝辞」と題するこの社説は、近衛を厳しく批判し、次のように述べた。

「日本人として軽々しく口にすべからざる天皇御退位の問題を無考えに内外の新聞に公表して見たり、それを取消して見たりする癖のあるのは、心ある人々をして困ったものだと思わせるに十分なものがあったといってよかろう」

そして近衛の戦争責任について、次のように述べた。

「支那事変への責任、新体制運動への責任、三国同盟への責任、そしてまた大東亜戦争への責任等々どれ一つをとって見ても、若しあの時、近公にして今一段の勇断ありせばの嘆きを懐《いだ》くもの独り吾人のみに限らないであろう」

十月二十九日の各新聞は、マッカーサー司令部の指示があり、十月二十六日付のニューヨーク・タイムズの社説を載せた。社説の書き手は東京から詳しい情報を得ていただけでなく、だれを叩かねばならないかを教えられていたようだった。この社説は、日本の新聞が天皇及び皇室にたいする批判の投書と論説を抑えているのはけしからんと攻撃し、近衛のような人物が憲法起草の責任者に選ばれたのはおかしいと非難し、かれがマッカーサー元帥によって戦争犯罪人として牢獄に放り込まれても、だれひとり驚く者はいないと述べていた。

ノーマンの勝利は間近だった。木戸の勝利も近づいているようだった。

十一月一日、マッカーサー司令部のスポークスマンが声明をだし、総司令部は憲法改正の仕事を近衛に委任したことはないと述べた。そして十一月五日、すでに記したことだが、ノーマンが近衛を戦争犯罪人とする意見書をマッカーサーの政治顧問ジョージ・アチソンに提出した。

つづいて十一月八日には、木戸を公職追放にすべきだとする意見書を提出した。ノーマンは抜かりなかった。そのなかで、木戸こそが戦争責任者だと主張した岩淵辰雄の論文を取り上げ、近衛の悪あがきだと一笑に付した。

「この木戸攻撃は、強い自己保存と勝利者側につく本能をもつ近衛が、木戸はもはや緊密に結びつくべき健全な政治家でない、と決めていることを示唆する」

そしてノーマンは次のようにつづけた。「近衛が経歴上の不快な記録をねじまげ弁明しおおせようとしてきたのとちがって、木戸は九月にアメリカの報道人との会見で、一九四一年の主要な決定について全く率直に責任を認めている。これは何ら責任を軽くする意味で言うのでなく、近衛とくらべて木戸の性格に率直で断乎とした資質があることを例証するためである」

十一月十五日、マッカーサー総司令部は近衛と木戸を逮捕すると秘密のうちに定めた。

もちろん、ノーマンはこの決定をただちに知り、うまくいったと思うと同時に失望もしたのであろう。近衛の部下が木戸の悪口を総司令部の幹部のだれかに告げたなと思ったのであろう。かれは都留に会い、君の伯父を助けることができなかったと洩らし、だが、まだ道は閉ざされた訳ではないと言い、検察側の証人になることだってできると語り、君の助力がまだこの先も必要だと言ったのではなかったか。

十一月二十二日、近衛は自分の憲法改正案を天皇に提出した。天皇の地位と大権を明確に定め、衆議院の地位を強化し、国民の基本権利を明記していた。

次のことはつけ加えていいのではないかと思う。近衛のこの仕事に協力したのは東京帝国大学教授の高木八尺《やさか》だった。アメリカ憲法とアメリカ史が専門だった。かれはのちに、政府の憲法改正委員会が近衛の「この改正憲法案を研究し、これから採り入れるところがあったならば、わが国の憲法の運命は、違ったものになっていたことでしょう」と語ったのである。（高木八尺「日本の憲法改正に対して一九四五年に近衛がなした寄与に対する覚書」憲資・総三六号、昭和三十四年六月）

近衛は憲法改正案を天皇に提出したあと、木戸と話をした。宮内大臣の石渡荘太郎《そうたろう》も一緒だった。十月二十四日の喧嘩別れ以来一カ月ぶりの再会だったが、内大臣府廃止の話をするぐらいのことで、別れたのであろう。すでに二日前に木戸は辞表を提出していた。そして内大臣府は二日あとの十一月二十四日に廃止の予定だった。

木戸は自分が戦争犯罪容疑者に指名されると知って、そのための準備を進めていた。近衛はそうしたことを知らなかったし、木戸がかれにたいしてやったこと、木戸の義理の甥がやったこと、そしてノーマンというカナダ人がやったことについて、まったくなにも知らなかった。もちろん、近衛は自分を戦争犯罪人に仕立てようとする世論工作が、国の内外でおこなわれていることに神経をとがらせていた。かれは岩淵の木戸への警告の文章が発表されてから、自分にたいする攻撃がにわかに激しくなったと思い、木戸がなにかやっているのではないかと疑っていたのであろう。

そして近衛は、木戸はわが身を守るためなら、なんでもやってきたのだと思い、四月の小磯内閣の総辞職も、六月に木戸がソ連に仲介を求める和平案をつくったのも、木戸が保身のためにやったことだったと改めて考えたにちがいない。

それがどういうことだったのかを説明しておこう。昭和二十年三月、総理の小磯国昭《こいそくにあき》が使いを近衛のところへ送った。使いの者に、小磯は戦争終結を望んでいると語らせ、吉田茂を外務大臣に起用したいから、協力して欲しいと告げさせた。近衛は首をかしげた。重光葵に代えて吉田にしようとしても、重光はもちろん、木戸がうんと言うはずはなかった。木戸は重光を信頼し、吉田を嫌っていた。小磯の真意が分からないまま、放っておいた。ところが、小磯が総辞職してしまった。

このあと近衛は、小磯がとんでもないことをやったのだと知った。天皇に向かい、木戸を批判し、ほかの者に代えたほうがよろしいでしょうと言上してしまったのである。

それはこういうことだった。小磯はこのさき戦いつづけてもどうにもならないと思い、いささか問題のある中国人、繆斌を使って重慶との和平交渉をしたいと考えた。外務大臣の重光が反対した。そこで小磯は天皇の支持を得たいと思った。だが、天皇も反対だった。木戸の助言があってのことであり、木戸はといえば、重光と組んでいた。小磯の望むようにいくはずがなかった。こうして小磯は、内大臣こそが和平への最大の障害だと思うようになったのである。

ところで、木戸は小磯が自分を非難したと知って、ただちに報復にでた。天皇に向かって、外務大臣、陸軍大臣、海軍大臣を召致し、繆斌工作に賛成か反対か尋ねていただきたいと言上した。三人の大臣はこの工作に反対ですと述べた。木戸は天皇に向かって、それを小磯に告げて下さるようにと助言した。こうして小磯は閣内不一致を天皇から指摘される事態となって、ただちに総辞職したのだった。

木戸は六月にソ連に仲介を求める和平案をつくり、天皇と総理大臣、陸海軍大臣、外務大臣の同意を得た。近衛はよくぞ決心したと思ったのだが、あとになって、これも木戸が自分の身を守ろうとしてやったことだと知った。

五月二十五日の空襲によって、宮殿のすべてが焼けてしまい、宮内大臣の松平恒雄がこの責任を負って辞任を決意し、自分の後任に小磯内閣の書記官長だった石渡荘太郎を推すことにした。

松平と石渡、そしてこの二人と親しい海軍大臣の米内光政がひそかに相談した。この戦争を始めた木戸を内大臣にしておいたのでは、いつまでたっても戦争を終わりにすることはできないといった結論になり、木戸を宮内大臣にして、石渡を内大臣にすることにした。松平がこの人事案を天皇に言上した。

木戸は天皇から宮内大臣になってはどうかと言われて、計り知れないショックを受けた。自分を逐おうとする陰謀が松平の手で企まれているとは思いもつかないことだった。木戸は天皇を説いて、内大臣の椅子にとどまることになったのだが、慌てて戦争終結案をつくることになったのだった。

近衛は四月と六月に木戸がやったこれらのことを思い出し、考えつづけたのであろう。私は岩淵に書かせ、お上を守るために、木戸に戦争責任は自分にあると言わせようとした。ところが、木戸は私を文官の戦争犯罪人ナンバー・ワンとして売りに出すつもりなのだ。いや、とっくに売りに出しているのであろう。戦争犯罪人は東条と木戸ではなく、東条と私になる。それとも、東条と私と木戸ということになるのだろう。私が裁判に引き出されて、お上に迷惑がかかるようなことは、私の口からは言えない。

どうしたらよいか。アメリカの軍事法廷はフィリピンで戦った山下奉文《ともゆき》を戦争犯罪人として起訴した。所詮、裁判は見せかけだけのものだ。おそらく十二月七日に山下にたいして死刑を宣告するつもりだろう。東京をはじめ、各都市で、そして広島と長崎で、アメリカの軍司令官は老人から女子供までを大量虐殺した。山下とアメリカの軍司令官との違いは、山下が負けた側の軍司令官だったというだけのことだ。私はそんな裁判に出るつもりはない。

近衛がこのような結論に到達したのは、このときが初めてではなかったのであろう。何度も繰り返し考えたことであった。そして首を横に振り、私が戦争犯罪人になるはずがないと思おうとした。戦争中の昨年の初め、アメリカで出版されたグルー前駐日大使の著書『滞日十年』には、破局に向かう日米関係を平和へ引き戻そうとして、私がどれだけ真剣に努力したかがはっきり記されているではないか。だが、これが空しい望みであることも、近衛は知っていた。グルーとかれの対日構想、そしてかれの部下たちを日本に入れさせまいとする勢力がマッカーサーの司令部内で大きな力を占めている。このグループが私を戦争犯罪人に仕立てようとしているのだ。どうにもならないと、かれは改めて思ったのである。

十二月二日、マッカーサー司令部は日本政府に宛てて、新たに逮捕命令をだした。五十九人の名前がアルファベット順に並べられていた。鮎川義介《あいかわよしすけ》にはじまり、ほとんどの人がその名前を知らない横山雄偉で終わっていた。そしてそのあいだには、平沼騏一郎、広田弘毅、そして徳富猪一郎の名前も載っていた。

それから四日あとの十二月六日、マッカーサー司令部はさらに九人の人物の逮捕を日本政府に命じた。近衛文麿と木戸幸一の名が入っていた。命令書は、十二月十七日の午前零時までに大森収容所へ収容のため引き渡すようにと指示していた。

八月十五日からすでに四カ月がたっていた。あらゆることが変わろうとしていた。だが、なにも変わってはいなかった。戦争中よりずっと減りはしたが、相変わらず毎日、多くの人が死んでいた。寒さが厳しくなって、老人と乳幼児の死亡率がはねあがった。上野駅、新宿駅の地下道で夜を過ごした家のない人たちが、朝には一人、二人と死んでいた。

福岡や浦賀の旧兵舎には、海外からの最初の引揚げ者が仮住まいを始めていた。マニラ、上海、シンガポールから引き揚げてきた行く先のない沖縄出身者だった。胃腸障害や栄養失調が原因で、入院できず、治療を受けることができないまま、毎日、五人、十人と死んでいた。

病院では、医療品がなく、注射針がないために、入院患者が死んでいた。そして石炭がないために、手術具を蒸気消毒できず、手術することのできない人が死んでいた。幸いに手術ができても、暖房のない病室に置かれた患者は肺炎にかかって死んでいった。

十二月十六日の未明、近衛文麿は服毒自殺した。五十四歳だった。

それから十年のち、終身禁固刑だった木戸幸一が釈放された。それから一年と少しあと、一九五七年、昭和三十二年のことになる。ハーバート・ノーマンはエジプト駐在カナダ大使となっていた。かれは過去の記憶にさいなまれ、神経をすり減らしていた。アメリカ上院の小委員会がかれの過去を疑い、調査をつづけ、ノーマンの友人を証人として呼び出していたからである。

そのさなかのある日のこと、かれは日本大使館の映画会に出席して、「修善寺物語」を観た。この夜、かれは妻に向かって、ある啓示を受けたと言った。

かれはなにを考えたのであろうか。私は柳沢健が昭和二十年に「修善寺物語」を思い浮かべたことがあると書いていたのを思い出した。柳沢は朝日新聞、外務省に勤めたことがあった。日本タイ文化会館の館長だったかれは、バンコクで敗戦を迎えた。かれは昭和の歴史を振り返り、日本はどうしてアメリカと戦うことになったのかと考え、ふと思い出したのが、「修善寺物語」の一場面だった。「幾たび打ち直しても生きたる色、たましいもなき死人の相。死人の面でござりまする」と嘆じる左団次の台詞《せりふ》が聞こえてきた。日本も同じだったのだ、何度繰り返しても同じ道を辿ったにちがいない、いかんともしがたい運命だったのだと柳沢は思ったのである。

面つくり師は源氏二代将軍頼家《よりいえ》の面を打った。面にありありと死相が浮かんだ。何度打ち直しても、死相が現れた。自分の過去を振り返り、いかんともなしがたい運命だったとノーマンもまた思ったのではなかったか。翌朝、かれは自殺した。四十七歳だった。

エピローグ

私は目を閉じた。

心持ち首をかしげている端正な顔の及川古志郎が浮かぶ。赭《あか》ら顔の太った永野修身の顔も浮かぶ。いったい、だれが海軍の首脳であったら、支那事変が無名の師となってしまうこととの全責任を海軍が負わされるのを覚悟の上で、アメリカと戦うことはできないと言えたであろうか。

木戸幸一の丸顔が浮かんだ。もしも近衛文麿が自殺しなかったら、木戸の法廷の敵は近衛文麿となったはずだった。木戸はかれ自身が昭和十六年十月十六日にしたことをどのように説くことになったのであろうか。

東条英機の顔が浮かんだ。ロイド眼鏡をかけ、及川と同じように鼻の下にちょび髭をたくわえている。つづいて杉山元の顔が浮かんだ。大きな顔だ。左目が小さいのは、日露戦争のときの戦傷によるものだ。昭和十六年十月十七日、昭和天皇が新たに総理大臣となる東条に向かい、五年、十年の駐兵と言わず、ましてや二十五年などと言わず、中国から早急な撤兵を考えてみたらどうかと言い、つづいて参謀総長の杉山元を呼び、同じことを語ったら、日本はどうなっていたであろうか。それから五十年のちの日本はどうなっていたであろう。

どの問いにも、私は答えることができない。私は目を閉じつづけている。

私はいつか浅茅ヶ原に戻っている。相変わらず霧が深い。鳥の声ひとつ聞こえないしじまそのものだ。このとき人の声が聞こえてきた。私は立ちすくんだ。徐々にその声は大きくなってくる。強いリズムのある声だ。あの人の声だ。

私は気づいた。徳富蘇峰は現在まで休むことなく説きつづけてきたのだ。その声ははっきり聞こえてくる。

「馬は馳け出した。砲弾は砲口を離れた。船は沖へと乗り出した。今更ら我等は引込むことは出来ない。後へ返すことは出来ない。国運は既に賭せられている。斯る場合に、我が国民の処す可き道は、唯だ一あるのみだ。そは平ら押しに押して、此の難局を切り抜くることだ」（徳富猪一郎『増補国民小訓』明治書院、昭和八年、二四頁）

＊本書は、一九九一年に当社より刊行した著作を文庫化したものです。

草思社文庫

日米開戦の謎

2015年10月8日　第1刷発行

著　者　鳥居　民

発行者　藤田　博

発行所　株式会社 草思社

〒160-0022　東京都新宿区新宿 5-3-15
電話　03(4580)7680(編集)
　　　03(4580)7676(営業)
　　　http://www.soshisha.com/

印刷所　株式会社 三陽社

付物印刷　日経印刷 株式会社

製本所　加藤製本 株式会社

本体表紙デザイン　間村俊一

ISBN978-4-7942-2161-2　Printed in Japan

鳥居民著　昭和二十年　シリーズ13巻

第1巻　重臣たちの動き
☆　1月1日〜2月10日

米軍は比島を進撃、本土は空襲にさらされ、日本は風前の灯に。近衛、東条、木戸は正月をどう迎え、戦況をどう考えたか。

第2巻　崩壊の兆し
☆　2月13日〜3月19日

三菱の航空機工場への空襲と工場疎開、降雪に苦しむ東北の石炭輸送、本土決戦への陸軍の会議、忍び寄る崩壊の兆しを描く。

第3巻　小磯内閣の倒壊
☆　3月20日〜4月4日

内閣は繆斌工作をめぐり対立、倒閣へと向かう。マルクス主義者の動向、硫黄島の戦い、岸信介の暗躍等、転機の３月を描く。

第4巻　鈴木内閣の成立
☆　4月5日〜4月7日

誰もが徳川の滅亡と慶喜の運命を今の日本と重ね合わせる。開戦時の海軍の弱腰はなぜか。組閣人事で奔走する要人たちの４月を描く。

第5巻　女学生の勤労動員と学童疎開
☆　4月15日

戦争末期の高女生·国民学校生の工場や疎開地での日常を描く。風船爆弾、熱線追尾爆弾など特殊兵器の開発にも触れる。

第6巻　首都防空戦と新兵器の開発
☆　4月19日〜5月1日

厚木航空隊の若き飛行機乗りの奮戦。電波兵器、ロケット兵器、人造石油、松根油等の技術開発の状況も描く。

第7巻　東京の焼尽
☆　5月10日〜5月25日

対ソ工作をめぐり最高戦争指導会議で激論が交わされるなか帝都は無差別爆撃で焼き尽くされる。市民の恐怖の一夜を描く。

第8巻　横浜の壊滅
5月26日〜5月30日

帝都に続き横浜も灰燼に帰す。木戸を内大臣の座から逐おうとするなど、戦争終結を見据えた政府·軍首脳の動きを描く。

第9巻　国力の現状と民心の動向
5月31日〜6月8日

資源の危機的状況を明らかにした「国力の現状」の作成過程を詳細にたどる。木戸幸一は初めて終戦計画をつくる。

第10巻　天皇は決意する
6月9日

天皇をめぐる問題に悩む要人たち。その天皇の日常と言動を通して、さらに態度決定の仕組みから、戦争終結への経緯の核心に迫る。

第11巻　本土決戦への特攻戦備
6月9日〜6月13日

本土決戦に向けた特攻戦備の実情を明らかにする。グルーによる和平の動きに内閣、宮廷は応えることができるのか。

第12巻　木戸幸一の選択
6月14日

ハワイ攻撃９日前、山本五十六と高松宮はアメリカとの戦いを避けようとした。隠されていた真実とこれまでの木戸の妨害を描く。

第13巻　さつま芋の恩恵
7月1日〜7月2日

高松宮邸で、南太平洋の島々で、飢えをしのぐためのさつま芋の栽培が行われている。対ソ交渉は遅々として進まない。

☆は既刊。以降、各偶数月に1巻ずつ刊行予定。

草思社文庫既刊

原爆を投下するまで日本を降伏させるな

鳥居 民

なぜ、トルーマン大統領は無警告の原爆投下を命じたのか。なぜ、あの日でなければならなかったのか。大統領と国務長官のひそかな計画の核心に大胆な推論を加え、真相に迫った話題の書。

近衛文麿「黙」して死す

鳥居 民

昭和二十年十二月、元首相・近衛文麿は巣鴨への出頭を前にして自決した。近衛に戦争責任を負わせることで一体何が隠蔽されたのか。文献渉猟と独自の歴史考察から、あの戦争の闇に光を当てる。

毛沢東 五つの戦争

鳥居 民

朝鮮戦争から文革まで、毛沢東が行なった五つの「戦争」を分析し、戦いの背後に潜む共産党中国の奇怪な行動原理を驚くべき精度で解明する。いまなお鋭い輝きを放つ鳥居民氏処女作、待望の文庫化！

草思社文庫既刊

兵頭二十八
北京が太平洋の覇権を握れない理由

太平洋をめぐる米国と中国の角逐が鮮明化しつつある。中国共産党が仕掛ける〝間接侵略〟の脅威とは？　米中開戦を想定し、日本はじめ周辺諸国がこうむるであろう影響を、軍事評論家がリアルにシミュレート。

兵頭二十八
「日本国憲法」廃棄論

マッカーサー占領軍が日本に強制した「日本国憲法」。自衛権すら奪う法案を日本が丸呑みせざるを得なくなった経緯を詳述。近代精神あふれる「五箇条の御誓文」の理念に則った新しい憲法の必要性を説く。

兵頭二十八
日本人が知らない軍事学の常識

戦後日本は軍事の視点を欠いてきた。軍事学の常識から尖閣、北方領土、原発、ＴＰＰと日本が直面する危機の本質をとらえる。極東パワー・バランスの実状を把握し、国際情勢をリアルに読み解く。

草思社文庫既刊

悲劇の発動機「誉」
前間孝則

日本が太平洋戦争中に創り出した世界最高峰のエンジン「誉」は、多くのトラブルに見舞われ、その真価を発揮することなく敗戦を迎えた。誉の悲劇を克明に追い、日本の大型技術開発の問題点を浮き彫りにする。

技術者たちの敗戦
前間孝則

戦時中の技術開発を担っていた若き技術者たちは、敗戦から立ち上がり、日本を技術大国へと導いた。零戦設計の堀越二郎、新幹線の島秀雄など昭和を代表する技術者6人の不屈の物語を描く。

ぼくの日本自動車史
徳大寺有恒

戦後の国産車のすべてを「同時代」として乗りまくった著者の自伝的クルマ体験記。日本車発達史であると同時に、昭和の若々しい時代を描いた傑作青春記でもある。伝説の名車が続々登場！

草思社文庫既刊

ホタル帰る
赤羽礼子・石井 宏

「小母ちゃん、死んだらまた小母ちゃんのところへ、ホタルになって帰ってくる」大戦末期、鹿児島・知覧の軍の指定食堂で特攻隊員たちを親身に世話した鳥浜トメの姿を娘の礼子が自らの体験を交えつつ語る。

麻山事件
満洲の野に婦女子四百余名自決す
中村雪子

昭和二十年八月、満洲の麻山で、ソ連軍機械化部隊の包囲攻撃を受けた哈達河開拓団の四百余名の婦女子が、男子団員の介錯により集団自決した。満蒙開拓団最大の悲劇の全貌を明らかにした慟哭の書。

闇市の帝王
王長徳と封印された「戦後」
七尾和晃

終戦直後の東京で、一等地を次々に手中に収めていった中国人・王長徳。闇市を手はじめに多彩な事業を手がけ、「東京租界の帝王」と呼ばれた男の凄絶な生涯を追った傑作ノンフィクション。

草思社文庫既刊

増田晶文
うまい日本酒はどこにある？

日本酒は長期低迷から〝地酒ブーム〟で復活したようにみえるが、多数の地方蔵は未だ苦境にある。地方の酒蔵、メーカー、酒販店、居酒屋を訪ね歩き、「うまい日本酒」に全霊を傾ける人々に出会う。

出久根達郎
隅っこの昭和

私のモノへのこだわりは、結局は昭和という時代への愛惜である（はじめにより）。ちゃぶ台、手拭い、たらい、蚊帳、えんがわ……懐かしいモノを通じて、昭和の暮らしと人情がよみがえる、珠玉のエッセイ。

小牟田哲彦
去りゆく星空の夜行列車

夜汽車に揺られて日本列島を旅する――。長距離移動の手段として長く愛されてきた夜行列車。失われつつある旅情を求めて「富士」「さくら」「トワイライトエクスプレス」「北斗星」など19の列車旅を綴る。